Andreas Edmüller

Verschwörungsspinner oder seriöser Aufklärer?

Wie man Verschwörungstheorien professionell analysiert

Dossier Verschwörungstheorie - Band 1

Andreas Edmüller

Verschwörungsspinner oder seriöser Aufklärer?

Wie man Verschwörungstheorien professionell analysiert

Dossier Verschwörungstheorie - Band 1

Rediroma-Verlag

Bibliografische Information der Deutschen Nationalbibliothek:
Die Deutsche Nationalbibliothek verzeichnet diese Publikation in der Deutschen Nationalbibliografie; detaillierte bibliografische Daten sind im Internet über http://portal.dnb.de abrufbar.

ISBN 978-3-98527-365-2

www.rediroma-verlag.de
14,95 Euro (D)

Inhalt

Kapitel 4

Kapitel 5

Anhang

Vorwort

In diesem Buch geht es um die systematische argumentative Analyse von Verschwörungstheorien. Ich möchte den Lesern das argumentative Handwerkszeug vermitteln, um

- sich zügig eine verlässliche Einschätzung zu Sinnhaftigkeit und Qualität einer konkreten Verschwörungstheorie zu erarbeiten,
- die wirklich entscheidenden Schwachpunkte zu identifizieren,
- Unsinn schnell zu erkennen,
- die enorm wichtige Arbeit ehrlicher Aufklärer und Whistleblower nicht zu verkennen.

Warum ist das wichtig? Verschwörungstheorien prägen zunehmend unsere öffentlichen Diskussionen. Sie bestimmen immer mehr, um welche Themen sich diese Debatten drehen. Zwei aktuelle Beispiele zeigen das in aller Deutlichkeit:

- Die öffentliche Diskussion zur Corona-Thematik ist in weiten Teilen von Verschwörungstheorien zu Existenz, Entstehung und Verbreitung des Virus beeinflusst. Gleiches gilt für das Thema Impfung. Damit meine ich nicht nur die Diskussionen, die in Leitartikeln und Talkshows stattfinden. Auch im Alltag, also im Bekannten- oder Kollegenkreis, dürften die allermeisten Leser mit diesem Phänomcn bereits zu tun gehabt haben - vom Internet ganz zu schweigen.

- In den USA können wir gerade dabei zuschauen, wie eine vermutlich noch sehr lange wirkungsvolle und ausgesprochen giftige Verschwörungstheorie aufgebaut und am Leben gehalten wird. Ich rede natürlich von Donald Trumps hauseigener Variante der Dolchstoßlegende: *In Wahlen unbesiegt!*

Diese beiden Beispiele zeigen, wie gefährlich Verschwörungstheorien sein können. Was wir allerdings nicht vergessen sollten: Verschwörungstheorien können auch sehr heilsame Folgen haben - wenn sie stimmen. Auch dafür gibt es aktuelle Beispiele:

- Der Skandal um die Betrugsfirma Wirecard, ein sehr lange auch von Experten hoch gelobtes DAX-Unternehmen, wurde durch die hartnäckige und mutige Arbeit des Journalisten Dan McCrumb und seiner Kollegen bei der Financial Times aufgedeckt. Heute wissen wir, dass tatsächlich eine Gruppe von kriminellen Verschwörern im Vorstand tätig war, die einen gigantischen Schwindel geplant und umgesetzt hat. Aktuellen Schätzungen nach haben die Betrüger einen Schaden von etwa 13 Milliarden Euro angerichtet. McCrumb und seine Kollegen wurden lange Jahre als „versponnene Verschwörungstheoretiker" diffamiert und von der BaFin, der zuständigen Aufsichtsbehörde, sogar angezeigt.

- Ganz ehrlich: Haben Sie auf Anhieb geglaubt, dass renommierte deutsche Autohersteller über viele Jahre hinweg die Software ihrer Motoren gezielt manipuliert haben, um die Werte bei offiziellen Abgastests zu schönen? Auch hier wurde eine betrügerische und kriminelle Verschwörung zum Schaden für Umwelt und Kunden aufgedeckt. Und auch hier wurde erst einmal versucht, die Aufklärer als Verschwörungstheoretiker abzuwerten: Es handle sich um eine perfide Kampagne der USA zur Schwächung der deutschen Autoindustrie ...

Es gibt also Verschwörungstheorien, die nicht stimmen und solche, die zutreffen. In diesem neutralen Sinne verwende ich den Begriff *Verschwörungstheorie* in diesem Buch: Eine Verschwörungstheorie versucht gewisse Phänomene, Ereignisse, Abläufe etc. durch das Handeln von Verschwörern zu erklären. Dieser Versuch kann glücken - oder nicht.

Woran erkennt man aber, ob es sich um eine „gute" oder „schlechte" Theorie handelt, ob die Theorie haltbar ist oder nicht? Diese Frage führt direkt zum Thema des Buches. Die Philosophie, genauer die Wissenschaftstheorie diskutiert seit langem diese Fragen:

- Was ist eigentlich eine **Theorie**?
- Was zeichnet eine **gute** Theorie aus?
- Wann haben wir es mit einer **Pseudo-Theorie** zu tun?

Diese systematische und strukturierte Herangehensweise vermisse ich - auf allen Seiten - viel zu oft in den Diskussionen zum Thema *Verschwörungstheorie* und möchte die Lücke mit diesem Buch schließen.

- In **Kapitel 1** plädiere ich dafür, Verschwörungstheorien nicht grundsätzlich als Hirngespinste wegzuwischen. Wie die Beispiele Wirecard und Abgasskandal zeigen, sind zwei von mehreren großen Gefahren dabei, tatsächliche Verschwörungen ungewollt zu unterstützen und mutige Aufklärer ungerecht zu behandeln.

- In **Kapitel 2** erläutere ich, was eigentlich eine Theorie ist. Nicht jedes Sammelsurium an Aussagen, Anekdoten und Vermutungen verdient diesen Namen. Genauer: Welche Bausteine sollte ein ernstzunehmender Theorievorschlag aufweisen?

- In **Kapitel 3** stelle ich vor, wie man zügig und mit vertretbarem Aufwand zu einer rational belastbaren Ersteinschätzung der Plausibilität einer Verschwörungstheorie kommen kann.

- In **Kapitel 4** geht es darum, welche Eigenschaften Beobachtungen, Indizien, Daten, Belege etc. haben sollten, damit sie als qualitativ hochwertig gelten und für eine Theorie ins Feld geführt werden können. Nicht jede Behauptung aus dem Internet taugt als belastbarer Beleg.

- **Kapitel 5** widmet sich der zentralen Frage, unter welchen Bedingungen eine Menge an Daten und Belegen eine bestimmte Theorie tatsächlich oder nur scheinbar stützt. Das nüchterne Ergebnis: Theorien lassen sich nicht zwingend beweisen. Es gibt aber zuverlässige Kriterien zur Beurteilung ihrer Qualität - und auf die kommt es an.

- In **Kapitel 6** geht es um das Gegenstück zur Frage nach der Stützung einer Theorie: Unter welchen Bedingungen können wir guten Gewissens davon ausgehen, dass eine Theorie durch Daten und Belege widerlegt ist? Das erneut nüchterne Ergebnis: Theorien lassen sich nicht zwingend widerlegen. Es gibt aber zuverlässige Kriterien, um nicht haltbare oder sogar windige Theorien zu erkennen.

- **Kapitel 7** stellt zur Abrundung weitere Qualitätskriterien zur Beurteilung von Theorien vor.

- In **Kapitel 8** geht es schließlich um Rationalität und intellektuelle Redlichkeit der Vertreter von Verschwörungstheorien: Wann ist der Vorwurf der Irrationalität berechtigt? Welche Werte sollten unseren Umgang mit Verschwörungstheorien leiten - und zwar für alle Seiten? Woran erkenne ich einen Verschwörungsgauner? Gerade für Theorien mit hohem Schadenspotential ist diese Frage enorm wichtig.

- Zum **Abschluss eines jeden Kapitels** analysiere ich zur Veranschaulichung drei konkrete Beispiele für Verschwörungstheorien im Detail: Watergate (eine zutreffende Verschwörungstheorie), Chemtrails und QAnon (beide sind nicht haltbar, unterscheiden sich aber wesentlich voneinander).

Der Schwerpunkt des Buches liegt also auf der systematischen argumentativen Analyse von Verschwörungstheorien. Meine Motivation und Hoffnung: Vielleicht kann ich damit einen Beitrag zur Ent-Emotionalisierung, Versachlichung und Qualitätssteigerung der Debatte leisten. Genau, Sie haben es erkannt: Ihr Autor ist unerschütterlicher Optimist.

Mit der professionellen argumentativen Analyse kann natürlich nicht das gesamte Spektrum des Phänomens abgedeckt werden. Die Arbeiten zu einem zweiten Band laufen deshalb bereits. Darin geht es um diese sieben Leitfragen:

- Worin genau liegt die Gefahr „bösartiger" Verschwörungstheorien und wie werden sie zur Waffe?

- Welche Strategien und Manipulationstaktiken werden eingesetzt, um sie als respektable Theorien zu tarnen?

- Warum fallen so viele Menschen auf diese Tricks herein und glauben an unhaltbare Verschwörungstheorien und Verschwörungsmärchen?

- Warum handeln darüber hinaus so viele Menschen auf dieser Basis? (Dieser Aspekt wird meistens vergessen.)

- Welche Parallelen und Verbindungen gibt es zu anderen Phänomenen wie Esoterik/Spiritualismus, Falschspiel und Trickbetrug, Religion, politischem und religiösem Extremismus?

- Wie diskutiert man mit Menschen, die ernsthaft an unhaltbare Verschwörungstheorien und Verschwörungsmärchen glauben - und wie mit den Verschwörungsgaunern, die sie bewusst erfinden und verbreiten?

- Wie können wir als offene Gesellschaft die *Waffe Verschwörungstheorie* wirkungsvoll entschärfen?

Ein donnerndes *Dankeschön* geht an meine Testleser Judith Faessler (Extremismusexpertin und Mitautorin von Band 2), Walter Kirchmann und Sigi Schawe. Sie haben dieses Buchprojekt von Anfang an als Diskussionspartner und Ideengeber begleitet und zahlreiche Verbesserungen vorgeschlagen. Darüber hinaus ist es einfach sehr schön, solche Freunde zu haben …

Zur Erinnerung an Inge Hofmann-Betlejewski

Kapitel 1
Warum sollten wir Verschwörungstheorien ernst nehmen?

Die Antwort auf diese Frage hat mehrere Facetten. Zusammengenommen liefern sie eine solide Begründung für eine ernsthafte Auseinandersetzung mit dem Phänomen *Verschwörungstheorie*. Die weiteren Kapitel zeigen dann, wie diese Auseinandersetzung sinnvoll und argumentativ solide gestaltet werden kann.

Antwort 1: Verschwörungen sind real und oft gefährlich

Verschwörungen sind ein wichtiger Teil der Geschichte. Es haben sich immer wieder Menschen zusammengetan, um im Geheimen Ziele abzusprechen und umzusetzen - auch und gerade gegen starken Widerstand und zum Schaden ihrer Zeitgenossen. Dafür gibt es eine immense Fülle an Beispielen, hier eine kleine Auswahl:

- Cicero war zeitlebens ungemein stolz darauf, die Republik vor der Verschwörung des Catilina gerettet zu haben.

- Die Ermordung Caesars durch eine Gruppe römischer Senatoren ist ein weiterer Klassiker.

- Arminius hat es geschafft, zusammen mit einigen Helfern die Legionen des Varus in einen hervorragend geplanten Hinterhalt zu locken und zu vernichten.

- Unsere Geschichtsbücher sind voll davon: Zu allen Zeiten und bei vermutlich allen Völkern gab es geglückte oder misslungene Verschwörungen, um einen Herrscher zu beseitigen oder durch einen anderen zu ersetzen. Auch im Vatikan soll das schon vorgekommen sein. Dass so etwas welterfassende katastrophale Folgen haben kann, zeigt das Attentat auf Thronfolger Franz Ferdinand und seine Gattin im Jahre 1914 - einer der Auslöser des Ersten Weltkriegs.[1]

- Menschenverachtung ist oft ein Merkmal von Verschwörungen. Auch deshalb versucht man, das Ganze geheim zu halten. Die Tuskegee-Syphilis-Studie des US-amerikanischen Gesundheitsministeriums untersuchte von 1932 bis 1972 in aller Ruhe und Gründlichkeit die Folgen einer Syphilis-Erkrankung, die unbehandelt bleibt. Den „Versuchspersonen" - arme schwarze Landpächter - wurde weder gesagt, dass man bei Ihnen Syphilis festgestellt hatte noch wurden ihnen Medikamente gegeben oder ihre Einwilligung eingeholt … man hat einfach zugeschaut, wie sich die Krankheit so entwickelt.[2]

- Staaten betreiben das Verschwörungsgeschäft sogar professionell. Man nennt die zuständige Behörde „Geheimdienst". Die CIA entwickelte z.B. nach der Revolu-

1 https://de.wikipedia.org/wiki/Attentat_von_Sarajevo
2 https://de.wikipedia.org/wiki/Tuskegee-Syphilis-Studie

tion in Kuba ein umfassendes Programm, um Fidel Castro zu ermorden, seine Regierung zu destabilisieren und zu stürzen.[3] Die Stasi der ehemaligen DDR hatte zum Thema Mord- und Terroranschläge auch einiges zu bieten.[4]

- Es geht allerdings auch ohne James Bond und die Profis. *Watergate* ist uns auch heute noch ein Begriff. Das vom damaligen Präsidenten Nixon über Jahre hinweg auf- und ausgebaute kriminelle Spionage- und Sabotagesystem zum Machterhalt und dessen so spannende wie langwierige Aufdeckung sind ein moderner Klassiker des Genres. Diese Verschwörung werde ich im Laufe des Buches genauer untersuchen.[5]

- In Italien wurden Anfang der 80er Jahre die Aktivitäten der Propaganda Due aufgedeckt. Diese Geheimorganisation, ironischerweise eine außer Kontrolle geratene Loge der Freimaurer, umfasste zahlreiche Mitglieder aus Politik, Wirtschaft, Finanzwelt und den „Sicherheits“behörden. Ihr Ziel war es, Italien zu destabilisieren, um dann die „richtigen“ Leute an die Macht zu bringen. Dazu wurde systematisch versucht, Massenmedien unter Kontrolle zu bringen und die öffentliche

---

3 https://de.wikipedia.org/wiki/Operation_Mongoose

4 https://de.wikipedia.org/wiki/Ministerium_f%C3%BCr_Staatssicherheit

5 https://de.wikipedia.org/wiki/Watergate-Aff%C3%A4re

Meinung zu manipulieren. Vermutlich sogar ziemlich erfolgreich. Es gibt auch klare Verbindungen zum Bombenanschlag auf den Hauptbahnhof in Bologna, bei dem über 80 Menschen getötet wurden.[6]

- Auch in der Finanz- und Wirtschaftswelt werden immer wieder Verschwörungen nachgewiesen. Ein heute noch bekanntes Beispiel ist der kriminelle Konkurs des Energieriesen Enron.[7] Aktuelle Fälle sind die Manipulationen diverser Autohersteller an ihren Dieselmotoren zur Verschleierung der tatsächlichen Abgaswerte und die dubiosen und bisher nur in Umrissen erkennbaren Machenschaften um das Unternehmen Wirecard.[8]

Also: Es gab und gibt immer wieder Verschwörungen - und es wird sie auch in Zukunft geben. Verschwörungen sind sehr oft sehr gefährlich und können enormen Schaden anrichten. Deshalb sollten wir grundsätzlich auf der Hut sein. Dazu gehört meines Erachtens, Verschwörungsthesen nicht einfach als Hirngespinste wegzuwischen, sondern sie zumindest einer ersten Prüfung ihrer Plausibilität zu unterziehen. In Kapitel 3 wird erläutert, wie das geht.

---

6 https://de.wikipedia.org/wiki/Propaganda_Due
7 https://de.wikipedia.org/wiki/Enron
8 https://de.wikipedia.org/wiki/Abgasskandal;
https://www.ft.com/content/47f13654-1ebc-4c4c-903a-55cafa453eb8

Antwort 2: Es kann dauern, bis sich Verschwörungen nachweisen lassen

Die Daten- und Informationslage ist zu Beginn der Aufdeckung einer realen Verschwörung in aller Regel fragmentarisch und mehrdeutig - genau wie bei unzutreffenden Verschwörungstheorien. Das ist kein Wunder: Die Verschwörer wollen ihre Aktivitäten natürlich geheim halten, sie tarnen und verschleiern. Und sie geben sich dabei erfahrungsgemäß große Mühe. Anders ausgedrückt: Oft dauert es, bis sich die These einer Verschwörung erhärten lässt. Das zeigt sehr anschaulich der Fall Wirecard:

- Heute wissen wir, dass das ganze Unternehmen eine gigantische Betrugsmaschine war. Die zweifelsfrei seriöse Financial Times hatte Wirecard seit 2015 im Visier kritischer Berichterstattung. Die Journalisten Dan McCrum und Stefania Palma haben dann im Januar 2019 zum ersten Mal sehr konkrete Vorwürfe zu Scheinkonten und Geldwäsche erhoben. Bis zum spektakulären Schluss, dem Konkurs im Juni 2020, gab es allerdings ebenso seriöse und glaubwürdige Experten, die sich vor Wirecard gestellt haben. Das hat auch die BaFin, die bundeseigene Aufsichtsbehörde, geschafft. Sie hat mehrfach die Behauptungen der Wirecard-

Kritiker „offiziell“ zurückgewiesen und Dan McCrum sogar angezeigt.[9]

Der Vorwurf *Verschwörungstheorie* stand dabei von Anfang an im Raum. Auf dessen abschreckende Wirkung verzichten Verschwörer bei ihren Vernebelungsaktivitäten nur ungern. Die Datenlage für Beobachter war also lange Zeit eher unklar und mehrdeutig. Viele Anleger und Börsenexperten haben den Analysen der Financial Times erst einmal nicht geglaubt und dabei keinen klar nachweisbaren Denk- oder Argumentationsfehler begangen. Trotzdem: McCrum und Kollegen hatten gute Argumente und Recht.[10]

Also: Der Fall Wirecard zeigt, dass eine unklare Datenlage und das Etikett „Verschwörungstheorie“ alleine nicht ausreichen, um eine Verschwörungshypothese eindeutig als unglaubwürdig oder gar als Unfug zurückzuweisen. Dazu bedarf es einer handwerklich soliden argumentativen Ana-

---

9 Ein erster Überblick findet sich in https://meedia.de/2020/06/26/wirecard-pleite-der-spaete-aber-grosse-triumph-der-financial-times/. Eine detaillierte Betrachtung stellt die Financial Times hier zur Verfügung: https://www.ft.com/wirecard. Ich bin sicher, dass die Journalisten der Financial Times an einem Buch zum Thema arbeiten und freue mich schon jetzt auf die Lektüre.

10 Ich hatte nie Aktien von Wirecard im Depot. Ich habe damals die Verschwörungstheorie der Financial Times sehr genau geprüft und als nicht unplausibel eingeschätzt: Philosophie rechnet sich. Zudem wurden die Vorwürfe durch Signale aus meinem privaten Umfeld gestützt. Ich hatte auch nie verstanden, wie Wirecard bei gleichem Geschäftsmodell so viel profitabler sein konnte wie die Konkurrenz.

lyse. Wir sollten genauer hinschauen und zusätzlich etwas Geduld haben. Im Rückblick wünschen sich viele Analysten, Anleger und Investoren, sie hätten das getan.

Antwort 3: Zweifel und Ungläubigkeit sind Standardreaktionen

Die dominanten Reaktionen der Kommentatoren, Beteiligten und Betroffenen sind im Falle einer zutreffenden Verschwörungstheorie in aller Regel dieselben wie bei einer falschen. Sie liefern also kein zuverlässiges Unterscheidungsmerkmal. Was heißt das? Die Vertreter einer Verschwörungstheorie stoßen zu Beginn oft auf deutliche Ablehnung. Die interessierte Öffentlichkeit reagiert gerne mit starkem Zweifel und Ungläubigkeit auf die erhobenen Vorwürfe. Das ist absolut verständlich und nachvollziehbar: Haben Sie auf Anhieb geglaubt, dass die renommiertesten Autohersteller der Welt systematisch die Abgaswerte ihrer Motoren manipulieren? Das wäre ja …

Gleichzeitig wehren sich die Verschwörer und deren Sympathisanten mit entschiedensten Dementis, Gegenvorwürfen und Ablenkungsmanövern. Auch nonverbale Angriffe auf Aufklärer oder Whistleblower gehören bisweilen zum Repertoire der Verschwörer. Diese haben das Ziel, die Integrität und Glaubwürdigkeit der Aufklärer zu zerstören und sie so weit einzuschüchtern, dass sie ihre Nachforschungen einstellen.

- So wehrte Wirecard sich mit extrem harten Bandagen gegen die Berichterstattung der Financial Times. Man leitete rechtliche Schritte ein und erhob sogar Schadenersatzklage - für die Zeitung eine existentielle Bedrohung. Dabei hatte Wirecard die Aufsichtsbehörde BaFin, den offiziellen Hüter finanzieller Integrität, auf seiner Seite.

Also: Anfänglicher Skeptizismus und Ungläubigkeit, auch von Seiten vieler Fachleute, sind für sich genommen kein zuverlässiges Indiz für die Unhaltbarkeit einer Verschwörungstheorie. Irren ist menschlich - auch bei Experten. Zweifel und Ungläubigkeit sind allerdings im Regelfall eine enorme Belastung für Aufklärer und Whistleblower, bisweilen sogar eine existentielle Bedrohung. Auch aus Respekt gegenüber deren oft mühevoller, risikoreicher und in vielen Fällen sehr wertvollen Arbeit sollten wir Verschwörungstheorien nicht einfach wegwischen ohne sie wenigstens einem soliden Ersttest zu unterziehen.

Antwort 4: Ein gesundes Maß an Skepsis gegenüber Politik und Autoritäten ist wünschenswert

Im demokratischen Rechtsstaat beginnt die so unverzichtbare wie wirkungsvolle Machtkontrolle mit selbstbewussten und gebildeten Bürgern, die nicht alles glauben, was man ihnen erzählt. Sie wissen, wie man kritische Fragen stellt und beantwortet und lassen sich nicht durch Appelle an Macht, Herrschaftswissen und Autorität einschüchtern. Diese Kultur der Wachsamkeit beschert uns eine Fülle an wirren Debatten und kostet alle Beteiligten Zeit, Energie und Nerven.

Aber diese Kosten sollten wir als unverzichtbaren Teil eines Gesamtpakets an Freiheit und politischer Transparenz betrachten - als eine sehr lohnende Investition. Dazu gehört es, sich auch mit prima facie unplausiblen Verschwörungstheorien auseinanderzusetzen - und zwar kompetent und inhaltlich angemessen. Es sagt ja keiner, dass man dabei nicht zu der begründeten Folgerung kommen kann, die entsprechende These sei unhaltbar oder sogar Unfug.

Wischen wir kritische und vielleicht sogar überkritische Meinungen pauschal als „Verschwörungsunfug" weg, so sehe ich das Risiko, das Kind mit dem Bade auszuschütten. Konkret: Dadurch wird eine an sich sinnvolle und nötige, wenn auch nervenaufreibende Diskussion erschwert oder sogar ganz verhindert. Dies wiederum birgt zwei mögliche Extreme als Gefahr:

- Es kann, erstens, ein recht stabiler gesellschaftlicher Meinungskonformismus entstehen. Dieser behindert politische Machtkontrolle und Erkenntnisfortschritt. Er erschwert es, Missstände anzusprechen, Fehlleistungen zu kritisieren und eben auch gefährliche Verschwörungen aufzudecken. In diesem Zusammenhang sollten uns die Erfahrungen der ersten Kämpferinnen für das Frauenwahlrecht und die Zulassung von Frauen zum Universitätsstudium mit dem Meinungskonformismus ihrer Zeit zu denken geben. Auch ein kurzer Blick auf die

Anfänge des Frauenfußballs in Deutschland ist sehr erhellend.[11]

- Zweitens kann es bei Verzicht auf solide Argumentation leicht und schnell zu einer irrationalen und ideologischen Verhärtung von Pro und Contra, zur Verfestigung von Feindbildern und Lagerdenken kommen. Man führt dann keine vernünftigen Diskussionen mehr, sondern betreibt Kampfkommunikation. Man verteidigt die eigenen Thesen und Meinungen mit allen Mitteln gegen den „Gegner" oder sogar „Feind". Es geht dann nicht mehr darum, die Wahrheit zu erkennen, Argumente abzuwägen und sinnvolle Handlungsoptionen daraus abzuleiten. Es geht nur noch darum zu gewinnen, Recht zu behalten, sich durchzusetzen - ohne Rücksicht auf Daten, Fakten, die Realität oder die Wahrheit.[12] Im Extremfall kann es sogar zur gesellschaftsweiten Lagerbildung kommen, die zu fast allen Themen eine sinnvolle und sachorientierte Diskussion erschwert. Es ist nicht unplausibel, die derzeitige Lage in den USA in diesem Lichte zu betrachten - und als Warnung an uns zu verstehen.

Also: Es ist wichtig, leichtgläubigen Konformismus und ideologisch-feindselige Lagerbildung zu vermeiden und

---

11 https://youtu.be/0e0eUJYkHQA

12 Heinz Jiranek und Andreas Edmüller: **Konfliktmanagement. Konflikten vorbeugen, sie erkennen und lösen.** Freiburg, München, Stuttgart, 2021 (6. Auflage).

wirkungsvolle politische Machtkontrolle zu festigen. Dazu werden wir auch Diskussionen um Verschwörungstheorien führen müssen, die im Nachhinein vielleicht überflüssig oder wirr erscheinen. Dafür wiederum braucht es prinzipielle Offenheit für Andersdenkende, auch erst einmal für ganz anders Denkende - sowie argumentative Kompetenz. Und wir brauchen die Bereitschaft, sich auf diese argumentative Kompetenz einzulassen und zu verlassen. Das führt zum nächsten Punkt meiner Betrachtungen.

Antwort 5: Eine an Vernunft orientierte Diskussionskultur ist gesellschaftlich unverzichtbar

Eine wenigstens halbwegs von Offenheit, Kompetenz und Vernunft getragene Argumentations- und Diskussionskultur ist ein unverzichtbarer Stabilitätsfaktor im demokratischen Rechtsstaat. Dessen Problemlösungs- und Entscheidungsmechanismen beruhen ja auf der Stärke und Überzeugungskraft von Argumenten - nicht auf Autorität, Manipulation, Zwang und Gewalt. Zumindest ist das die Theorie ... und ich bin Optimist bzw. Vernunftromantiker.[13]

Wesentliches Element dieser Kultur sind öffentliche Diskussionen, die immer wieder zeigen und veranschaulichen,

---

13 In der Philosophie findet gerade eine lebhafte Debatte statt, ob dieser Optimismus berechtigt ist. Kompetenten und nachvollziehbaren Skeptizismus dazu vertritt Jason Brennan in: **Against Democracy.** Princeton, 2016.

wie kompetente Argumentation aussieht (und wie nicht), welche Positionen vertretbar sind und welche Gründe jeweils dafür oder dagegen sprechen. Verzichten wir auf diese Diskussionen oder unterbinden wir sie sogar, schaffen wir Platz für andere Entscheidungsmechanismen. Zum Beispiel für Wutgeschrei und Hassgeheul in den unsozialen Medien.

Schon der Philosoph John Stuart Mill hat erkannt, dass es fatale Folgen haben kann, etwas endgültig oder „regierungsamtlich“ für wahr oder falsch zu erklären.[14] Was heißt das? Selbst wenn eine Meinung oder Theorie wahr ist, sollten wir Diskussionen dazu weder vermeiden (Motto: *Ist doch eh klar ...*) noch unterbinden (Motto: *Warum lang und breit über Unsinn reden?*). Wir sollten uns immer wieder in Erinnerung rufen, warum und wie dieses Urteil begründet ist, warum wir glauben, dass eine Theorie stimmt. Ansonsten können auch wahre und gut begründete Meinungen schnell zu Dogmen werden. Dogmen ohne argumentatives Fundament sind aber leicht anzugreifen und zu erschüttern. Ein Beispiel:

- Je mehr wir über Fallstudien, Begründungen und offene Fragen der Evolutionstheorie wissen, desto schwieriger dürfte es sein, uns von ihrer Fragwürdigkeit zu überzeu-

14 Mills Klassiker On Liberty (Über die Freiheit) erschien zuerst im Jahre 1859. John Stuart Mill: **On Liberty and Other Essays.** Ed.: John Gray. Oxford, New York, 1991.

gen. Ich vermute stark, dass es genau deshalb das Herzensanliegen vieler Christen in den USA ist, die Lehre der Evolutionstheorie im Schulunterricht zu unterbinden. Eine Wahrheit, die verstanden wird, ist nicht so leicht zu erschüttern wie eine, die nur geglaubt wird, weil es uns so gesagt wurde - oder die nur mit schlechten Gründen verteidigt wird.

Außerdem wäre zu hoffen, dass wir als Gesellschaft über die ständige und wenigstens halbwegs kompetente Auseinandersetzung mit Begründungen, Widerlegungen und Argumenten im Laufe der Zeit eine solide Diskussions- und Entscheidungskultur aufbauen und stabilisieren. Wie meistens macht auch dabei Übung den Meister. Wie gesagt, Ihr Autor ist unverbesserlicher Optimist.

Auch auf die andere Seite der Medaille, die Auseinandersetzung mit vermeintlichem Irrtum, weist Mill hin. Leider irren wir alle uns immer wieder. Deshalb sollten wir auch die Argumente gegen falsche oder unhaltbare Theorien ausarbeiten und in Erinnerung behalten, sie regelmäßig einer kritischen Prüfung unterziehen (lassen). Wir können dabei nur gewinnen:

- Stellt sich der vermeintliche Irrtum wider Erwarten als Wahrheit heraus - das soll vorkommen - haben wir etwas gelernt.

- Stellt sich erneut heraus, dass es sich tatsächlich um Irrtum handelt, können wir ihn umso entschlossener und kompetenter zurückweisen, dies sauber und nachvollziehbar begründen. Warum ist das wichtig? Ein Irrtum ohne erkennbar solide oder nachvollziehbare Begründung seiner Unhaltbarkeit kann sich leicht als Wahrheit tarnen und sich schnell verbreiten. Eine ganze Palette von Manipulationstaktiken und Scheinargumenten unterstützen ihn dabei.[15]

Also: Wir sollten immer klar und nachvollziehbar herausarbeiten und uns vor Augen halten, warum genau wir eine Theorie für wahr oder falsch halten. So lässt sich erstens verhindern, dass gute Theorien zu leicht von ihrer Begründungsbasis abgeschnitten und mit Pseudo-Argumenten ausgehebelt werden können. Zweitens machen wir es dadurch schlechten Theorien schwerer, sich als respektabel auszugeben. Drittens sehe ich darin einen wichtigen Beitrag zum Aufbau einer gesellschaftlichen Diskussions- und Argumentationskultur, einem leider viel zu oft unterschätzten politischen Stabilitätsfaktor.

Antwort 6: Respektable wissenschaftliche Theorien und Verschwörungstheorien weisen mehr Ähnlichkeiten auf als man denkt

Viele der gängigen Argumente gegen unhaltbare Verschwörungstheorien greifen für sich genommen nicht oder

15 Andreas Edmüller und Thomas Wilhelm: **Manipulationstechniken. So wehren Sie sich.** Freiburg, 2020 (5. Auflage).

nur sehr bedingt. Der Grund ist Wissenschaftsphilosophen gut bekannt. Diese Einwände treffen nämlich prima facie auch auf respektable wissenschaftliche Theorien zu! Genauer:
Auch respektable wissenschaftliche Theorien

- sind oft falsch;
- reden von Dingen, die es gar nicht gibt;
- können viele Daten und Befunde nicht erklären;
- werden vor allem zu Beginn ihrer Entwicklung gerne von der Mehrheit der Experten abgelehnt;
- sind bisweilen stark mit esoterischen bzw. irrationalen Elementen verwoben.

Trotzdem sind sie für uns enorm wertvoll und unverzichtbar. Diverse Verschwörungstheorien bezüglich außerirdischer Reptiloiden oder pädophiler Satanistennetzwerke sind das gerade nicht: Wo genau liegt der Unterschied?

Diese Aufzählung klingt vermutlich wie ein Zitat aus einem Kommentar der Bundesvereinigung diplomierter Astrologen und Tarotkundigen zur Verleihung der Nobelpreise für Physik und Chemie. Aber: Diese Behauptungen lassen sich leicht veranschaulichen und begründen. Ich sehe darin einen Denkanstoß, eine Aufforderung und Einladung, etwas genauer als oft üblich über Verschwörungstheorien, deren Schwachstellen und unsere Gründe nachzudenken, sie als irrational oder unsinnig zurückweisen. Oder sie als plausibel einzuschätzen.

Viele respektable wissenschaftliche Theorien sind falsch. Ein bekanntes Beispiel liefert das geozentrische Weltbild der antiken griechischen Astronomen, das Ptolemäus in seinem Almagest zusammengefasst hat. Es unterscheidet sich sehr stark vom aktuellen Bild unseres Sonnensystems: Die Erde ist aus heutiger Sicht wie Mars oder Venus ein Planet, Planeten bewegen sich nicht auf Kreisbahnen, sondern auf Ellipsen und im Zentrum dieser Bewegungen befindet sich die Sonne. Zudem hatte Ptolemäus nicht alle Planeten erfasst und konnte viele Konstellationen nicht korrekt berechnen. Aber: Trotz all dieser Fehler, Irrtümer und Ungenauigkeiten zollen wir seinem Modell auch heute noch unseren Respekt und bewundern die dahinter stehende Forschungsleistung. Und das völlig zu Recht.[16]

Also: Nicht Wahrheit oder Falschheit alleine sind unser Kriterium für die Respektabilität einer Theorie - da gibt es offensichtlich noch andere Beurteilungsdimensionen. In den folgenden Kapiteln werden wir uns genau damit beschäftigen. Ich vermute sogar, dass man nach der nächsten wissenschaftlichen Revolution sämtliche Theorien, mit denen unsere Wissenschaftler heute arbeiten, als falsch einstufen wird. Falls Sie das für absurd halten, lade ich zu

---

16 Ulf Faller: **Der lange Schatten des Kopernikus.** Baden-Baden, 2018.

einem Gedankenexperiment ein: Betrachten Sie die dynamische Entwicklung unserer Wissenschaften seit dem 17. Jahrhundert - und stellen Sie sich dann vor, wo wir in 500 Jahren stehen werden.

Viele respektable wissenschaftliche Theorien reden über Dinge, die es gar nicht gibt. Eines von vielen Beispielen ist der Äther in der Physik. Den Äther hatte man als Träger von Wellenbewegungen postuliert, z.B. der des Lichts. Weitere Kandidaten sind die Impetustheorie zur Erklärung von Bewegung oder das Phlogiston zur Erklärung von Verbrennungsprozessen.[17] Obwohl wir heute davon ausgehen, dass es weder den Äther noch Phlogiston gibt und der Impetusbegriff in der Physik nicht gebraucht wird, begegnen wir den einschlägigen Theorien mit intellektueller Achtung und Respekt. Sie tauchen an prominenter Stelle in der Literatur zu Wissenschaftsgeschichte und -theorie auf und werden heute noch eingehend untersucht und rekonstruiert.

Also: Die bloße Tatsache, dass es auf unserer Erde keine außerirdischen Reptiloiden mit Gestaltwandlerfähigkeit gibt, ist für sich genommen erst einmal kein zwingender Grund, die entsprechende Theorie als nicht respektabel

17 https://de.wikipedia.org/wiki/%C3%84ther_(Physik); https://de.wikipedia.org/wiki/Impetustheorie; https://de.wikipedia.org/wiki/Phlogiston

oder unseriösen Blödsinn zurückzuweisen. Dazu brauchen wir vermutlich ein etwas komplexeres Argument.[18]

So gut wie alle respektablen wissenschaftlichen Theorien haben es mit einer Fülle an Daten zu tun, die sie gar nicht oder nur sehr schlecht erklären können. Ein aus dem Schulunterricht bekanntes Beispiel ist bzw. sind die physikalischen Theorien zum Licht. Bis heute ist nicht wirklich geklärt, ob Licht Teilchen- oder Wellencharakter hat - oder etwas ganz anderes ist.[19] Einiges spricht jeweils dafür, anderes dagegen. Unsere Theorien zum menschlichen Gehirn und Zentralnervensystem sind noch sehr weit davon entfernt, alle Fragen beantworten bzw. alle Daten integrieren zu können. Und für die Geschichtswissenschaft gilt das Gleiche: Die Fachdebatten zu Theorien wie der zu den Ursachen des Ersten Weltkrieges, des Untergangs des Römischen Reiches oder des Aufstiegs des Christentums zeigen in aller Deutlichkeit, wie uneindeutig in aller Regel die Datenlage ist. Dieser Zustand ist allerdings keine Ausnahme, sondern wissenschaftlicher Alltag. So gut wie jede respektable wissenschaftliche Theorie kennt Phänomene, die sie gut erklären kann, solche, bei denen die Erklärung weniger stark ist und solche, die sie eigentlich erklären können müsste, das aber bis heute nicht geschafft hat. Das liegt gerade bei den aktuellsten Theorien in der Natur der

---

18 Sie können beruhigt sein: Die Sache mit den Reptiloiden ist tatsächlich Unsinn.
19 https://de.wikipedia.org/wiki/Welle-Teilchen-Dualismus

Sache: Forscher entwickeln sie ja, um uns eine Fülle an noch offenen Fragen zu beantworten und zahlreiche rätselhafte Phänomene zu erklären.

Also: Die Tatsache für sich genommen, dass einige Daten gegen eine Verschwörungstheorie sprechen und diese einiges nicht erklären kann, reicht nicht aus, um die Theorie als falsch oder als nicht respektabel zurückzuweisen.

Herausragende wissenschaftliche Theorien sehen sich in ihrer Frühphase bisweilen einer felsenfest von deren Falschheit überzeugten Mehrheit der Experten gegenüber. Die erbitterten Diskussionen um Darwins Thesen zur Evolution, speziell zur Abstammung des Menschen, sind nur ein Beispiel von vielen.[20] Das ist ja gerade Witz und Gewinn eines wissenschaftlichen Durchbruchs: Die Mehrheit, auch die qualifizierte Mehrheit, sieht die Dinge natürlich erst einmal ganz anders und muss überzeugt werden - wogegen sich sehr viele Menschen erfahrungsgemäß wehren. Auch mit Mitteln, die nicht immer dem Ideal wissenschaftlicher Prüfung und Diskussion entsprechen. Das kann sogar ganze Berufsstände treffen. In seinem hervorragenden Buch Bad Medicine beschreibt der Wissenschaftshistoriker David Wootton ausführlich, wie intensiv und lange

---

20 Eine exzellente Schilderung der geschichtlichen Entwicklung der Evolutionstheorie und der damit verknüpften Kontroversen unter Fachleuten bieten Thomas Junker und Uwe Hoßfeld: **Die Entdeckung der Evolution. Eine revolutionäre Theorie und ihre Geschichte.** Darmstadt, 2009 (2. Auflage).

sich die orthodoxe Medizin dagegen gewehrt hat, die Erkenntnisse der Naturwissenschaften zu akzeptieren und umzusetzen.[21] Eine so anschauliche wie beklemmende Fallstudie dazu ist der Kampf des Arztes Ignaz Semmelweiß gegen die im wahrsten Sinne tödliche Trägheit und Ignoranz seiner Berufskollegen.[22]

Also: Auch wenn viele Experten anderer Meinung sind, so heißt das nicht automatisch, dass sie Recht haben. Diese Möglichkeit sollten wir fairerweise auch für Verschwörungstheorien im Auge behalten. Wie gesagt: Lange Zeit war die Mehrheit der Fachleute davon überzeugt, dass an den Vorwürfen der Financial Times gegen Wirecard nichts dran ist.

Es kommt jetzt noch schlimmer: **Viele respektable wissenschaftliche Theorien sind in ihrer Urform sehr eng mit esoterischen und mystischen Elementen verknüpft.**[23] In den Lehrbüchern für unsere Schulen tauchen diese Elemente allerdings nicht mehr auf. Dort wird eine sehr stark bereinigte und „rationalisierte" Form der jeweiligen Theorie gelehrt. Bekanntes Beispiel dafür ist der Astronom und Mathematiker Kepler. Seine Keplerschen Ge-

---

21 David Wootton: **Bad Medicine. Doctors Doing Harm Since Hippocrates.** Oxford, 2006.
22 https://www.spektrum.de/news/der-retter-von-der-traurigen-gestalt/1574034
23 Heute vermute ich zahlreiche Beispiele dafür im Bereich der Gender-Studien.

setze beschreiben die Bewegung der Planeten um die Sonne. Auf dieser Basis konnte er auch den Zusammenhang zwischen Mond und Gezeiten korrekt erfassen. Darüber hinaus verdanken wir ihm grundlegende Beiträge zu Optik und Mathematik. Gleichzeitig hing Kepler einem pythagoreisch geprägten Zahlenmystizismus an, war Hofastrologe in Prag und hat fest an einen mathematisch beschreibbaren Zusammenhang zwischen Planetenbewegung und menschlichem Schicksal geglaubt.[24] Und was heute viele nicht wissen: Isaac Newton war Zeit seines Lebens auf der Suche nach dem Stein der Weisen.[25]

Das sollte jetzt nicht als Abwertung großer Geister missverstanden werden. Nichts liegt mir ferner. Jeder von uns ist ein Kind seiner Zeit und glaubt an überliefertes oder allgemein akzeptiertes „Wissen". Dass es sich dabei um Pseudowissen handelt, erkennt man oft erst nach intensiver Erforschungsarbeit und sicher nicht auf den ersten Blick. Pseudowissen gibt sich leider nicht von selbst zu erkennen. Deshalb liegt der eigentliche Wert mühsam entwickelter und letzten Endes nicht haltbarer Theorien oft in ihrem Scheitern. Sie zeigen uns, dass etwas nicht stimmen kann.

Also: Sogar Verschwörungstheorien mit esoterischer Anmutung sollten alleine deshalb nicht unbedingt als wertlos oder komplett unsinnig eingestuft werden.

---

24 https://de.wikipedia.org/wiki/Johannes_Kepler
25 https://de.wikipedia.org/wiki/Isaac_Newton

Dic eben skizzierten Facetten respektabler wissenschaftlicher Theorien sind untrennbar mit dem Projekt Wissenschaft verknüpft. Es sind weder Randerscheinungen noch belanglose Anekdoten. Wissenschaft besteht zwangsläufig sehr oft im Ausloten theoretischer Sackgassen, die ohne umfangreiche und intensive Prüfung nicht als solche erkennbar sind. Das ist ähnlich wie beim Bergsteigen: Oft braucht man mehrere Fehlschläge und neue Denkansätze, bis man die Route durch eine Wand gefunden und gemeistert hat.[26]

Also, die Frage bleibt: Was genau unterscheidet eigentlich wirklich eine respektable wissenschaftliche Theorie von einer nicht akzeptablen Verschwörungstheorie? Die eben skizzierten Ähnlichkeiten sollten uns zu denken geben und ein genaueres und kompetenteres Hinsehen bei Verschwörungstheorien anregen. Es gibt diese Unterschiede natürlich - sie sind aber nicht so leicht zu erkennen, wie man meinen könnte. Und nur dann, wenn wir sie sauber herausarbeiten und klar aufzeigen, haben wir die wirkungsvollsten Argumente gegen windige Verschwörungstheorien in der Hand. Und nur dann haben wir seriös argumentiert.

---

26 Anderl Heckmair und seinen Kameraden gelang die legendäre Erstbesteigung der Eiger Nordwand, weil sie diese als Eis- und nicht wie alle vor ihnen als Felswand begriffen haben. Heinrich Harrer: **Die Weiße Spinne. Das große Buch vom Eiger.** München, 2001.

Mein Fazit zu den Überlegungen dieses ersten Kapitels liegt auf der Hand: Wir sollten es vermeiden, allzu schnell oder gar pauschal Verschwörungstheorien als Unsinn zu bezeichnen und deren Vertreter als Spinner abzuwerten. Wir sollten grundsätzlich die Argumentationslage klar und nachvollziehbar herausarbeiten. Das heißt nicht, jeden Unfug auf Dauer ernst zu nehmen. Es heißt aber, erst einmal solide zu begründen, warum genau es sich um Irrtum oder sogar Unfug handelt. Die nächsten Kapitel werden zeigen, dass das möglich ist - aber oft gar nicht so leicht, wie es scheinen mag.

Zusammenfassung Kapitel 1

Ich plädiere dafür, Verschwörungstheorien nicht grundsätzlich als Unsinn oder Hirngespinst wegzuwischen. Wir sollten jede Verschwörungstheorie einer handwerklich soliden argumentativen Prüfung unterziehen. Dafür sprechen sechs Gründe:

1. Es gibt immer wieder und in allen Lebensbereichen Verschwörungen, die sehr gefährlich sein können. Wir sollten also grundsätzlich wachsam sein.

2. Zutreffende Verschwörungstheorien sind nicht immer leicht von falschen zu unterscheiden. Wir sollten deshalb genau hinschauen.

3. Die Reaktionen von Öffentlichkeit und Fachleuten sind bei unzutreffenden und wahren Verschwörungs-

theorien oft die selben: Zweifel, Ungläubigkeit, Ablehnung. Auch deshalb sollten wir genau hinschauen.

4. Ein gesundes Misstrauen gegenüber Politik und Autoritäten ist im Sinne des Gedankens der Machtkontrolle wünschenswert: Meinungskonformismus und -tabus können gesellschaftlich lähmend und gefährlich sein.

5. Eine solide, an Vernunft orientierte Argumentations- und Diskussionskultur ist für die Stabilität einer offenen Gesellschaft enorm wichtig: Daran sollten wir ständig arbeiten.

6. Respektable wissenschaftliche Theorien und Verschwörungstheorien weisen mehr Ähnlichkeiten auf als man meint: Das sollte uns zu denken geben.

Vertiefende Lektüre

In den Fußnoten im Text verweise ich auf Quellen und direkt relevante Literatur. In den Literaturhinweisen am Ende eines jeden Kapitels nenne ich Empfehlungen zur vertiefenden Lektüre.

Beim Thema *Verschwörungstheorie* werden sich Ausflüge ins Internet immer lohnen - auch ohne konkrete Hinweise von mir. Zur Veranschaulichung vieler Aspekte meiner Ausführungen ist diese Informationsquelle an Authentizität, Aktualität und Unterhaltungswert nicht zu übertreffen.

Die folgenden Bücher vermitteln mit jeweils unterschiedlichen inhaltlichen Schwerpunkten einen guten Gesamtüberblick zum Thema:

Michael Butter: **„Nichts ist, wie es scheint“. Über Verschwörungstheorien.** Berlin, 2018.

Karl Hepfer: **Verschwörungstheorien. Eine philosophische Kritik der Unvernunft.** Bielefeld (!!), 2015.

Kathryn S. Olmsted: **Real Enemies. Conspiracy Theories and American Democracy, World War I to 9/11.** Oxford, 2009, 2019.

Mick West: **Escaping the Rabbit Hole. How to Debunk Conspiracy Theories Using Facts, Logic, and Respect.** New York, 2018.

Kapitel 2
Was ist eigentlich eine Theorie?

Wer aus Wissensdurst eine Erklärung oder eine Theorie für bestimmte Phänomene ausarbeitet, möchte eine möglichst umfassende und gute, im Idealfall wahre Theorie entwickeln. Im Sinne des *Principle of Charity* (Prinzip des Wohlwollens) unterstelle ich erst einmal grundsätzlich diese positive Zielsetzung, also Wahrheits- und Erkenntnisstreben, als Grundmotivation. Das sollte alleine schon aus Gründen der Fairness bis zum Nachweis des Gegenteils für den Vertreter eines Impf-Skeptizismus oder der Chemtrail-Theorie wie für den Evolutionsbiologen, den Historiker oder den Detektiv auf Verbrecherjagd gelten.[27]

Um uns ein argumentativ solides Urteil über eine Theorie, eine Hypothese oder einen Erklärungsansatz zu bilden, benötigen wir Kriterien. Die Anwendung dieser Kriterien bzw. deren Ergebnis begründet dann unser jeweiliges Urteil. Dieses Vorgehen ist allgemein anerkannt und wesentlicher Bestandteil unserer Entscheidungsfindung im Alltag: Jeder Test oder Vergleichstest zu Autos, Smartphones, Fahrrädern, Tourenski oder Restaurants legt im ersten Schritt sinnvolle Beurteilungskriterien fest und zeigt dann, wie gut oder schlecht diese jeweils erfüllt werden.

---

27 In Kapitel 8 wird gezeigt, wie dieser Nachweis des Gegenteils, also von Irrationalität oder Böswilligkeit, geführt werden kann - leider recht oft mit Erfolg.

Natürlich bleibt dabei immer noch Ermessensspielraum, also Raum für Subjektivität und Geschmacksurteile - und somit für unterschiedliche Beurteilungen. Aber dieses systematische, an konkreten Kriterien orientierte Vorgehen schafft erstens Transparenz und erlaubt zweitens, die Unterschiede in der Beurteilung an konkrete Fragestellungen anzuknüpfen, die Diskussion einzugrenzen und so weit wie möglich zu versachlichen.

Eine gute Grundlage für weitere Diskussionen wäre es also, sich auf eine Liste von Kriterien zu einigen, anhand derer wir die Qualität einer Verschwörungstheorie sinnvoll diskutieren und angemessen beurteilen können. Im folgenden möchte ich einige dieser Kriterien herausarbeiten und für zwei Thesen argumentieren:

- Erstens, wir alle sollten diese Kriterien akzeptieren.

- Zweitens, wir tun das bereits.

Es mag überraschen, aber: Wie wir gleich sehen werden, gilt beides auch für die allermeisten Vertreter von Verschwörungstheorien. Dieser gemeinsame Bestand an Kriterien zur Qualitätsbeurteilung von Theorien und Hypothesen ist dann die Grundlage für eine sachliche und ergebnisorientierte Diskussion. Und genau darum geht es mir mit diesem Buch: Handwerklich solide Argumentation.

Den Hintergrund für meine Überlegungen liefert die Philosophie bzw. die Wissenschaftstheorie. Das Problem: Die Diskussionen zum Thema *Was ist eine gute Theorie?* sind nicht nur spannend, sondern auch extrem umfangreich und komplex und können hier nicht einmal in allen ihren Grundzügen skizziert werden. Deshalb konzentriere ich mich auf die wichtigsten Minimalanforderungen, die für unsere Zwecke ausreichen und relativ unstrittig sein dürften. Mein Vorgehen in diesem Buch orientiert sich an drei Leitfragen:

- **Welche Eigenschaften sollte ein ernstzunehmender Theorievorschlag haben?** Jede Theorie besteht aus einer Menge von Aussagen. Aber nicht jedes Sammelsurium von Aussagen ist eine Theorie. Auch nicht dann, wenn es durch unterhaltsame Videoclips aus dem Internet angereichert und als *Theorie* bezeichnet wird. Allerdings geben sich immer wieder genau derartige Nicht-Theorien oder Pseudo-Theorien als richtige Theorien aus. Genau deshalb ist diese erste Leitfrage so wichtig und interessant: Woran erkennt man diese Hochstapler? Welche Eigenschaften machen eine Menge von Aussagen zu einer ernsthaften Theorie bzw. einem ernsthaften Theorievorschlag? Dabei geht es noch gar nicht um die Frage nach Wahrheit oder Falschheit, sondern erst einmal darum, ernstzunehmende Kandidaten zu erkennen, für die sich eine eingehende Prüfung lohnen könnte. Um diese Leitfrage dreht sich dieses Kapitel.

- **Woran erkennen wir, ob wir es mit einer guten Theorie zu tun haben?** Haben wir es mit einem ernsthaften Theorievorschlag zu tun, interessiert uns als nächstes, ob er wahr ist oder falsch, erkenntnistheoretisch respektabel oder nicht. Natürlich verfügt niemand über ein unfehlbares Kriteriensystem zur Erkenntnis der Wahrheit. Aber sowohl im Alltag als auch in der Wissenschaft setzen wir ziemlich erfolgreich verschiedene Verfahren ein, um uns ein belastbares Urteil zur Qualität einer Theorie zu bilden. Die wichtigsten dieser Maßstäbe werde ich in den Kapiteln 3 bis 7 erläutern und immer wieder an konkreten Beispielen veranschaulichen.

- **Welche Werte sollten unsere Suche nach Wahrheit und Erkenntnis leiten?** Klar ist, dass Betrug, Fälschung, Lüge und Manipulation bei der Formulierung und Prüfung von Theorien nicht dienlich sind. Das akzeptieren selbstverständlich auch die Vertreter von Verschwörungstheorien: Betrug, Lüge, Manipulation und Fälschung werfen sie ja ausdrücklich den jeweiligen terristrischen und außerirdischen Verschwörern vor, die sie am Werke sehen. Weniger klar ist auf Anhieb, an welchen Werten wir uns dabei konkret orientieren sollten. Erste plausible Kandidaten sind intellektuelle Redlichkeit, skeptische Offenheit und argumentative Konsequenz. Diese Frage ist sehr wichtig: Ich werde in Kapitel 8 dafür argumentieren, dass sich eine ganz zentrale Problematik des Themas *Verschwörungstheorien* auf dieser Ebene der Werte, also im Normativen, festmachen lässt.

Soviel vorab zum Gedankengang des Buches und zurück zur Frage, was eine Theorie ist - und was nicht.

Warum entwickeln wir Theorien?

Theorien entwickeln wir, weil wir wissen wollen, was wirklich los ist, was hinter den Kulissen passiert, wie bestimmte Beobachtungen, Phänomene oder Vorkommnisse zu erklären sind. Mit diesem zugegeben vagen Verständnis beginne ich. Die weitere Begriffsklärung erfolgt dann Schritt für Schritt über die Formulierung von Minimalanforderungen, denen jede Theorie genügen sollte. Der Alltag liefert bekannte Beispiele:

- Ich werde aus bestimmten Beschlüssen meines Gemeinderats nicht schlau, möchte aber wissen, was da los ist. Wie gehe ich vor? Ich lese den Lokalteil sehr genau, frage herum, um eine Erklärung für die fraglichen Beschlüsse zu finden, rede gezielt mit dem einen oder anderen Gemeinderatsmitglied, hole die Meinung meiner Nachbarn ein … und versuche dann, die so gewonnenen Eindrücke und Daten in ein stimmiges Gesamtbild zu Argumentations- und Interessenlage im Gemeinderat zusammenzuführen. Diese Theorie soll mir verständlich machen, wie es zu den fraglichen Beschlüssen kam und was in Zukunft zu erwarten ist.

- Ähnlich - Krimileser wissen das natürlich - geht ein Detektiv bei der Tätersuche vor. Dieser wird allerdings mehr oder weniger systematisch einem bewährten Verfahren folgen, um den Übeltäter zu identifizieren. Das ist alleine schon deshalb erforderlich, weil Detektivarbeit heutzutage in aller Regel Teamarbeit ist - und ein Team sollte Schritt für Schritt und gut koordiniert vorgehen. Es werden bei der Befragung von Zeugen bestimmte Fragetechniken und Frageraster eingesetzt, der Tatort wird systematisch von der Kriminaltechnik untersucht, bei der Spurenauswertung werden diverse Wissenschaften herangezogen, z.B. für eine DNA-Analyse oder die Untersuchung von Materialproben. Dann wird allen gewonnenen Hinweisen systematisch nachgegangen. Am Ende steht hoffentlich eine Theorie, die alle diese Bausteine stimmig zusammenfügt und die Frage nach dem Täter beantwortet.

- Auch die Naturwissenschaftler sind neugierig. Charakteristischerweise überschreiten ihre Theorien allerdings oft den begrifflichen Rahmen unserer Lebenswelt. Was heißt das? Unsere Lebenswelt besteht aus den Gegenständen und Lebewesen, die wir ständig im Rahmen unserer Koordinatensysteme der linearen Zeit und des dreidimensionalen Raumes wahrnehmen und kausal beeinflussen. Tische, Stühle, Autos, Wolken, Schnee, Bäume, Blumen, Tiere, Personen gehören alle dazu. Das Problem für wissensdurstige Zeitgenossen: Diese Lebenswelt stellt uns vor viele Fragen, zu deren Beantwortung zusätzliche und ganz neuartige begriffliche Ressourcen nötig sind. Ein Beispiel: Warum verdunstet Wasser ab 100 Grad Celsius und wird bei unter Null Grad zu Eis? Diese Phänomene kennen wir aus Erfahrung, können sie im Experiment nach Belieben herbeiführen und in Form von Verallgemeinerungen recht genau beschreiben: *Unter den Rahmenbedingungen R1 - Rn wird Wasser sich in Dampf verwandeln, wenn es auf eine Temperatur von X Grad Celsius erhitzt wird.* Aber

> was wir eigentlich wissen wollen, wird durch dieses systematisierte Erfahrungswissen nicht beantwortet: **Warum** verhält Wasser sich so und nicht anders? Um diese Frage zu beantworten, verläßt die Wissenschaft den vertrauten Rahmen der Lebenswelt. Wissenschaftler postulieren die Existenz von nicht beobachtbaren Dingen, mit deren nicht beobachtbaren Eigenschaften sich wiederum die beobachtbaren Eigenheiten des Wassers erklären lassen. Klingt kompliziert, kennen wir aber aus dem Schulunterricht: Die entsprechende Theorie sagt uns, Wasser sei nichts anderes als ein Molekülverband, die einzelnen Moleküle bestünden aus Wasserstoff und Sauerstoff (H2O). Zusätzlich beschreibt die Theorie die Eigenschaften dieser Moleküle in Form von Gesetzen mit Hilfe der Sprache der Mathematik. Kurz: Die Antwort der Wissenschaft auf unsere Frage nach den Eigenschaften von Wasser in unserer Lebenswelt wird darauf verweisen, dass Wasser aus Molekülen mit bestimmten Eigenschaften besteht, die sich unter bestimmten Bedingungen auf bestimmte Weise verhalten.

Dieser Ansatz, Aspekte unserer *Lebenswelt* durch die Annahme einer ganz andersartigen *wissenschaftlichen Welt* zu erklären, ist eines der wesentlichen Charakteristika moderner Wissenschaft. Er hat sich als enorm erfolgreich erwiesen und wirft natürlich seinerseits viele Fragen auf. Philosophisch mit die spannendste dürfte die nach dem Status dieser nicht beobachtbaren Dinge der wissenschaftlichen Welt sein: Gibt es sie wirklich oder sind sie nur „fiktive Rechenhilfen“ mit dem Zweck, uns genauere und verlässlichere Vorhersagen in der Lebenswelt zu ermöglichen? Und falls es sie geben sollte: In welchem Zusammenhang stehen z.B. die H2O-Moleküle mit dem Wasser unserer Lebenswelt und seinen Eigenschaften - Moleküle sind doch nicht nass? Und: Ist die Lebenswelt, wie wir sie wahrnehmen nur eine Illusion?

Es gibt natürlich bei genauer Betrachtung noch weitere Unterschiede zwischen unseren Alltagstheorien und denen der Naturwissenschaft. Für unsere Zwecke ist aber genug gesagt, um wesentliche Elemente dessen benennen zu können, was man unter einer Theorie versteht bzw. verstehen sollte.

Welche Eigenschaften sollte ein ernstzunehmender Theorievorschlag haben?

Die Fragestellung

Jede Theorie geht von einer zentralen Frage oder einem Fragenbündel aus, das sie zu beantworten sucht.

- Wer hat die Kronjuwelen aus dem Tower gestohlen?
- Wer hat John F. Kennedy ermordet?
- Wie kam es zum ersten Weltkrieg?
- Wie konnte Donald Trump Präsident werden?
- Wie sind komplexe Lebensformen wie der Mensch entstanden?

- Wie ist ein Atom aufgebaut?
- Wie sehen unser Sonnensystem und das Universum aus?

Das heißt nicht, dass sich im Verlauf der Theorieentwicklung diese Fragestellung nicht verändern, präzisieren, erweitern oder vertiefen kann: Wer dazulernt kann klügere Fragen stellen. Schließlich wird aber jede Theorie sagen müssen, worauf sie eine Antwort liefern möchte. Alleine schon aus dem ganz handfesten Grund, dass wir die Qualität der Antwort ja nur in Hinblick auf diese Fragestellung beurteilen können.

Der theoretische Kern

Darunter verstehe ich die zentralen Aussagen der Theorie. Es handelt sich dabei um den wesentlichen Teil der Antwort auf die Fragestellung der Theorie. Das können sehr konkrete Aussagen oder Thesen sein, wie z.B.:

- Person A hat die Kronjuwelen aus dem Tower gestohlen, um die Regierung zu erpressen. Unterstützt wurde A von zwei Mitgliedern der Wachmannschaft.
- Die Mannschaft hat in den letzten Spielen eine so schlechte Leistung abgeliefert, weil die Mehrheit der Spieler den Trainer loswerden möchte.

- Die Aktivitäten und Entscheidungen der Fraktion F im Gemeinderat sind in erster Linie dadurch zu erklären, dass man Unternehmen ansiedeln möchte, damit die jungen Leute gute Arbeitsplätze finden und nicht wegziehen.

- Es kann sich aber auch um allgemeinere Behauptungen handeln:

- Der erste Weltkrieg entsprang im wesentlichen aus einer aggressiven, gezielten Veränderung der von Bismarck entwickelten, defensiv orientierten Bündnislandschaft.[28]

- Komplexe Lebensformen sind aus weniger komplexen durch das Zusammenspiel von Mutation, Rekombination der Gene, Selektion und Vererbung entstanden … Die weitere Beschreibung und Präzisierung dieses komplexen Mechanismus der Evolution gehört natürlich ebenfalls zum Kern der Theorie; ist wesentlicher Teil der Antwort.

- Jede Bewegung in Raum und Zeit kann im Prinzip mittels der drei Newtonschen Gesetze beschrieben werden.[29]

---

28 Dazu ein faszinierendes Buch von Christopher Clark: **The Sleepwalkers. How Europe Went to War in 1914.** London, 2012. Sollte Clarks Theorie stimmen, dann hat er eine Verschwörung entdeckt und die Frage nach den Ursachen dieses Krieges in neues Licht gestellt.
29 https://de.wikipedia.org/wiki/Newtonsche_Gesetze

Zum Theoriekern kann man auch „selbstverständliche“ Annahmen zählen, die nicht ausdrücklich formuliert werden, z.B. das Prinzip der absoluten Gleichzeitigkeit in der Physik vor Einstein. Man ist mangels Alternative stillschweigend von diesem Prinzip als allgemein gültige Hintergrundannahme ausgegangen.

Natürlich sind diese Beispiele stark vereinfacht. Sie sollen nur anschaulich machen, was es heißt, dass jede Theorie die Grundelemente einer Antwort auf ihre jeweilige Fragestellung benennen und klar formulieren muss.

Eine oder mehrere Muster-Erklärungen

Eine Muster-Erklärung stellt einen besonders eindrucksvollen und wichtigen Anwendungsfall des jeweiligen theoretischen Kerns dar. Muster-Erklärungen setzen den Theoriekern mit Daten, Belegen und Beobachtungen in Bezug. Das ist aus folgenden Gründen unverzichtbar:

Erstens wird so die Erklärkraft geprüft und nachgewiesen, also die Leistungsfähigkeit des Theoriekerns.

- Im Falle der Evolutionstheorie wäre an die modellhafte Untersuchung der Finkenschnäbel bzw. deren Veränderung im Laufe der Zeit zu denken. An diesem konkreten Beispiel lässt sich sehr klar und überzeugend aufzeigen, wie das Zusammenspiel von Mutation, Rekombination,

Selektion und Vererbung bestimmte Entwicklungen erklärt.[30]

- Historische Theorien werden ihre Muster-Erklärungen anhand besonders wichtiger Beispiele oder Vorfälle entwickeln und erläutern.

- Physikalische Theorien werden besonders aussagekräftige Experimente und Vorhersagen oder Berechnungen anführen. In der Keplerschen Theorie wären das z.B. die Berechnungen konkreter Planetenbahnen.[31]

- Der Detektiv wird an dieser Stelle seine wichtigsten Gründe, Indizien oder Beweise liefern, die für Person X als Täter sprechen.

Zweitens liefern diese Muster-Erklärungen konkrete Beispiele dafür, wie der theoretische Kern umzusetzen und anzuwenden ist, wie aus dessen Inhalten leistungsfähige Erklärungen gewonnen werden. Gerade bei neuen Theorien ist das nicht selbstverständlich. Natürlich kannte jeder geschulte Beobachter lange vor Darwin die verschiedenen Formen und Varianten bestimmter Pflanzen- oder Tierarten. Aber erst durch Darwin und dessen Überlegungen wurde die Bedeutung dieser Daten, ihr Zusammenhang und

---

30 https://www.faz.net/aktuell/wissen/darwin/werk/darwin-finken-luegen-nicht-1751980.html
31 https://de.wikipedia.org/wiki/Keplersche_Gesetze

ihre theorctische Tragweite erkannt. Dieses Modell des Theoretisierens und Erklärens - beispielhaft an den Finkenschnäbeln „vorgeführt" - konnte man dann mit atemberaubendem Erfolg auf sehr viele andere Bereiche übertragen.

Die dritte Funktion dieser Muster-Erklärungen liegt darin, einen Vergleich mit Alternativtheorien zu ermöglichen. Der Vergleich mit theoretischen Alternativen spielt eine sehr wichtige Rolle bei der Beurteilung von Theorien: Sehr oft hat man es mit einem *Besser oder schlechter* zu tun, also einem Vergleichsurteil. Was heißt das? Kaum eine Theorie betritt Neuland, ist im intellektuellen Vakuum entstanden, ist ohne Alternativen. Deshalb ist es wichtig zu sehen, in welchem Verhältnis sie bzw. ihr Theoriekern zu diesen Alternativen steht. Im Idealfall kann eine Theorie sowohl die Leistungen als auch die Lücken und offenen Fragen einer Alternative erklären.[32]

- Wer gerne historische Fachliteratur liest weiß gleich, wovon ich rede: In ellenlangen Fußnoten wird regelmäßig und ausführlich erklärt, welche Fragen eine bestimmte Alternativtheorie oder ein bestimmter Fachkollege nicht beantworten kann oder welche Daten gegen diese Alternative und die Kompetenz des Fachkollegen sprechen.

32 Mehr dazu dann in Kapitel 7.

- Auch eine Miss Marple erklärt mit Freude - meistens am Ende der Geschichte - dass und warum die Theorie der Profis von Scotland Yard falsch ist und nur ihre Theorie die Zusammenhänge angemessen erklären und den wahren Täter benennen kann.

In den Naturwissenschaften finden wir ebenfalls viele Beispiele:

- Der Klassiker schlechthin ist dabei die Evolutionstheorie als Gegenentwurf zum religiösen Kreationismus. Sie macht das Konzept eines intelligenten Schöpfers, der planvoll vorgeht und auf ein Ziel hinarbeitet, unplausibel und überflüssig.

- Einsteins Theorie kann für sich anführen, dass sie die Berechnungen der Newtonschen als Sonder- bzw. Grenzfall gut rekonstruieren kann. Außerdem erklärt sie die Eigenheiten der Bewegung des Planeten Merkur - was Newton nie gelang.[33]

Also: Sorgfältig ausgearbeitete Muster-Erklärungen können und müssen wir von jedem Theorievorschlag als Beitrag zur Klärung seiner Leistungsfähigkeit, Bedeutung und Relevanz erwarten. In gewisser Weise bilden sie zusammen mit dem Theoriekern das Herzstück jeder Theorie.

---

33 https://www.spektrum.de/kolumne/das-raetsel-des-merkurs/1429104

Die Hilfs- und Beobachtungstheorien

Jeder halbwegs komplexe Theorievorschlag ist eng mit mehreren anderen Theorien oder Hypothesen verflochten und zieht diese für seine Muster-Erklärungen heran:

- Die Evolutionstheorie ist eng mit Botanik, Fossilienkunde und Genetik verwoben,
- Geschichte mit Archäologie, Numismatik oder Astronomie (z.B. für die Datierung bestimmter Ereignisse),
- Kriminalistik mit zahlreichen Naturwissenschaften (Genetik, Physik, Chemie) oder der Psychologie (z.B. beim Profiling oder der Erklärung der Motive eines Täters).

Eine besondere Rolle in diesem Netzwerk spielen Beobachtungstheorien, z.B. die des Elektronenmikroskops oder, alltagsnäher, des Fernglases oder der Kamera. Falls Sie das überrascht: Bevor man den Aufnahmen einer Kamera traut, muss man verstehen, wie diese Bilder zustande kommen und was genau sie unter welchen Bedingungen mit Verlässlichkeit zeigen. Gleiches gilt natürlich für das Elektronenmikroskop: Was ich damit sehe, bedarf der Interpretation und Deutung vor dem Hintergrund seiner Funktionsweise - und die erklärt uns eben eine Theorie.

Also: In aller Regel haben wir es im Rahmen der Beurteilung von Theorien nicht nur mit der klar abgegrenzten Theorie einer Disziplin zu tun. Es geht um ein ganzes Geflecht von Theorien aus allen möglichen Bereichen, auf das zur Erklärung der zentralen Fragen zurückgegriffen wird.

Relevante offene Fragen

Um eine Theorie wirklich zu verstehen, sollte man sich auch das Gegenstück zu den Muster-Erklärungen vor Augen halten. Das sind charakteristische Fragestellungen, die noch unbeantwortet, für den Erfolg der Theorie aber sehr wichtig sind - vielleicht sogar entscheidend.

Erstens kann so auf vielversprechende und für unser Erkenntnisinteresse wichtige Aspekte verwiesen und die potentielle Fruchtbarkeit der Theorie untermauert werden. Konkreter: Es werden Forschungsperspektiven aufgezeigt, die sich aus dem theoretischen Kern ergeben.

- In der Frühphase der Erforschung der Elektrizität war es eine wichtige offene Frage, ob das bereits lange bekannte Phänomen des Magnetismus als eine Form von Elektrizität verstanden werden kann.[34]

- Die Evolutionstheorie wird in diesem Zusammenhang auf die Schlüsselfrage nach der Entstehung des Bewusstseins verweisen. Gelingt es, darauf eine überzeugende Antwort im Rahmen der Theorie zu finden, so

34 https://de.wikipedia.org/wiki/Magnetismus

wäre das eine weitere sehr starke Muster-Erklärung für diese Theorie.[35]

Zweitens ist es ein Gebot intellektueller Redlichkeit, wichtige Fragen zu markieren, für die es aktuell keine Antwort gibt, deren Beantwortung aber noch erfolgen muss, damit die Theorie „funktioniert". Diese Lücken können natürlich auch durch Ergebnisse anderer Disziplinen geschlossen werden.

- Wegeners Theorie zur Kontinentalverschiebung wurde erst dann allgemein akzeptiert, als die zentrale offene Frage nach dem Mechanismus - und somit der Möglichkeit der im Theoriekern postulierten Verschiebungsbewegungen der Kontinente - plausibel beantwortet werden konnte.[36]

Drittens umschreiben die offenen Fragen in gewisser Weise den Forschungshorizont einer Theorie. Was heißt das?

- Die Kosmologie ging sehr lange davon aus, dass Planeten sich mit immer gleicher Geschwindigkeit auf vollkommenen Kreisbahnen bewegen. Die relevante offene Frage lautete also sehr lange, welche Kombination aus

---

35 https://scilogs.spektrum.de/die-sankore-schriften/die-grossen-fragen-wie-entstand-der-evolution-das-menschliche-bewusstsein/
36 https://www.spektrum.de/lexikon/geowissenschaften/kontinentalverschiebungstheorie/8716

Kreisbewegungen am besten zu den Beobachtungsdaten passt. Es war ein klarer Fortschritt, diese „Selbstverständlichkeit" zu überwinden und die Frage zu wagen, wie sich die Planetenbahnen tatsächlich am besten beschreiben lassen.

Einer der geistigen Väter der wissenschaftlichen Revolution, Francis Bacon, hat das so ausgedrückt:

- Eine kluge Frage ist die Hälfte der Weisheit.[37]

Also: Die offenen Fragen einer Theorie markieren ihre Perspektiven, Lücken und den Forschungshorizont. Damit vertiefen sie unser Verständnis der Theorie.

Warum sollten wir dieses Theorieverständnis akzeptieren?

Um überhaupt als ernsthafter Theorievorschlag gelten zu können, sollten also diese fünf Bedingungen im Sinne von Minimalanforderungen erfüllt sein: Ein Theorievorschlag sollte aus einem klar formulierten **Theoriekern** zusammen mit Daten, Belegen und Beobachtungen zu überzeugenden **Muster-Erklärungen** führen. Diese sollten die **Fragestellung der Theorie** abdecken, präzisieren, erweitern. Dabei werden in aller Regel zusätzliche **Hilfs- und Beobach-**

37 https://beruhmte-zitate.de/zitate/2078799-francis-bacon-eine-kluge-frage-ist-die-halfte-der-weisheit/

tungstheorien eine wichtige Rolle spielen; kaum eine Theorie kann autonom entwickelt werden. Schließlich sollte jede Theorie die noch **unbeantworteten und für ihren Erfolg wichtigen Fragen** markieren.

Es ist leicht einzusehen, dass diese Forderungen plausibel sind. Eingangs habe ich erklärt, warum wir Theorien entwickeln: Weil wir wissen wollen, was wirklich los ist, was hinter den Kulissen passiert, wie bestimmte Beobachtungen oder Vorkommnisse zu erklären sind. Die eben skizzierten Minimalanforderungen kann man als Schlüsselfragen verstehen, die beantwortet werden müssen, damit wir tatsächlich zu einer belastbaren Antwort kommen. Einfach ausgedrückt: Ohne Antworten auf diese Schlüsselfragen haben wir gar keine Theorie.

Was wäre denn in diesem Sinne von einer „Theorie" zu halten, die keine Muster-Erklärungen anbietet oder uns nicht einmal sagt, auf welche Fragen sie eine Antwort zu bieten versucht? Oder die signifikante Lücken hat? Gerade wenn sehr viel auf dem Spiel steht, akzeptieren wir derartige Schwachstellen nicht und weisen den Theorievorschlag zumindest vorerst als inadäquat zurück. Kurz: Um ihren Zweck zu erfüllen, muss eine Theorie die eben skizzierten Elemente aufweisen. Das zeigen Beispiele aus dem Justizwesen in aller Deutlichkeit:

- Eine Anklageschrift kann in unserem Sinne als Theorie verstanden werden. Wir erwarten in ihr sehr gute Antworten auf alle diese Fragen. Ohne überzeugende Muster-Erklärungen, also Beweise oder Indizienketten für den Nachweis der Schuld des Täters, wird sie ihren Zweck verfehlen. Dafür werden natürlich Hilfstheorien herangezogen. Und wenn zu viele relevante offene Fragen unbeantwortet bleiben, spricht das gegen die Qualität der Anklage.

Diese Forderungen wird jeder noch so hartnäckige Vertreter selbst absurdester Verschwörungstheorien erheben, wenn er selbst vor Gericht stehen sollte: Weil wir nur so zum bestmöglichen Urteil kommen können. Im Alltag orientieren wir uns also an den skizzierten Minimalanforderungen - spätestens dann, wenn viel auf dem Spiel steht.

Gleiches gilt natürlich für die Wissenschaften. Eine ausführliche und lange Diskussion in der Wissenschaftsphilosophie hat gezeigt, dass solide Theorien diese Elemente aufweisen, also auf jeden Fall den Minimalanforderungen genügen. Oben habe ich zahlreiche Beispiele dafür skizziert.

Und wenn wir diverse Verschwörungstheorien direkt betrachten, so ergibt sich zwar nicht immer aber oft das gleiche Bild: Auch sie sind um einen theoretischen Kern bemüht, möchten Muster-Erklärungen liefern, stellen Vergleiche mit Alternativtheorien an oder monieren Lücken darin, ziehen Hilfshypothesen zur Stützung der eigenen Theorie heran.

- Wer an einer alternativen Theorie zur Ermordung Kennedys arbeitet und Berechnungen zu Schusswinkeln, Projektilbahnen, Durchschlagskraft von Munitionssorten sowie empirische Daten zu Netzwerken und politischen Überzeugungen des Attentäters heranzieht, ist prima facie um theoretische Seriosität bemüht und wird unsere Kriterien akzeptieren.

- Wer an einer alternativen Erklärung zum Einsturz des dritten Gebäudes des World Trade Center arbeitet und dafür Berechnungen und Überlegungen zu Gebäudestatik, Materialkunde und Sicherheitstechnik heranzieht, möchte offensichtlich wissen, was damals passiert ist und eine seriöse Theorie anbieten. Also wird er unsere Kriterien akzeptieren.[38]

Das mag überraschen, sollte aber nicht verwundern. Verschwörungstheoretiker erheben ja in der Regel den Anspruch, bessere Erklärungen zu liefern, als die „offiziellen" Theorien. Manchmal klappt das auch - Fälle wie Watergate und Wirecard sollten uns mahnen, auch alternative Ansätze sorgfältig und fair zu prüfen.

Also: Die Überlegungen dieses Abschnittes zeigen, dass sich Verschwörungstheorien, wie alle anderen auch, an diesen Minimalanforderungen messen lassen müssen.[39]

---

38 https://www.heise.de/tp/features/9-11-Studie-schliesst-Feuer-als-Einsturzursache-des-dritten-Turms-aus-4518328.html
39 In den folgenden Kapiteln werde ich die einzelnen Theorie-Elemente ausführlich diskutieren und zeigen, dass es sich dabei um Verfeinerungen bzw. Ausprägungen grundlegender Rationalitätsforderungen handelt.

Was bedeutet dieses Theorieverständnis?

Lange Zeit hat man versucht, Theorien in den Naturwissenschaften nach dem Modell eines präzise ausformulierten und in sich abgeschlossenen mathematischen Axiomensystems, z.B. der Geometrie nach Euklid, zu verstehen: Aus wenigen und im Idealfall unmittelbar einsichtigen Axiomen oder Grundannahmen werden mit Hilfe klar definierter Schlussregeln und genau definierter Begriffe Theoreme abgeleitet bzw. Beweise gewonnen.

Heute geht man davon aus, dass Theorien sehr offene Gebilde sind, ein hoffentlich in sich stimmiges und im besten Fall sich dynamisch entwickelndes Netz der verschiedenen oben skizzierten Elemente. Der herausragende Wissenschaftstheoretiker Imre Lakatos hat deshalb vorgeschlagen, besser von *Forschungsprogrammen* zu sprechen.[40] Was heißt das? Theorien jenseits von Logik und Mathematik gleichen weniger einem fertigen Haus, mehr einer im Bau befindlichen Siedlung. An dieser Siedlung arbeiten gleichzeitig viele Handwerker aus verschiedenen Gewerken, Architekten, Statiker, Hausbesitzer und deren Freunde. Detaillierte und endgültige Baupläne gibt es meistens nicht. Man redet und streitet viel miteinander, schaut, was

---

40 Imre Lakatos: *Falsifikation und die Methodologie wissenschaftlicher Forschungsprogramme.* In: Imre Lakatos, Alan Musgrave, Hrsg.: **Kritik und Erkenntnisfortschritt.** Braunschweig, 1974. Originalausgabe: **Criticism and the Growth of Knowledge.** London, 1970.)

die anderen machen, tauscht Erfahrungen und Kenntnisse aus, hilft sich, entwickelt Teilpläne, überarbeitet oder ersetzt diese … und wird gelegentlich bereits errichtete Teilbauten wieder einreißen (müssen). Gerne bei Gelegenheit auch den Bau des Nachbarn.

- Untersucht man die Geschichte der Evolutionstheorie näher, so zeigt sich dieses Verständnis einer Theorie als „Netzwerk" diverser Elemente in allen Phasen ihrer Entwicklung sehr deutlich.[41]

Stimmt dieses Verständnis von *Theorie*, so können wir für die weitere Diskussion drei Aspekte mitnehmen, die für die Beurteilung der Leistungsfähigkeit von Theorien relevant sind:

- Keine Theorie kann alle offenen Fragen beantworten, obwohl wir aus moralischen Gründen im Bereich der Kriminalistik und des Rechtswesens genau danach streben und sehr hohe Maßstäbe anlegen müssen. Aber in den Naturwissenschaften und z.B. den Geschichtswissenschaften ist allen Beteiligten bewusst, dass es stets eine Fülle an offenen Fragen gibt. Genau darum arbeitet man ja an den vielversprechendsten Theorien - um Antworten auf diese Fragen zu finden.

---

41 Thomas Junker und Uwe Hoßfeld: **Die Entdeckung der Evolution. Eine revolutionäre Theorie und ihre Geschichte.** Darmstadt, 2009 (2. Auflage).

- Keine Theorie kann alle verfügbaren Daten erklären bzw. integrieren. Oft ist nicht einmal klar, welche Daten wirklich relevant für eine Theorie und deren Fragestellung sind und welche vernachlässigt werden dürfen. Ein Beispiel dafür liefern Fossilienfunde. Deren Bedeutung und Relevanz haben sich durch die Entwicklung und Akzeptanz der Evolutionstheorie einschneidend verändert - und so etwas kann jederzeit für jede Theorie geschehen. Ähnliches gilt für die Geschichtswissenschaften: Keine Theorie zum amerikanischen Unabhängigkeitskrieg wird es schaffen, ausnahmslos alle Briefe, Augenzeugenberichte, Protokolle, Überlieferungen, Tagebücher, Chroniken, Ausgrabungsbefunde, Inschriften etc. in eine in sich stimmige und harmonische Gesamtdarstellung zu integrieren.

- Vermutlich gibt es sogar für jede Theorie einen beachtlichen Bestand an sperrigen Daten. Damit sind Daten oder Phänomene gemeint, die prima facie gegen die Theorie sprechen. Würde man eine Theorie sofort verwerfen, weil es ihr „widersprechende“ Daten gibt, so käme keine Theorie über ihr Anfangsstadium hinaus. Journalisten und Polizisten kennen das aus ihrer täglichen Arbeit: Zeugenaussagen ergeben selten ein einheitliches und widerspruchsfreies Bild. Gleiches gilt für die Naturwissenschaften: Wie oben bereits skizziert, war Newtons Theorie der Gravitation so erfolgreich und überzeugend, dass man lange akzeptiert hat, dass sie für die Bahn des Planeten Merkur keine präzisen Berechnungen liefern konnte.

Also: Unter einer Theorie versteht man am besten ein im Prinzip nach vielen Seiten offenes Netzwerk verschiedener Theorien, also deren Theoriekerne, Fragen, Muster-Erklärungen, Lücken …

Zusammenfassung Kapitel 2

Ich habe dafür argumentiert, dass eine Theorie - auch eine Verschwörungstheorie - die folgenden Minimalanforderungen erfüllen sollte:

1. **Fragestellung:** Die Theorie sollte klar sagen, welche Fragen sie zu beantworten sucht - und welche nicht.

2. **Theoriekern:** Das sind die zentralen Aussagen der Theorie. Es handelt sich dabei um den wesentlichen Teil der Antwort auf die Fragestellung.

3. **Muster-Erklärungen:** Das sind besonders wichtige Anwendungen des Theoriekerns. Muster-Erklärungen setzen den Theoriekern mit Daten, Belegen und Beobachtungen in Bezug.

4. **Hilfs- und Beobachtungstheorien:** Kaum eine Theorie ist in sich geschlossen und unabhängig von anderen. Im Normalfall haben wir es mit einem Netz oder Geflecht aus mehreren Theorien zu tun.

5. **Relevante offene Fragen:** Das sind charakteristische Fragestellungen, die noch unbeantwortet, für den Er-

folg der Theorie aber sehr wichtig sind - vielleicht sogar entscheidend.

Die Beispiele: Watergate, Chemtrails und QAnon

Um meine Überlegungen so gut wie möglich zu veranschaulichen und abzurunden, werde ich sie am Ende eines jeden Kapitels mit drei konkreten Verschwörungstheorien abgleichen. Ich habe mich für die Watergate-Theorie, die Chemtrail-Theorie und das Phänomen QAnon entschieden.

- Den Fall Watergate nutze ich als Modell einer zutreffenden und erkenntnistheoretisch respektablen Verschwörungstheorie.

- Die Chemtrail-Theorie ist, wie sich ergeben wird, das Beispiel einer zeitgenössischen Verschwörungstheorie, die nicht haltbar ist. Sie ist erkenntnistheoretisch auch nicht respektabel.

- Das QAnon-Phänomen soll für eine dritte Kategorie stehen: Hier haben wir es mit einem *Verschwörungsmärchen* zu tun, das selbst bei maximaler Nachsicht nicht als sinnvoller Theorievorschlag eingestuft werden kann.

Die Watergate-Theorie

Die sogenannte *Watergate-Affäre* gipfelte 1974 in der Einleitung eines Verfahrens zur Amtsenthebung gegen den damaligen Präsidenten der USA, Richard Nixon. Dieser Amtsenthebung kam er mit seinem Rücktritt zuvor. Begonnen hatte die ganze Kette von Ereignissen 1972 mit einem Einbruch in das Büro der Demokratischen Partei im Watergate-Gebäude in Washington. Ein Wachmann bemerkte die Einbrecher, verständigte die Polizei und es kam zur Festnahme von fünf Personen. Zwei Reporter der Washington Post, Bob Woodward und Carl Bernstein, wurden hellhörig: Einer der Einbrecher war ehemaliger CIA-Agent. Sie begannen zu recherchieren und deckten zusammen mit anderen Medien Schritt für Schritt eine klassische Verschwörung auf, an deren Spitze tatsächlich Richard Nixon stand.

Nixon hatte seit seinem ersten Amtsantritt 1969 eine Organisation aufgebaut, die mit illegal beschafften Geldern finanziert wurde und das Ziel hatte, ihm den Machterhalt zu sichern - auch mit kriminellen Mitteln. Konkret wurden politische Gegner bespitzelt, abgehört, in aller Öffentlichkeit diffamiert, mit gefälschten Vorwürfen bloßgestellt, ihr Wahlkampf sabotiert usw. Zudem wurden Justiz, Ermittlungsbehörden und der Kongress massiv in ihrer Arbeit zur Aufdeckung behindert und belogen. Am Ende wurden sieben der engsten Mitarbeiter und Berater Nixons aus dem

Weißen Haus zu Gefängnisstrafen verurteilt. Nixon selbst wurde von seinem Nachfolger Gerald Ford begnadigt.[42]

Unsere Minimalbedingungen bzw. Schlüsselfragen lassen sich sehr gut und zwanglos auch auf das Thema *Watergate* anwenden. Natürlich könnte man die einzelnen Aspekte wesentlich ausführlicher darstellen; es geht mir aber hier nur darum, die Grundidee zu veranschaulichen. Dazu ist Vollständigkeit nicht erforderlich.

Die Fragestellung der Watergate-Theorie: Wer und was genau steckt hinter dem Einbruch in das Hauptquartier der Demokraten im Watergate-Gebäude? Mit dieser Frage „ging es los" - es entwickelte sich eine dynamische Folge weiterer und immer umfassenderer Fragestellungen.

Der theoretische Kern der Watergate-Theorie: Präsident Nixon und seine engsten Mitarbeiter haben seit 1969 auf vielfältige Weise, mit zum Teil kriminellen Methoden und mit illegalen Geldern politische Gegner bekämpft. Ziel war es, Nixons Macht zu sichern. Der Watergate-Einbruch ist dabei nur eine von sehr vielen Aktivitäten.

---

42 Als Hauptquelle dient mir der klassische Bericht von Carl Bernstein und Bob Woodward: **All the President`s Men.** New York, 1974. Deutsche Übersetzung: **Die Watergate Affäre.** München und Zürich, 1974. Ein zuverlässiger Überblick findet sich in https://de.wikipedia.org/wiki/Watergate-Aff%C3%A4re

Die Muster-Erklärungen der Watergate-Theorie: Hier wären die einzelnen Schritte der Aufdeckung bzw. deren Thesen mit den jeweiligen Beweisen und Indizienketten aufzulisten, die immer näher an das Weiße Haus und Präsident Nixon heranführten. Einige Beispiele:

- Der Watergate-Einbruch wurde vom CRP (Kommittee zur Wiederwahl des Präsidenten) geplant und finanziert. Die Finanzierung wurde aus illegalen Mitteln bestritten.

- Neben dem Einbruch wurden von den selben Personen über Jahre hinweg eine Fülle an moralisch fragwürdigen und zum Teil kriminellen Aktivitäten betrieben. Diese wurden vom Kreis um den Präsidenten geplant und angestoßen.

- Letztlich war es Präsident Nixon selbst, von dem diese Aktivitäten ausgingen …

Die einzelnen Muster-Erklärungen waren stets durch glaubwürdige Zeugenaussagen bzw. auf ihre Echtheit geprüfte Dokumente abgesichert. Eine wichtige Rolle bei der Datenbeschaffung spielten zahlreiche Personen aus dem Kreis oder dem Umkreis der Verschwörer. Sie haben aus verschiedenen Motiven der Presse immer wieder wichtige Informationen verschafft. Legendär wurde Bob Woodwards Quelle Deep Throat, die erst 2005 als Mark Felt, zu

Watergate-Zeiten ein stellvertretender Direktor des FBI, identifiziert wurde.[43]

Woodward und Bernstein konnten auch sehr elegant und überzeugend die Fehler und Leistungen der Alternativtheorien erklären. Als Alternativtheorien können hier die Behauptungen betrachtet werden, die von den Verschwörern und nicht eingeweihten aber skeptischen Beobachtern aufgestellt wurden, um die kriminellen Aktivitäten zu verschleiern, als relativ harmlos oder gar als „Verschwörungsphantasie“ der Reporter darzustellen. Klassiker sind in diesem Zusammenhang natürlich Dementis nach dem Motto *Wir haben damit Nichts zu tun* oder Abwiegelungen nach dem Motto *Das Ganze war lediglich eine dumme Aktion von übereifrigen Mitarbeitern der untersten Ebene*. Wesentlicher Teil der Aufdeckungshistorie ist, dass es Woodward und Bernstein immer wieder gelang, diese Dementis oder Abwiegelungshypothesen überzeugend zu widerlegen. Dadurch entstand eine Dynamik, die immer mehr und immer höherrangige Bauernopfer im Lager der Verschwörer forderte. Ab einem gewissen Punkt war diese Dynamik für die Verschwörer nicht mehr zu kontrollieren. Sie führte mit dazu, dass diese ihre jeweils eigene Haut retten wollten und anfingen, gegeneinander auszusagen.

Die Hilfs- und Beobachtungstheorien der Watergate-Theorie: Etwas abstrakter betrachtet, kann man als Hilfs-

43 https://de.wikipedia.org/wiki/Mark_Felt

hypothesen die Einschätzungen von Zuverlässigkeit und Glaubwürdigkeit der jeweiligen Informationsquellen betrachten.

- Eine sehr wichtige Hilfshypothese war es, von der Ehrlichkeit und Glaubwürdigkeit der Quelle Deep Throat auszugehen. Das war keineswegs selbstverständlich. Es hätte sich ja um einen Verschwörer handeln können, der die Journalisten und deren Arbeit sabotiert und diskreditiert, indem er sie auf falsche Fährten lockt.

- Darüber hinaus musste die Frage nach Glaubwürdigkeit und Zuverlässigkeit natürlich für jede Person gestellt, geprüft und beantwortet werden, die Informationen zur Verfügung stellte.

- Weitere wichtige Hilfshypothesen betrafen die Echtheit bestimmter Unterlagen und Dokumente - es hätten ja auch Fälschungen sein können.

Tatsächlich haben Woodward und Bernstein immer wieder gewissen Aussagen keinen Glauben geschenkt und bestimmte Dokumente nicht genutzt. Man sieht an diesen konkreten Beispielen sehr klar, wie wichtig dieses Geflecht an Hilfs- und Beobachtungstheorien für die Gesamtbeurteilung einer Theorie ist.

Relevante offene Fragen der Watergate-Theorie: In so gut wie jeder Phase der Aufdeckung führte die Beantwortung der jeweils zentralen Frage direkt zu weiteren, höchst interessanten Fragestellungen. Nachdem die direkten Auftraggeber und Finanziers des Einbruchs bekannt waren, tauchten die nächsten Fragen auf:

- Woher hatten sie das Geld und haben sie aus Eigeninitiative gehandelt?

- Ist dieser Einbruch nur eine einzelne kriminelle Aktivität oder gab es da noch andere?

- Sind die gefassten Einbrecher die einzigen Mitarbeiter für verdeckte Operationen oder gibt es da noch weitere?

Waren erst einmal diese Fragen beantwortet, ging es dynamisch weiter:

- Wie plausibel ist die Behauptung, das Weiße Haus habe über dermaßen langfristig angelegte und breit gefächerte Aktivitäten nichts gewusst?

- Bei wem im Umfeld Nixons liefen die Fäden zusammen?

- Woher hatten die Leute aus Nixons Umfeld die finanziellen Mittel für die ganzen Aktivitäten?

Diese konkreten Beispiele zeigen, wie wichtig der konsequente Umgang mit offenen Fragen für Verständnis und Entwicklung einer Theorie ist.

Als Fazit lässt sich festhalten, dass die Watergate-Theorie sehr gut den in diesem Kapitel formulierten Anforderungen an einen ernstzunehmenden Theorievorschlag entspricht; alle wesentlichen Elemente sind vorhanden.

Die Chemtrail-Theorie

Was sind Chemtrails? Wir alle kennen die von Flugzeugen erzeugten Streifen am Himmel. Chemtrails sind (angeblich) eine mehr oder weniger große Teilmenge davon. Sie entstehen, so die Theorie, weil aus den Flugzeugen Chemikalien versprüht werden. Über Hintermänner und Zielsetzung dieser Sprühaktionen gibt es unterschiedliche Ansichten im Lager der Vertreter dieser Hypothese. Es gibt also nicht nur eine Chemtrail-Theorie, sondern verschiedene Varianten des Themas. Ich habe mich dafür entschieden, die prima facie plausibelste davon als Beispiel zu analysieren:

- Chemtrails seien Indizien oder gar Beweis für ein geheimes Programm des Geo-Engineering zur Beeinflussung des Klimas. Die versprühten Substanzen sollen z.B. die Sonneneinstrahlung abschwächen und so dabei helfen, die Erderwärmung einzudämmen oder abzumildern.

Bei der ersten Variante, die um 1997 entstand, ging es allerdings darum, dass bestimmte Kreise bzw. „Eliten“ eine *Neue Weltordnung* etablieren und über das Versprühen schädlicher Chemikalien die Weltbevölkerung reduzieren wollten.[44]

Die Fragestellung der Chemtrail-Theorie: Am Himmel können wir regelmäßig Streifen von ganz unterschiedlicher Gestalt, Länge, Lebensdauer und (manchmal) Färbung beobachten. Wie sind diese enormen Unterschiede zu erklären?

Der theoretische Kern der Chemtrail-Theorie: Ein (mehr oder weniger großer) Teil dieser Streifen sind keine Kondensstreifen, sondern entsteht, weil von Flugzeugen aus chemische Substanzen versprüht werden. Mit Hilfe dieser Substanzen soll unser Klima gezielt beeinflusst werden. Speziell geht es darum, die Erderwärmung einzudämmen oder zu verringern.

Die Muster-Erklärungen der Chemtrail-Theorie: Es ist gar nicht so leicht, diese Muster-Erklärungen zu identifizieren.

- Zu erwarten wären chemisch und physikalisch fundierte Thesen zu Entstehung, Form, Lebensdauer und Zusammensetzung der fraglichen Kondensstreifen.

---

44 Neben diversen Ausflügen ins Internet habe ich das Buch Mick Wests als Quelle zur Chemtrail-Theorie benutzt: **Escaping the Rabbit Hole**. New York, 2018.

- Zu erwarten wäre darüber hinaus gut belegte Kritik der gängigen Theorien, die Kondensstreifen auf die uns bekannte klassische Weise zu erklären versuchen.

Das beste, was ich zum ersten Aspekt tatsächlich finden konnte, waren Fragmente einer möglichen Muster-Erklärung, Teile einer möglichen Indizienkette:

- Erstens gibt es Photos von Flugzeugen, in deren Fracht- oder Passagierräumen eine ganze Batterie von mit Schläuchen verbundenen Containern zu sehen ist. Das sei ein ganz starkes Indiz dafür, dass tatsächlich Chemikalien versprüht werden - wozu sonst sollten die Flugzeuge so ausgestattet werden?

- Zweitens gibt es zahlreiche Photos und Videoaufnahmen von Flugzeugen, auf denen klar zu erkennen ist, dass die Streifen an den Tragflächen entstehen, nicht an den Triebwerken. Man sehe also direkt, wie die Chemikalien aus den in den Tragflächen angebrachten Düsen austreten.

- Drittens wurde von einem Hauptvertreter der Chemtrail-Theorie in einem von ihm gut isolierten Teich eine angeblich abnorm hohe Konzentration an Aluminium gemessen. Das sei ein ganz starkes Indiz für die Sprüh-These. Wie sonst hätte das Aluminium in den Teich gelangen können?

Zum zweiten Punkt, also den Fehlern, Lücken und Irrtümern der Alternativtheorien, gibt es zumindest klare Behauptungen im Rahmen der Chemtrail-Theorie. Die „klassische“ Theorie stecke angeblich voller Lücken und Fehler:

- Sie könne die Verschiedenheit von Gestalt, Länge, Lebensdauer und (manchmal) Färbung der beobachtbaren Streifen am Himmel nicht erklären.

- Moderne Triebwerke würden praktisch keine Kondensstreifen erzeugen.

- Die herkömmliche Theorie könne die Streifen, die an den Tragflächen und nicht an den Triebwerken entstehen, nicht erklären.

Die Haltbarkeit dieser Behauptungen wird in Kapitel 5 im Mittelpunkt stehen. Um Muster-Erklärungen im vollwertigen Sinne handelt es sich allerdings nicht; das ist schon jetzt zu erkennen. Dafür fehlen an zu vielen Stellen angemessene wissenschaftliche Argumente zur Stützung der Behauptungen. Auf dieser Ebene der Betrachtung kommt es allerdings erst einmal darauf an, das bloße Vorhandensein bestimmter Elemente zu prüfen, um sich überhaupt als Theorievorschlag zu qualifizieren. Zudem gehe ich vom *Principle of Charity* (Prinzip des Wohlwollens) aus: Schon der ernsthafte Versuch zählt, eine Theorie im vollen Sinne zu entwickeln.

Die Hilfs- und Beobachtungstheorien der Chemtrail-Theorie: Implizit greift die Chemtrail-Theorie tatsächlich auf die Naturwissenschaften zurück:

- Dic Physik zeige, dass die Standard-Erklärung der Streifen am Himmel nicht stimmen kann.

- Unser chemisches Wissen zur Atmosphäre zeige, dass bestimmte Konzentrationen an Aluminium nicht auf natürlichem Wege entstanden sein können.

- Zudem wird auf das real existierende wissenschaftliche Forschungsprogramm zum Geo-Engineering verwiesen, das den theoretischen Hintergrund der Chemtrail-Theorie liefert.

Relevante offene Fragen der Chemtrail-Theorie: Dazu fallen einem sofort viele Kandidaten ein, z.B. zum finanziellen Umfang und der Quelle der Mittel. Außerdem wäre es wichtig zu wissen, wer für die Sprühaktionen verantwortlich ist, wie lange und intensiv diese schon durchgeführt werden, wie genau dieses offenbar sehr umfangreiche Programm umgesetzt wird, welche Chemikalien versprüht werden. Nicht zu vernachlässigen wären auch die Fragen nach deren Wirkungen: Welche Auswirkungen haben die versprühten Chemikalien denn konkret auf unser Klima, auf uns selbst, die Tier- und Pflanzenwelt und unsere Nahrungsketten?

Wie gesagt, es geht mir an dieser Stelle (noch) nicht um die inhaltliche Beurteilung der Aussagen und Thesen der Chemtrail-Theorie. Ich möchte nur zeigen, dass diese sich mehr oder weniger zwanglos den in diesem Kapitel erläuterten Minimalanforderungen an eine Theorie zuordnen lassen.

Also: Auch die Vertreter der Chemtrail-Theorie möchten die Schlüsselfragen beantworten bzw. Mindestanforderungen erfüllen - und müssen sich folglich daran messen lassen.

Das QAnon-Phänomen

Im Oktober 2017 meldete sich auf der Internet-Plattform 4chan zum ersten Mal ein Nutzer unter dem Pseudonym *Q Clearance Patriot* zu Wort. *Q Clearance* bedeutet, dass der jeweilige Träger offiziellen Zugang zu höchst geheimen Informationen der US-Regierung hat, z.B. über Nuklearwaffen, deren Konstruktionsdetails und Einsatzpläne. Diese Freigabe haben natürlich nur sehr wenige Personen aus dem engeren Regierungskreis.

Im Verlauf weniger Monate hat sich um diesen angeblichen Insider QAnon ein Geflecht an Verschwörungsbehauptungen entwickelt, dessen zentrale Elemente in etwa so zusammengefasst werden können:

- Es gibt schon sehr lange ein weltweites Netzwerk pädophiler Satanisten, die enormen Einfluss erlangt haben. Sie regieren hinter den Kulissen die Welt oder beeinflussen zumindest immer wieder deren Gang.

- Mitglieder dieses Netzwerkes sind sogenannte *Eliten* aus allen möglichen Bereichen unserer Gesellschaft: Politik, Medien, Filmindustrie, Finanzwelt und Wirtschaft. Die Philosophie fehlt zum Glück. Der Schwerpunkt liegt dabei auf den USA. Als Schlüsselfiguren werden immer wieder Prominente wie die Clintons, die Obamas, George Soros, Bill Gates und die Familie Rothschild genannt. Bisweilen darf auch die Queen mitmischen. Angela Merkel taucht übrigens auch auf - sie gilt als Adolf Hitlers Enkeltochter.[45]

- Die größte zeitgenössische Gefahr für die üblen Machenschaften dieser Satanisten stellt Donald Trump dar. Seine Wahl zum Präsidenten wollten sie 2016 mit aller Macht und allen Tricks verhindern. Sie sind damit gescheitert, weil zu vielen Wählern zumindest intuitiv oder dem Gefühl nach klar geworden war, welche Gefahr von den Eliten ausgeht - und dass Trump angetreten war, um die Welt vor ihnen zu retten. Speziell die bundesdeutschen Reichsbürger hoffen darauf, dass Donald Trump dem alten Deutschen Reich wieder zu der ihm gebührenden Ehre verhelfen wird.[46]

- Donald Trump und eine Handvoll enger Vertrauter und Verbündeter - vornehmlich im Militär der USA - wissen um die Details dieser Verschwörung und arbeiten hart und aufopferungsvoll daran, sie zu zerschlagen und die pädophilen Satanisten ihrer gerechten Strafe zuzuführen. Dies wird im Rahmen eines Tags der Abrechnung erfolgen, genannt *The Storm*. An diesem Tag werden

---

45 Ich schreibe diese Sätze im Oktober 2021 und frage mich, wann Olaf Scholz offiziell in die Satanisten-Elite aufgenommen wird.
46 Ich bezweifle, dass Trump überhaupt weiß, dass es jemals so etwas wie ein Deutsches Reich gegeben hat.

viele tausende pädophile Satanisten verhaftet, um dann verurteilt und in Guantanamo eingesperrt oder hingerichtet zu werden. Dann sind endlich alle Probleme dieser Welt gelöst und es bricht das Paradies auf Erden aus.

- Der Insider QAnon hat die Aufgabe übernommen, diese gigantische Verschwörung ins Bewusstsein der denkenden Öffentlichkeit zu rücken und Unterstützer für den edlen Kreuzzug Donald Trumps und die finale Abrechnung mit diesen verkommenen Eliten zu gewinnen. Natürlich muss er dabei anonym bleiben und sehr vorsichtig und kryptisch kommunizieren. Seine Enttarnung würde den ganzen Kreuzzug und die Sache des Guten gefährden.

Diese Informationen habe ich verschiedenen Quellen im Internet entnommen. Eine „offizielle" Darstellung durch QAnon selbst gibt es nicht, also auch keine klar umrissene Menge an „verbindlichen" Inhalten und Behauptungen.[47]

Die Fragestellung QAnons: Es gibt keine konkreten Fragen, Phänomene, Schlüsselereignisse, Vorfälle, ungelösten Rätsel an die QAnon ernsthaft anknüpft oder das wenigstens versuchen würde. Weder gibt es Hinweise auf einen

47 Die deutsch- und englischsprachigen Einträge bei Wikipedia bieten eine gute Zusammenfassung der wesentlichen Entwicklungsschritte und Inhalte des Phänomens QAnon:
https://de.wikipedia.org/wiki/QAnon;
https://en.wikipedia.org/wiki/QAnon

internationalen Satanisten- und Pädophilenring aus Prominenten, noch haben sich Trump und seine Getreuen über entsprechende Aufklärungsaktivitäten profiliert. Vielmehr wird im Rahmen von QAnon ohne konkrete Anknüpfungspunkte eine umfassende alternative Realität skizziert, die so gut wie alles, was wir zu wissen meinen, grundsätzlich in Frage stellt. So gut wie jedes Ereignis auf dieser Welt kann im Rahmen QAnons als Ergebnis der satanistischen Verschwörung und somit als theoretische Fragestellung für QAnon interpretiert werden - oder auch nicht.[48]

Der theoretische Kern QAnons: Mit sehr viel gutem Willen könnte man an dieser Stelle auf die eben geschilderte Skizze der satanistischen Verschwörung verweisen. Deren Inhalte zu Umfang, Strategie, Zielen, Verschwörern, Aktivitäten und Gegenaktivitäten usw. sind allerdings extrem vage, unklar und allgemein gehalten. So allgemein, dass sie jederzeit leicht zu streichen, zu ersetzen, oder zu ergänzen sind. Sie sind beliebig austauschbar. Eine inhaltlich klare und verbindliche Formulierung gibt es nicht. Was heißt das?

- Sollte sich aus irgendeinem Grunde erweisen, dass Trump gar nicht das Haupt der Gegenaktivitäten sein sollte - kein Problem: Es ist dann halt John F. Kennedy jr., der seinen Tod nur vorgetäuscht habe, um in Ruhe

48 Die Chemtrail-Theorie kann wenigstens auf real existierende Kondensstreifen verweisen …

die Satanisten bekämpfen zu können. Vielleicht ist es auch Ex-Außenminister Pompeo, der „im Windschatten“ der Reizfigur Trump den Schlag gegen die Verschwörung in Ruhe vorbereiten kann …

- Sollte sich wider Erwarten nachweisen lassen, dass z.B. Bill Gates weder ein pädophiler Satanist ist noch nach Weltherrschaft strebt - auch kein Problem: Es gibt ausreichend viele andere Verschwörer und man kann ihn jederzeit leicht durch Elon Musk oder Rumpelstilzchen ersetzen.

- Vielleicht sind die Verschwörer ja nicht nur satanistische Pädophile, sondern wollen durch die gezielte Zerstörung unserer Zivilisation auch die Invasion der Erde durch außerirdische Reptiloide vorbereiten? Klingt nicht unplausibel und passt ins Gesamtbild …

Also: QAnon fehlt nicht nur eine sinnvolle theoretische Fragestellung, sondern auch ein verbindlicher theoretischer Kern.

Die Muster-Erklärungen QAnons: Es gibt weder Muster-Erklärungen noch ein ernsthaftes Bemühen um solche. Genau das ist auch zu erwarten: Muster-Erklärungen gewinnt man aus dem Abgleich von Daten, Beobachtungen, Indizien und Belegen mit dem Theoriekern. Gibt es letzteren nicht, so kann es auch keine Muster-Erklärungen geben. Welche Muster-Erklärungen wären denn in etwa zu erwarten?

- Erstens: Zu erwarten wäre der konkrete Nachweis der Existenz satanistisch-pädophiler Netzwerke mit entsprechender weltweiter Verbreitung und Mitgliedschaft. Dazu gibt es aber Nichts.

- Zweitens: Zu erwarten wären darüber hinaus solide belegte Dokumentationen zu den konkreten Aktivitäten dieser Netzwerke. Auch hier ein Vakuum.

- Drittens: Zu erwarten wären gut belegte Erfolge oder Teilerfolge im Kampf gegen die Verschwörer. Hätte z.B. Donald Trump - immerhin vier sehr sehr lange Jahre der mächtigste Mann der Welt - auch nur ein einziges Kind aus den Fängen von Pädophilen gerettet, so wären wir darüber garantiert in Echtzeit auf Twitter informiert worden. Auch hier gilt: Es gibt keinerlei Muster-Erklärungen für diesen Bereich.

Zum zweiten Punkt beim Thema *Muster-Erklärungen*, also den Fehlern, Lücken und Irrtümern der Alternativtheorien, ist ebenfalls umfassende inhaltliche Leere festzustellen. Sicher sind nicht alle Ereignisse und Geschehnisse auf dieser Welt für uns perfekt nachvollziehbar, erklärbar und in allen Details verstehbar. Es gibt auch sicher die eine oder andere noch unentdeckte Verschwörung. Wir haben aber keinen Grund zur Annahme, dass wir eine weltumspannende Verschwörung pädophiler Satanisten als Erklärungsansatz benötigen.

Also: QAnon erfüllt auch die dritte Minimalforderung an einen Theorievorschlag nicht. Es gibt keine rational belastbaren Muster-Erklärungen - nicht einmal Fragmente oder Indizien dazu sind vorhanden.

Die Hilfs- und Beobachtungstheorien QAnons: Es ist nicht möglich, so etwas wie konkrete Hilfshypothesen zu identifizieren. Der Grund liegt meines Erachtens darin, dass es bei QAnon gar nicht darum geht, rational belastbare Thesen zu erarbeiten. Es werden alle möglichen Behauptungen, Legenden und weitere Verschwörungsmärchen zur Stützung herangezogen, die irgendwie zu der angeblichen Weltverschwörung passen - argumentativ solide Begründungen spielen dabei keine Rolle. Die Grundbotschaft: Irgendwie hängen die ganzen Weltverschwörungen der Eliten miteinander zusammen … oder manchmal auch nicht.

Eine ganz zentrale Hilfshypothese in diesem Zusammenhang wäre die zur Glaubwürdigkeit der Quelle QAnon selbst. Darum aber ist es sehr schlecht bestellt. Was von QAnons zahlreichen Mitteilungen und Ankündigungen zu halten ist, werde ich in Kapitel 4 ausführlich diskutieren.

Relevante offene Fragen QAnons: Dazu fallen einem sofort viele Kandidaten ein, z.B. zum finanziellen und geographischen Umfang der Verschwörung, der genauen Zahl der entführten Kinder und derem Verbleib, den Inhalten und Glaubenssätzen des Satanskultes, der Rolle der Verschwörer in Bezug auf

- Gründung der EU,
- Auflösung der Sowjetunion,
- Fall der Mauer,

- Anschläge auf World Trade Center und Pentagon,
- Balkankrieg,
- Aufstieg Chinas zur Weltmacht,
- Krieg in Syrien und Afghanistan,
- Aufbau der Marktdominanz von Microsoft oder Facebook,
- die skandalöse Erfolgsserie des FC Bayern München,
- Brexit,
- Corona-Krise,
- ....

Auch hier bietet sich das bereits bekannte Bild völliger Beliebigkeit. Es gibt im Grunde keine Frage, die keinen Bezug zur behaupteten Weltverschwörung hätte oder für die sich ein solcher nicht relativ leicht herstellen ließe. Anders ausgedrückt: QAnon erfüllt eine weitere Funktion nicht, die wir von einer respektablen Theorie erwarten - es werden keine interessanten und prägnanten Forschungsperspektiven aufgezeigt.

Also: QAnon erfüllt keine der Mindestanforderungen, um als ernsthafter Theorievorschlag gelten zu können. Es handelt sich dabei nicht um eine Theorie, sondern um eine Art von Erzählung oder Saga. Für derartige Phänomene schlage ich den Begriff *Verschwörungsmärchen* vor.

Vertiefende Lektüre

Die folgenden Bücher vermitteln, jedes mit unterschiedlichem Schwerpunkt, einen soliden Überblick zu den Debatten der Wissenschaftsphilosophie:

Martin Carrier: **Wissenschaftstheorie zur Einführung.** Hamburg, 2006.
Carriers Schwerpunkt stellt das Verhältnis von Daten und Theorien dar.

Peter Godfrey-Smith: **Theory and Reality. An Introduction to the Philosophy of Science.** Chicago und London, 2003.
Godfrey-Smith bietet einen sehr klaren Gesamtüberblick zur Wissenschaftsphilosophie - zur erfrischenden Abwechslung aus Sicht eines Biologen.

Felix Mühlhölzer: **Wissenschaft.** Stuttgart, 2011.
Dieses Buch erläutert immer wieder Verbindungen zu anderen Disziplinen wie Sprachphilosophie und Semantik und stellt den wissenschaftlichen Menschen und seine Werte in den Mittelpunkt der Wissenschaftsphilosophie.

Über die Entwicklung der modernen Naturwissenschaften und deren Theorien kann man viel aus diesen Büchern lernen:

Steven Weinberg: **To Explain the World. The Discovery of Modern Science.** New York, 2015.

David Wootton: **The Invention of Science. A New History of the Scientific Revolution.** New York, 2015.

Thomas Junker, Uwe Hoßfeld: **Die Entdeckung der Evolution. Eine revolutionäre Theorie und ihre Geschichte.** Darmstadt, 2009 (2. Auflage).

Kapitel 3
Die Sache mit der Begründungslast und der Plausibilität

In Kapitel 1 habe ich erläutert, warum wir Verschwörungstheorien nicht vorschnell wegwischen oder pauschal als Unsinn abwerten sollten: Das kann auf Holzwege führen. Kapitel 2 hat skizziert, welche Elemente vorhanden sein müssen, damit man überhaupt von einer Theorie sprechen kann. Das ist wichtig, weil Pseudotheorien wie QAnon sich oft als richtige Theorien tarnen. In diesem Kapitel beginne ich mit der konkreten Analyse zur Qualität von Theorien.

Haben wir es mit einem Theorievorschlag zu tun, so interessiert uns natürlich, ob er wahr ist oder falsch. Niemand verfügt über einen unfehlbaren Maßstab zur Erkenntnis der Wahrheit. Aber sowohl im Alltag als auch in der Wissenschaft setzen wir ziemlich erfolgreich verschiedene Kriterien ein, um uns ein Urteil über die Qualität einer Theorie zu bilden. In diesem Kapitel entwickle ich einen Vorschlag, wie wir zügig und mit vertretbarem Aufwand zu einer Ersteinschätzung der Plausibilität einer Verschwörungstheorie kommen können.

Warum brauchen wir Argumente und Begründungen?

Logisch möglich ist vieles: Es ist möglich, dass ich nächsten Samstag Sechs Richtige mit Superzahl im Lotto haben werde, dass auf der Erde seit Jahrhunderten außerirdische Reptiloide leben und uns regieren, dass der TSV 1860 München in 5 Jahren die Champions League gewinnt, dass

San Marino in 20 Jahren eine Weltmacht sein wird, dass unsere aktuell besten wissenschaftlichen Theorien sich als falsch erweisen.[49]

Das heißt natürlich nicht, dass es vernünftig ist, etwas für plausibel, wahrscheinlich oder gar wahr zu halten, nur weil es logisch möglich ist. Wer einen Lottoschein ausfüllt, gleich darauf einen Kaufvertrag für einen Ferrari unterzeichnet und fristlos kündigt - weil er ja möglicherweise am Wochenende darauf ein paar Millionen Euro gewinnen wird - handelt grob unvernünftig. So etwas würden wir nur tun, wenn es so gut wie sicher ist, dass wir in Kürze zu sehr viel Geld kommen werden. Anders ausgedrückt: Um den Kaufvertrag zu unterzeichnen oder zu kündigen brauche ich eine sehr gute Begründung dafür, dass Geldsegen ins Haus steht. Der Verweis auf die logische Möglichkeit dieses Geldsegens reicht nicht aus, ist ein extrem schwaches Argument. Eigentlich sogar eher ein Pseudo-Argument.

Gleiches gilt im Prinzip für wissenschaftliche Theorien: Wir brauchen gute Argumente, um sie zu akzeptieren, um unser Entscheiden und Handeln an ihnen auszurichten. Wer in eine Rakete steigt, um darin zum Mars zu fliegen, wird seine Entscheidung auf Basis einer ganzen Reihe gut bestätigter und erprobter wissenschaftlicher Theorien tref-

---

49 Den letzten Punkt halte ich sogar für wahrscheinlich. Dazu ein kleines Gedankenexperiment: Wie wird die Wissenschaft in 500 Jahren aussehen und über unsere heutigen Theorien urteilen?

fen. Die Lektüre eines Science Fiction Romans und eine übrig gebliebene Mondrakete dürften dafür nicht ausreichen. Also: Das Ausarbeiten eines logisch möglichen Theorievorschlages alleine genügt nicht, um Akzeptanz einfordern zu dürfen. Auch wenn ein Vorschlag auf dem Papier sehr elegant und „einleuchtend“ aussehen sollte - wir brauchen Argumente, die ihn als plausibel erweisen.

Also: Gute Argumente und Begründungen sind unter anderem deshalb wichtig, um in der unübersehbaren Fülle des logisch Möglichen das tatsächlich Plausible, das Wahrscheinliche, das Wahre zu identifizieren.

Wer trägt die Begründungslast?

Bevor wir uns der Frage widmen, wie diese Argumente in Bezug auf Theorien im Detail aussehen, gehe ich kurz auf die Frage nach der Begründungslast ein: Wer hat eigentlich die Pflicht, Begründungen für Behauptungen oder Muster-Erklärungen zu liefern? Die Frage bzw. Antwort ist wichtig, denn die folgende Art von Konter kennen wir aus vielen Alltagsdiskussionen:

Person A: Aber Du hast doch kein einziges akzeptables Argument für die Aussagekraft des Tarot vorgebracht!
Person B: Und Du kannst nicht beweisen, dass ihm die Aussagekraft fehlt!
Person A: Kein einziger Gottesbeweisversuch funktioniert!
Person B: Trotzdem ist es möglich, dass Zeus und Aphrodite existieren!

Person A: Also ich finde Deine These, hinter dem Anschlag auf das World Trade Center stünden die Freimaurer, nicht überzeugend - dafür gibt es einfach keine belastbaren Indizien oder gar Beweise.
Person B: Das heißt nicht, dass ich damit falsch liege - wenn wir lange genug suchen, werden wir die Beweise schon finden.[50]

Im Grunde wird in allen drei Beispielen auf die Behauptung, etwas sei unbewiesen, unplausibel oder unwahrscheinlich mit einem Verweis auf dessen logische Möglichkeit reagiert. Wenn es dumm läuft, tappt Person A in die Falle und fängt an, schwungvoll gegen die jeweilige logische Möglichkeit zu argumentieren. Das ist erstens ziemlich aussichtslos und zweitens unnötig. Die Begründungslast liegt nämlich in allen drei Fällen klar bei Person B. Was heißt das? Wir orientieren uns in diesem Zusammenhang an drei Regeln:

- **Regel 1:** Wer uns von etwas überzeugen möchte, sollte dafür gute Gründe anbieten. Die argumentative Bringschuld liegt bei ihm. Vor allem, wenn die Überzeugung in konkretes Handeln münden soll. Das ist im Grunde ein Gebot der Denkökonomie und des Selbstschutzes: Wir wären hoffnungslos damit überfordert, jede mögli-

50 Die USA suchen noch heute nach Massenvernichtungswaffen im Irak … es hätte ja schließlich sein können, dass es da welche gibt. https://en.wikipedia.org/wiki/Iraq_and_weapons_of_mass_destruction

che Theorie oder Aussage selbst auf ihre Stichhaltigkeit zu prüfen. Wer also möchte, dass wir unsere Meinung und unser Handeln ändern oder neu ausrichten, sollte uns die Gründe dafür liefern. In der Wissenschaft ist das selbstverständlich: Keine These oder Theorie ohne Begründung, d.h. Muster-Erklärung. Gleiches gilt für die Welt der Wirtschaft: Jeder Vorschlag eines Investitionsvorhabens oder einer Umstrukturierung bedarf einer nachvollziehbaren, solide ausgearbeiteten Nutzenüberlegung.

- **Regel 2:** Je unwahrscheinlicher oder unplausibler das ist, wovon wir überzeugt werden sollen, desto stärker müssen die Gründe dafür sein. Wenn Sie mich davon überzeugen wollen, dass Sie für unser Treffen in München mit dem Auto angereist sind, so glaube ich Ihnen vermutlich ohne weitere Nachforschungen. Behaupten Sie allerdings, mit einer von außerirdischen Kobolden gesteuerten fliegenden Untertasse eingeschwebt zu sein, so werde ich mich mit Ihrer Aussage allein nicht zufrieden geben. Bevor ich Ihnen glaube, werde ich zusätzliche Gründe von ihnen einfordern (siehe Regel 1) - und die müssen sehr, sehr gut sein. Und zwar so gut, dass sie meine Gründe für die Überzeugung ausstechen, dass es weder außerirdische Kobolde noch fliegende Untertassen gibt. Dahinter steht eine einfache Faustregel zur vernünftigen Meinungsbildung: Akzeptiere die These, die am besten begründet und somit am plausibelsten ist. Auf lange Sicht kommen wir so am sichersten zu einem trag- und leistungsfähigen Netz an Meinungen und Überzeugungen.

- **Regel 3:** Je mehr auf dem Spiel steht, desto besser, stichhaltiger und überzeugender muss die Begründung sein. So verfahren wir z.B. vor Gericht: Die Regel *Im Zweifel für den Angeklagten* soll jeden Bürger davor schützen, aufgrund zu schwacher oder fehlerhafter Argumente verurteilt zu werden. Wir wollen Ungerechtigkeit bzw. daraus resultierenden Schaden so gut es geht vermeiden. Im Alltag gilt Ähnliches: Über eine Investition von 5000.- Euro werde ich intensiver nachdenken als über eine Ausgabe von 5.- Euro. Diese Regel ist Teil eines verantwortungsvollen Risikomanagements: Je höher das Risiko, desto umsichtiger sollte man vorgehen.

Auf diese Zusammenhänge hat schon der schottische Philosoph David Hume in seiner zu Recht berühmten Abhandlung über Wunder hingewiesen: Wenn wir ein Wunder als ein Ereignis verstehen, das die Naturgesetze bricht oder das - in abgeschwächter Form - zumindest extrem unwahrscheinlich ist, dann sind die Vertreter eines Wunderglaubens in der Pflicht, entsprechend starke Argumente dafür anzubieten, dass diese Wunder tatsächlich geschehen sind. In vielen Religionen spielen sie eine tragende Rolle als Begründungsargumente und münden über Umwege in Gebote oder Verbote, die unsere Lebensführung stark beeinflussen (können). Es steht also Einiges auf dem Spiel.

Humes Fazit: Erstens, die Vertreter eines Wunderglaubens schulden uns sehr, sehr starke Argumente. Zweitens, sie konnten dieser Begründungslast bis heute in keinem Fall gerecht werden. Drittens, es ist nicht die Aufgabe des

Wunder-Skeptikers zu zeigen, dass es keine Wunder geben kann.[51]

Gleiches gilt natürlich für die fliegenden Kobolde und die Reptiloiden-Theorie: Deren Vertreter müssen den Nachweis erbringen, dass wir tatsächlich von Reptiloiden in Menschengestalt regiert werden - es ist nicht meine Aufgabe zu zeigen, dass das nicht möglich ist.

Zur Ersteinschätzung von Wahrscheinlichkeiten

So weit so gut, aber: Wie kommen wir zu einer belastbaren Ersteinschätzung einer Theorie oder Aussage als mehr oder weniger wahrscheinlich oder plausibel? Was ist, wenn jemand schon lange glaubt, dass es Kobolde gibt, dass deren Existenz für ihn ziemlich wahrscheinlich ist und schon immer war? Ist das nicht reine Ansichts- oder Geschmackssache? Nein - ist es nicht. Das hat damit zu tun, dass eine Aussage oder Überzeugung mit vielen anderen vernetzt ist und ihr jeweiliger Grad an Wahrscheinlichkeit mit dem dieser anderen zusammenhängt. Ein wichtiges Kriterium für Plausibilität ist also, wie gut oder schlecht die fragliche These zu unserem Bestand an gut begründeten und bewährten Überzeugungen passt. Was heißt das?

---

51 David Hume hat seine Überlegungen zuerst im Jahre 1748 veröffentlicht. David Hume: **An Enquiry Concerning Human Understanding/Eine Untersuchung über den menschlichen Verstand.** Hrsg.: Falk Wunderlich. Ditzingen, 2016.

Zurück zum Beispiel der Anreise nach München. Glaube ich Ihnen, dass Sie mit dem Auto angereist sind, so muss ich meinen Bestand an Meinungen und Überzeugungen dazu, was es gibt, wie unsere Welt funktioniert, wann und warum Menschen schwindeln etc. nicht ändern, sondern nur um eine relativ triviale Tatsache erweitern. Sie passt gut zu allem, wovon ich sonst als wahr ausgehe, was mich erfolgreich durch den Alltag und mein Leben leitet. Deshalb forsche ich nicht nach; ich habe keinen Anlass, stutzig zu werden und Zeit und Energie in weitere Untersuchungen zu stecken. Anders ausgedrückt: Ich habe gute Gründe, Ihre Aussage zur Anreise für plausibel oder wahrscheinlich zu halten.

Würde ich Ihnen allerdings die Sache mit den Kobolden in der fliegenden Untertasse glauben, dann müsste ich an meinem gesamten Bestand an alltagsnahen und theoretischen Überzeugungen sehr umfassende und einschneidende Veränderungen vornehmen. Ich müsste sehr viel tagtäglich Bewährtes als falsch aufgeben, ändern, durch Neues ersetzen. Anders ausgedrückt: Die Plausibilität dieser ganzen Überzeugungen und der Erfolg meiner bisherigen Entscheidungen auf deren Basis stehen gegen die These einer Anreise mit Kobold-Raumschiff. Ich habe viele gute Gründe, die Sache als sehr unwahrscheinlich einzuschätzen.

Im Alltag reichen unsere Lebenserfahrung, unser gesunder Menschenverstand und unsere Menschenkenntnis tatsächlich sehr oft als Basis für eine Ersteinschätzung von Wahrscheinlichkeiten bzw. Plausibilitäten aus. Präziser: Wir haben ziemlich genaue Vorstellungen davon, was in welchen Situationen passieren kann, wie die Welt um uns herum funktioniert, welche Bandbreite an menschlichem Handeln unter bestimmten Umständen zu erwarten ist, warum und wie sich konkrete Menschen unter bestimmten Umständen verhalten, was sie dabei fühlen und denken. Würden wir tatsächlich damit aufhören, uns Tag für Tag von diesen ganzen Selbstverständlichkeiten und Erfahrungswerten leiten zu lassen, wären wir kaum noch handlungsfähig. Wer ernsthaft an Kobolde in fliegenden Untertassen glaubt, müsste konsequenterweise die allermeisten dieser Selbstverständlichkeiten als falsch zurückweisen und dann auch sein Handeln an diesem umfassenden Skeptizismus ausrichten. Viel Glück und Erfolg dabei![52]

Also: Es geht bei der Einschätzung von Wahrscheinlichkeiten und Plausibilität um weit mehr als subjektive Geschmacksurteile. Es geht um alles, was unser Netz an Überzeugungen und Wissensansprüchen inhaltlich bestimmt und unser tägliches Entscheiden und Handeln leitet: Lebenserfahrung und Menschenkenntnis, Erfahrungswerte jeder Art, Wahrscheinlichkeitsrechnung, Naturwissenschaft

---

52 Die meisten Koboldgläubigen vermeiden diese Konsequenz, indem sie sich in zwei verschiedenen „geistigen Welten“ einrichten: Im Alltag mit den bekannten Rationalitätsstandards und davon strikt getrennt im Koboldüniversum. Letzteres wird dem Geltungsbereich dieser Rationalitätsstandards ausdrücklich entzogen. Das führt natürlich gleich wieder zur lästigen Plausibilitätsfrage: Warum sollten wir diese Trennung vornehmen? Welche Gründe sprechen dafür? Mehr dazu dann in Kapitel 6.

… Es geht ganz grundsätzlich und handfest um verantwortungsvolles und erfolgsversprechendes Risikomanagement.

Zur Erinnerung: Es geht hier um eine Ersteinschätzung der Plausibilität, nicht um eine endgültige Festlegung auf Wahrheit oder Falschheit. Logisch möglich sind fliegende Kobolde nach wie vor. Es geht vielmehr darum, sich ein Bild von der Stärke der Gründe zu machen, die wir fordern sollten, bevor wir unsere Überzeugungen ändern und Zeit und Energie investieren. Und das heißt, Umfang und Qualität der Begründungslast zu bestimmen, denen die Vertreter einer Theorie oder einer These gerecht werden müssen, um uns zu überzeugen. Für Verschwörungstheorien skizziere ich im nächsten Abschnitt, wie das geht.

Zur Ersteinschätzung von Verschwörungstheorien

Speziell für Verschwörungstheorien liefern Menschenkenntnis und gesunder Hausverstand solide Ankerpunkte für eine Ersteinschätzung. Wie in Kapitel 1 erläutert, gab und gibt es immer wieder Verschwörungen. Dieses Phänomen ist bekannt. Eine diesbezügliche Behauptung für sich genommen ist also keineswegs so unwahrscheinlich wie fliegende Untertassen mit Koboldbesatzung. Betrachten wir bekannt gewordene Verschwörungen näher, so fallen folgende Merkmale auf - man kann sie auch als *Goldene Regeln für Verschwörer* verstehen:

- Aus Gründen der Geheimhaltung sollte der Kreis der Verschwörer und Eingeweihten so klein wie möglich gehalten werden. Die Gefahr aufzufliegen, durch Verrat,

Unterwanderung, Unachtsamkeit oder Zufall, wird so minimiert.

- Der Kreis der Verschwörer sollte sehr schwer zu infiltrieren sein. Man wird potentielle Mitverschwörer also nur nach eingehender Prüfung ihrer Vorgeschichte, Gesinnung und persönlichen Eigenschaften einweihen. Oft spiegelt sich das in einem mehrstufigen und langwierigen Verfahren. Dabei werden die Kandidaten Schritt für Schritt und Prüfung um Prüfung an den inneren Kreis der Verschwörung herangeführt.

- Wissen sollte sparsam und kontrolliert verteilt werden. Verschwörer werden sich genau überlegen, wer über welche Informationen verfügen sollte. Das ist sinnvoll, um Schaden zu begrenzen, falls einer von ihnen enttarnt oder zum Verräter wird. Konkret heißt das, dass die Zahl der Personen, die über alles im Bilde sind, eher klein gehalten werden sollte.

- Informationen sollten gut versteckt, ihr Umfang und Inhalt stark begrenzt werden. Die wenigsten Verschwörer werden über ihre Finanzen oder Pläne detailliert Buch führen und die Daten in einem leicht zugänglichem Ordner auf einem nur schwach geschützten Computer speichern.

- Das Handeln der Verschwörer bedarf guter Planung, überzeugender Täuschung (so lange wie möglich bzw. nötig), genauer Abstimmung und somit beachtlicher Disziplin und präziser Steuerung.

- Eine straff hierarchische Organisation, z.B. ein Geheimdienst oder ein Geheimbund, erfüllt diese Bedingungen besser als eine lockere Gruppe von Gleichgesinnten.

Also: Wir kennen jetzt die Elemente und Faustregeln, die für die Ersteinschätzung einer Verschwörungstheorie gebraucht werden. Im nächsten Schritt wende ich sie auf unsere drei Beispiele an: Watergate, Chemtrails und QAnon. Wie sieht es mit der jeweiligen Begründungslast und Ersteinschätzung der Plausibilität aus?

Zusammenfassung Kapitel 3

Ich habe in diesem Kapitel für folgende Thesen argumentiert:

- Dass etwas logisch möglich ist heißt nicht, dass es wahrscheinlich oder plausibel ist.

Beim Argumentieren gelten diese Regeln:

- **Regel 1:** Wer uns von etwas überzeugen möchte, hat die „intellektuelle Pflicht", gute Gründe dafür anzubieten.

- **Regel 2:** Je unwahrscheinlicher oder unplausibler das ist, wovon wir überzeugt werden sollen, desto stärker müssen die Gründe dafür sein.

- **Regel 3:** Je mehr auf dem Spiel steht, desto besser, stichhaltiger und überzeugender muss die Begründung sein.

Für die **Ersteinschätzung zu Plausibilität oder Wahrscheinlichkeit** eines Theorievorschlages ziehen wir unser gesamtes Hintergrundwissen, unsere Lebenserfahrung und den gesunden Menschenverstand als Basis heran.

- Je schlechter eine These dazu passt, als desto unwahrscheinlicher oder unplausibler sollte sie erst einmal gelten.

Für Verschwörungen gibt es naheliegende Erfolgsregeln:

- Der Kreis der Verschwörer sollte möglichst klein und kompakt sein.
- Der Kreis der Verschwörer sollte sehr schwer zu infiltrieren sein.
- Das Wissen um die Verschwörung sollte sparsam und kontrolliert verteilt werden.
- Informationen sollten gut versteckt aufbewahrt, ihr Umfang und Inhalt minimiert werden.
- Das Handeln der Verschwörer braucht straffe Koordination und sehr hohe Disziplin aller Beteiligten.

- Eine straff hierarchisch gestaltete Organisation, wie z.B. ein Geheimdienst oder ein Geheimbund, erfüllt diese Bedingungen besser als eine lockere Gruppe.

Die Beispiele: Watergate, Chemtrails und QAnon

Die Chemtrail-Theorie

Eine Ersteinschätzung in Bezug auf unseren Bestand an begründeten Überzeugungen weist die Chemtrail-Theorie als sehr unplausibel aus:

- Sehr viele alltagsnahe Überzeugungen zu den Aktivitäten von Flugzeugherstellern, Fluggesellschaften, Aufsichtsbehörden, Forschungseinrichtungen, Wetterdiensten, Regierungen etc. müssten umfassend revidiert werden, falls diese Theorie wahr wäre.

- Gleiches gilt für unsere wissenschaftlichen Überzeugungen aus dem Bereich von Wetterkunde, Chemie und Physik: Wir müssten z.B. die Theorien anzweifeln, die Kondensstreifen als Wolken einstufen und ihre Entstehung auf die bekannte Weise erklären. Dabei geht es nicht nur um das relativ eng begrenzte Phänomen der Kondensstreifen. In Frage gestellt werden ja allgemeinere Theorien, in deren Rahmen Kondensstreifen lediglich als Sonderfälle behandelt werden.

Auch eine Ersteinschätzung auf Basis von Menschenkenntnis und Hausverstand lässt die Chemtrail-Theorie als sehr unplausibel erscheinen:

- Die behaupteten Sprühaktivitäten erfordern einen sehr großen Kreis an beteiligten und eingeweihten Personen für eine erfolgreiche Durchführung und Täuschung. Alleine bei einer Fluggesellschaft wie der Lufthansa müssten vom Management über die Flugzeugbesatzungen und die Wartungsteams bis hin zu den Personen, die für den Einbau der Sprühanlagen und deren Befüllung zuständig sind, alle Bescheid wissen - im Grunde so gut wie jeder Mitarbeiter. Und es gibt viele Fluggesellschaften und Streifen am Himmel …

- Es ist anzunehmen, dass Gleiches für die Hersteller der Flugzeuge gilt, also für Firmen wie Airbus oder Boeing. Man kann bei einem so komplexen technischen Gerät ja nicht einfach ein paar Düsen in die Tragflächen bohren und von dort aus Leitungen in den Innenraum legen. Aber auch am Flughafen, bei den Fluglotsen und den Aufsichtsbehörden müsste es sehr viele Eingeweihte und Mitverschwörer geben. Ganz zu schweigen von den Herstellern der chemischen Stoffe, die angeblich versprüht werden, und den Mitarbeitern der Transportfirmen.

- Es gibt diverse Organisationen und Institutionen, die aus verschiedenen Gründen regelmäßig Messungen der Atmosphäre vornehmen und folglich Teil der Verschwörung sein müssten. Bei uns sind das z.B. der Deutsche Wetterdienst und das Deutsche Institut für Luft- und Raumfahrt, vermutlich auch mehrere Forschungseinrichtungen an Universitäten.

Ein Abgleich mit den Regeln für eine gelungene Verschwörung ergibt folgendes Bild: Wir haben es bei der Chemtrail-Theorie mit einer Verschwörung zu tun, die enorm viele Mitwisser und Mittäter haben müsste, um zu funktionieren. Zweitens wäre dieser angebliche Kreis der Verschwörer sehr leicht zu infiltrieren. Drittens muss es bei einem so großen, lockeren und bunten Kreis an Mittätern und Mitwissern extrem schwierig sein, deren Handeln zu Durchführung und Verschleierung so präzise wie nötig zu koordinieren und zu steuern. Das stellt uns natürlich vor die Frage, warum es bis heute keine Whistleblower, keine veröffentlichten Geheimdokumente, keine Pannen und keine erfolgreichen Undercoveraktivitäten von Enthüllungsjournalisten gibt.

Mein Fazit: Die Chemtrail-Theorie steht in sehr starkem Widerspruch zu mehreren gut begründeten wissenschaftlichen Theorien, zu Menschenkenntnis und Hausverstand. Folglich ist sie als prima facie sehr unplausibel einzustufen. Deshalb muss sie extrem gute Argumente in mehreren Bereichen liefern, um ernsthaften Anspruch auf Akzeptanz erheben zu können. Diese Forderung wird dadurch untermauert, dass viel auf dem Spiel steht: Würde diese Theorie stimmen, dann müssten wir unser gesamtes Bild zu Politik, Wirtschaft, Wissenschaft und deren Zusammenspiel tiefgreifend verändern. Also: Es gibt sehr viel zu tun für die Vertreter der Chemtrail-Theorie; sie tragen eine enorme Begründungslast. Und: Es ist nicht unsere Aufgabe zu zeigen, dass es diese Verschwörung nicht gibt.

Die Watergate-Theorie

Im Rückblick lässt sich feststellen, dass Watergate unsere Einschätzung zur Plausibilität von Verschwörungstheorien im Bereich der Politik nachhaltig verändert hat. Genauer: Im Rahmen eines Rechtsstaats mit Gewaltenteilung. Man kann Watergate als einen traurigen Präzedenzfall einstufen, der zeigt, dass man sich in diesem Bereich menschlicher Betätigung leider auch auf das sehr Unwahrscheinliche und Kriminelle gefasst machen muss.

Eine Ersteinschätzung der Plausibilität im Rückblick wäre nicht besonders interessant oder hilfreich. Wir wissen heute ja, dass es sich um eine höchstwahrscheinlich zutreffende Verschwörungstheorie handelt. Deshalb werde ich die Ersteinschätzung auf Basis der damals verfügbaren Daten vornehmen.

Die Watergate-These: Eine wesentliche Etappe auf dem Weg zur Aufdeckung der ganzen Verschwörung war die Bestätigung der These, dass der Watergate-Einbruch nur eine von vielen illegalen Aktivitäten war, aus einem Geheimfonds des CRP finanziert wurde und alle Fäden bei John Mitchell, dem früheren Justizminister und Vertrauten Nixons zusammenliefen. Er stand als Wahlkampfmanager an der Spitze des CRP.

Eine Ersteinschätzung in Bezug auf unseren Bestand an begründeten Überzeugungen weist diese Watergate-These als prima facie möglich bzw. halbwegs realistischen Erklärungsansatz aus:

- Sehr viele auch damals schon verbreitete Überzeugungen zu den Aktivitäten von Parteien und Politikern, zur Finanzierung von Wahlkämpfen und zu Unternehmungen gegen den politischen Gegner waren frei von Romantik. Man hatte gesichertes Wissen, dass da sehr viel getrickst und manipuliert wurde. Allerdings dürften diese Vermutungen durch die Watergate-These und deren weitere Entwicklung weit übertroffen worden sein. Vermutlich hätten die wenigsten Bürger der USA erwartet, dass Trickserei und Manipulation in einer derart kriminellen Dimension vorkommen könnten. Es ging aber trotz allem nicht um eine grundsätzliche Revision der betreffenden Überzeugungen, sondern „nur" um eine graduelle Veränderung hin zum Negativen. Diesen Prozess der Meinungsveränderung kennen wir alle leider aus eigener Erfahrung und wissen, dass so etwas vorkommen kann. Anders ausgedrückt: Ob wir der These Glauben schenken, hängst stark von den Begründungen ab, die geliefert werden - es ist aber gut vorstellbar, dass diese Begründungen tatsächlich geliefert werden und die These sich als wahr herausstellt.

- Gleiches gilt für unsere Überzeugungen im Bereich der Wissenschaften: Keine der Thesen oder Behauptungen im Rahmen der Watergate-Affäre stellte diese in Frage. Dieser Aspekt gilt nicht für jede Verschwörungstheorie und sollte deshalb erwähnt werden.

Also: Stimmt die Watergate-These, dann wäre eine wirklich tiefgreifende oder fundamentale Revision unseres Netzes an Überzeugungen und Meinungen in Alltag und Wissenschaft nicht erforderlich. Das ist der erste wesentliche Unterschied zur Chemtrail-Theorie.

Wie sieht die Ersteinschätzung auf Basis von Menschenkenntnis und Hausverstand bzw. der Erfolgsrezepte für eine gelungene Verschwörung aus?

- Die Watergate-These geht von einem sehr kleinen Kreis von Verschwörern aus: Es handelte sich dabei konkret um die führenden Köpfe im CRP, die mit Planung und Finanzierung der illegalen Aktivitäten befasst waren. Natürlich gehören auch die fünf Einbrecher auf die Liste. Bei Verdacht auf weitergehende Aktivitäten wäre allerdings zu vermuten, dass die Zahl der Verschwörer etwas höher sein könnte. Zusammen mit einigen Sekretärinnen, die vermutlich ohne Kenntnis des Gesamtbildes mit einzelnen Teilaspekten vertraut waren, dürfte es sich in dieser Phase der Verschwörungstheorie um etwa 15 Personen handeln.

- Dieser Personenkreis war sicher nicht leicht zu infiltrieren. Es ist anzunehmen (und tatsächlich nachzuweisen), dass er im Laufe der Zeit durch gezielte „Personalauswahl" aufgebaut wurde. Dabei wurde selbstverständlich auf Gesinnungstreue, Loyalität zur „gemeinsamen Sache" und Verschwiegenheit geachtet.

- Das Wissen um die illegalen Aktivitäten war tatsächlich bei den meisten Beteiligten eher fragmentarisch. Über sämtliche Hintergründe, die Finanzierung und den gesamten Umfang dieser Aktivitäten wussten nur die führenden Köpfe des CRP Bescheid.

- Die Unterlagen zu dem geheimen Fonds zur Finanzierung der illegalen Aktivitäten sind schon relativ früh vernichtet worden. Auch das wäre bei Vorliegen einer Verschwörung zu erwarten: Beweise werden vernichtet, nicht aufbewahrt.

- Schließlich geht die Watergate-These davon aus, dass die Verschwörer Teil einer straff geführten und strikt hierarchisch aufgebauten Organisation waren. Damit wäre auch dieses Merkmal realer Verschwörungen gegeben.

Also: Auch in dieser Hinsicht unterscheiden sich Chemtrail-Theorie und Watergate-These grundlegend voneinander: Letztere zeichnet das Bild einer „klassischen“ Verschwörung und kann gut erklären, warum diese so lange durchgehalten werden konnte. Bei der Chemtrail-Theorie bleibt es absolut rätselhaft, warum bei so vielen voneinander unabhängig agierenden Mitwissern und Tätern noch nie jemand an die Öffentlichkeit getreten ist oder den Vertretern der Theorie Informationen und Belege zugespielt hat.

Mein Fazit: Die Watergate-These passt gut zum Muster einer Verschwörung und strapaziert weder unsere sonstigen Überzeugungen noch Menschenkenntnis oder Hausverstand über Gebühr. Anders ausgedrückt: Die Begründungslast der Vertreter der Watergate-These, also der Washington Post, ist aus diesen Gründen inhaltlich betrachtet weit weniger groß als die ihrer Chemtrail-Kollegen. Sie ist natürlich trotzdem beachtlich und muss sehr sauber und solide eingelöst werden. Die mit der These verknüpften Vorwürfe sind nämlich sehr schwerwiegend und es steht für alle direkt Beteiligten und die Bürger sehr viel auf dem Spiel: Reputation, berufliche Zukunft, Einkommen, Familie, Vertrauen in den Staat und seine Vertreter …

Das QAnon-Phänomen

In Kapitel 2 haben wir QAnon bereits als Pseudo-Theorie, als Verschwörungsmärchen erkannt. Trotzdem möchte ich dieses Beispiel weiter analysieren. Es liefert interessantes Anschauungsmaterial für meine Thesen zum Thema *Verschwörungstheorie* und einen lehrreichen Kontrast zur Watergate-Theorie. Unterhaltsam ist es obendrein.

Wie zu erwarten, weist eine Ersteinschätzung in Bezug auf unseren Bestand an begründeten Überzeugungen QAnon als sehr unplausibel aus:

- Sehr viele Überzeugungen, die unseren Alltag leiten und strukturieren, wären dramatisch falsch: Wir müssten unsere Ansichten zum Funktionieren von Parlamenten, Regierungen, Staatsanwaltschaften, Sicherheitsbehörden, Unternehmen und vieler anderer Institutionen massiv revidieren.

- Wir müssten akzeptieren, dass unsere Informationen zu Biographie und Handeln sehr vieler Prominenter grundsätzlich falsch sind und uns sehr oft ein komplettes

Trugbild präsentiert wird. Und das trotz ganzer Industriezweige, die ihr Geschäft mit der Beobachtung und Kommentierung des Lebens von Prominenten machen: Viele Zeitschriften und Fernsehsender mit zahllosen Reportern betreiben genau dieses Geschäftsmodell.

- Nicht zuletzt müssten wir akzeptieren, dass Donald Trump in Wirklichkeit ein sehr intelligenter, listenreicher und edler Held ist, dessen Lebensziel der Kampf gegen pädophile Satanisten und andere Mächte der Finsternis ist. Ähnliches gilt auch für den engsten Kreis seiner Vertrauten. Das erinnert doch sehr stark an Märchengeschichten … vor allem, wenn wir das mit seinen Worten und seinem bisherigen Tun abgleichen.

Die Ersteinschätzung auf Basis der Gebrauchsanweisung für Verschwörer lässt QAnon ebenfalls als sehr unwahrscheinlich erscheinen:

- Die behauptete Verschwörung erfordert einen enorm großen Kreis an Helfern und Helfershelfern. Kinder müssen entführt und versteckt werden. Ihr Verschwinden muss getarnt und vertuscht werden. Auch im Umkreis zentraler „Verschwörer“ wie Bill Gates oder den Clintons muss es jeweils eine gewisse Zahl eingeweihter Personen geben: Assistenten und Mitarbeiter, die aktiv an Durchführung und Verschleierung der Verschwörung mitarbeiten. Bill Gates und andere Prominente können ja nicht einfach unbemerkt und zeitgleich für ein paar Tage spurlos verschwinden, um auf irgendeiner Insel zusammen satanistische Festivitäten zu begehen.

Speziell für den neuen Präsidenten, Joe Biden, dürften sich da erhebliche Schwierigkeiten ergeben - von ihm will eigentlich den ganzen Tag lang irgend jemand irgend etwas. Aber vielleicht haben die Satanisten ja alle Doppelgänger?

Wie bei der Chemtrail-Theorie haben wir es bei QAnon also mit einer Verschwörung zu tun, die zahlreiche Mitwisser und Mittäter haben müsste, um zu funktionieren. Zweitens wäre dieser angebliche Kreis der Verschwörer an sehr vielen Stellen relativ leicht zu infiltrieren. Drittens muss es bei einem so großen, lockeren und bunten Kreis an Mittätern und Mitwissern extrem schwierig sein, deren Handeln zu Durchführung und Verschleierung ihrer Aktivtäten so präzise wie nötig zu koordinieren und zu steuern. Das wirft folgende Fragen auf:

- Warum gibt es bis heute keine Whistleblower?

- Warum gibt es keine veröffentlichten Geheimdokumente?

- Warum wissen wir nichts über Pannen, die bei einem so komplexen Unternehmen mit hoher Wahrscheinlichkeit zu erwarten sind?

- Warum gibt es bis heute keine erfolgreichen Undercoveraktivitäten von Enthüllungsjournalisten oder QAnon-Anhängern?

Ein ganz besonderer Aspekt des QAnon-Phänomens sollte nicht unberücksichtigt bleiben. Wir haben es im Grunde mit einer Doppel-Verschwörung zu tun! Was heißt das? In QAnon-Welt gibt es ja nicht nur die Satanisten, sondern auch die Gegen-Verschwörung um Donald Trump. Dazu lassen sich die gleichen naheliegenden Fragen stellen:

- Warum wissen wir - außer den kryptischen Hinweisen der Quelle QAnon - Nichts über diese Gegenverschwörung?

- Gibt es da z.B. tatsächlich keine Plaudertaschen, Wichtigtuer, Partner, falschen Freunde, die Informationen „nach außen" tragen?

- Und so weiter und so fort .....

Mein Fazit: Die rätselumwobene Quelle QAnon und ihre Truppe tragen eine enorm hohe Plausibilisierungslast.

Vertiefende Lektüre

Die folgenden Bücher drehen sich um das Thema *handwerklich solide Argumentation* und vermitteln gerade für die Herausforderungen des Alltags und des Internets wertvolle Instrumente und Vorgehensweisen:

Andreas Edmüller und Thomas Wilhelm: **Argumentieren.** Freiburg, 2011.

Andreas Edmüller und Thomas Wilhelm: **Manipulationstechniken. So wehren Sie sich.** Freiburg, München, Stuttgart, 2020 (5. Auflage).

Walter Krämer: **So lügt man mit Statistik.** Frankfurt, 2015 (Neuausgabe; 1990 zuerst erschienen).

Nikil Mukerji: **Die 10 Gebote des gesunden Menschenverstands.** Berlin, Heidelberg, 2017.

Kapitel 4
Daten und Belege: Worauf kommt es an?

Im letzten Kapitel wurde skizziert, wie man zu einer Ersteinschätzung einer Verschwörungstheorie kommt - und wie groß die Begründungslast für deren Vertreter jeweils ist. Diese Ersteinschätzung ist zwar hilfreich, reicht aber nicht aus. Wir sollten uns immer daran erinnern, dass auch zutreffende Verschwörungstheorien oft nicht besonders plausibel klingen. Dass ein DAX-Unternehmen wie Wirecard auf Betrug gebaut ist, haben die allermeisten Beobachter erst einmal nicht für möglich gehalten. Wollen wir also wissen, ob eine Theorie wirklich haltbar ist oder nicht, müssen wir uns intensiver mit ihr beschäftigen. Wir müssen uns ein genaues Bild davon erarbeiten, welche Argumente für und gegen die Theorie sprechen und wie deren Wertigkeit und Qualität zu beurteilen sind. Anders ausgedrückt: Wir müssen feststellen, ob die Theorie ihrer Begründungslast gerecht wird.

Ein zentraler Aspekt dabei ist das Verhältnis der Theorie zur Realität, also zur Welt, die sie zu erfassen und zu erklären versucht: Wie gut oder schlecht passt die Theorie zu unseren Erfahrungen, Beobachtungen, Daten, Belegen? Vieles ist logisch möglich. Die Konfrontation mit der Realität soll uns zeigen, was davon wahr oder wahrscheinlich ist. Dabei stehen zwei Fragen im Mittelpunkt:

- Welche Eigenschaften sollten Daten und Belege haben, damit sie als belastbar gelten können?

- In welchem Verhältnis sollten belastbare Daten und Belege zu einer Theorie stehen, damit diese durch sie bestätigt, gestützt, widerlegt, geschwächt wird?

Beide Fragen können als Kernfragen der Philosophie bzw. der Erkenntnistheorie gelten. Die Philosophie will ja wissen, ob Erkenntnis über die Welt (für uns) überhaupt möglich ist, wie wir sie gewinnen und von Irrtum unterscheiden können. Die Bandbreite der Antworten reicht dabei von nüchternem Skeptizismus

- Es gibt überhaupt keine absolut gesicherten Daten oder Belege und keine Theorie kann schlüssig bewiesen oder widerlegt werden;

über moderaten Optimismus

- Wir verfügen zwar über einen Bestand zweifelsfrei als wahr erkennbarer Daten, diese reichen aber nicht aus, um Theorien über die Welt zu beweisen oder zu widerlegen;

zu entschlossenem Optimismus

- Wir verfügen tatsächlich über einen Bestand bzw. eine Quelle absolut sichererer Daten und können auf dieser Basis die Wahrheit oder Falschheit von Theorien über die Welt beweisen oder widerlegen.

In diesem Kapitel geht es um die Beurteilung der Qualität von Daten. Deren Verhältnis zu Theorien wird in den beiden nächsten Kapiteln ausführlich betrachtet. Außerdem gehe ich näher auf eine These ein, die im Rahmen diverser Verschwörungstheorien immer wieder auftaucht: „Die Wissenschaft" würde systematisch Resultate fälschen oder manipulieren und sei deshalb keine glaubwürdige Quelle für Daten und Belege.

Zur Qualität von Daten und Belegen im Alltag

Ein extrem wichtiger Aspekt bei der Beurteilung von Theorien ist die Qualität der Daten, auf die sich deren Muster-Erklärungen stützen. Das zeigt sich immer dann, wenn viel auf dem Spiel steht, z.B. vor Gericht. Daten werden im Rahmen eines Kriminalfalls unter anderem durch die Arbeit der Ermittler, Experten oder die Aussagen von Zeugen geliefert. An alle Daten und deren Quellen stellen wir dabei höchste Anforderungen:

Zeugen sollten epistemisch kompetent sein. Was heißt das? Die Forderung nach epistemischer Kompetenz bezieht sich auf die inhaltliche Zuverlässigkeit der Person als Datenquelle. Sie sollte z.B. eine scharfe Beobachtungsgabe und ein verlässliches Erinnerungsvermögen haben. Ein guter Zeuge wird sich darüber hinaus klar und verständlich ausdrücken und seine gemachten Beobachtungen von deren Interpretation zu trennen wissen. Zudem sollte er nicht leicht hinters Licht zu führen sein, also kein zu leichtes Opfer von Manipulation oder Betrug.

Unsere Lebenserfahrung zeigt in diesem Zusammenhang zwei Dinge an: Erstens erklärt dieses Bündel an Anforderungen, warum die Aussagen gleichermaßen ehrlicher und bemühter Zeugen oft stark voneinander abweichen. Zweitens sind auch unsere eigenen Beobachtungen prinzipiell fehleranfällig.

Zeugen sollten persönlich glaubwürdig sein. Es gibt einige Faktoren, die den Wert eines Zeugen als Datenquelle selbst bei hoher epistemischer Kompetenz abschwächen oder sogar ganz diskreditieren. Ist der Zeuge als Schwindler oder Lügner bekannt, wird man sehr vorsichtig mit seinen Aussagen umgehen. Hat der Zeuge ein lebhaftes Interesse am Ausgang des Verfahrens oder kann man davon ausgehen, dass seine Aussagen stark von bestimmten Motiven wie Wunschdenken, Hass, Rache, Neid, Liebe oder ideologischen, religiösen oder rassistischen Überzeugungen beeinflusst sind, so werden wir ebenfalls erhöhte Anforderungen an die inhaltliche Prüfung der von ihm gelieferten Daten stellen. Ganz einfach, weil derartige Motive und Überzeugungen sehr oft zu bewusster oder unbewusster Verzerrung, sogar zu Manipulation, Lüge und Betrug führen.

Zur Veranschaulichung dieser vielschichtigen Problematik lässt sich auf Kurosawas Filmklassiker Rashomon verweisen.[53] Das selbe Ereignis wird aus der Perspektive ver-

---

53 https://de.wikipedia.org/wiki/Rashomon_%E2%80%93_Das_Lustw%C3%A4ldchen

schiedener Beteiligter erzählt. Jede Version ist in sich stimmig und passt gleichermaßen zu den bekannten Daten. Sie unterscheidet sich aber sehr stark von den jeweils anderen Sichtweisen. Und jeder der Beteiligten scheint tatsächlich von der Wahrheit seiner Version überzeugt zu sein. Allen gemeinsam ist dabei übrigens die japanisch-konfuzianische Wertehaltung. Dadurch ergibt sich für Zuschauer mit anderem Wertesystem ein doppelter Aha-Effekt.

Diese Problematik gibt es natürlich nicht nur im Film. Sie durchdringt auch unseren beruflichen und privaten Alltag. Ich habe fast 25 Jahre als Konfliktmanager gearbeitet und dabei regelmäßig festgestellt, wie unterschiedlich eine Situation von den Beteiligten wahrgenommen, interpretiert und bewertet wird. Immer wieder musste ich zur Sicherheit nachfragen, ob wir tatsächlich über die gleiche Situation oder den gleichen Vorfall reden.[54]

Natürlich kennen auch Philosophen dieses Thema. Im letzten Kapitel hatte ich bereits David Hume und seine klassische Untersuchung über Wunder erwähnt. Dort findet sich eine sehr schöne Zusammenfassung zum Thema *Epistemische Kompetenz und persönliche Glaubwürdigkeit*:

---

54 Andreas Edmüller: **Konfliktmanagement. Konflikte erkennen und konstruktiv bewältigen.** Zürich, 2015 (4. Auflage).

- Denn erstens findet sich in der ganzen Geschichte kein Wunder, das durch eine ausreichende Zahl von Menschen von so fraglosem gesunden Verstand, Erziehung und Bildung bezeugt wird, die nötig ist, uns gegen ihre Selbsttäuschung zu schützen; von solcher unzweifelhaften Redlichkeit, die jeden Verdacht der Täuschung anderer von ihnen fernhält, von solcher Glaubwürdigkeit und solchem Ansehen in den Augen der Menschen, daß sie viel zu verlieren hätten, falls sie bei einer Lüge ertappt würden, deren Zeugnis zugleich solche Dinge betrifft, die sich so öffentlich und an einem so berühmten Ort der Welt zugetragen haben, daß die Entdeckung unvermeidlich gewesen wäre: Alle diese Umstände sind nötig, uns völlige Sicherheit über menschliche Zeugnisse zu geben.[55]

Ähnliches hätte Hume vermutlich auch zum Thema *Verschwörungstheorien* beigesteuert: „Zeugenaussagen" und „Expertenmeinungen" gibt es in diesem Umfeld sehr viele, es kommt aber nicht auf die Quantität, sondern auf deren Qualität an. Und die muss genau geprüft werden. Vor diesem Hintergrund sollte klar sein, wie risikoreich und unzuverlässig eine Datenquelle wie das Internet mit all seinen „Augenzeugenberichten", „Experten"-Blogs und „Ich weiß das von einem Insider, der mit meiner Tante im gleichen

55 David Hume: **An Enquiry Concerning Human Understanding/Eine Untersuchung über den menschlichen Verstand.** Hrsg.: Falk Wunderlich. Ditzingen, 2016.

Chor singt" - Geschichten ist. Und genau deshalb sollte man sehr vorsichtig damit umgehen.[56]

Also: Daten aus der „Quelle Mensch" sind aus verschiedenen Gründen fehleranfällig. Am besten ist es, wenn mehrere kompetente, glaubwürdige, voneinander unabhängige Zeugen Daten liefern, die übereinstimmen, sich ergänzen und so ein stimmiges Gesamtbild ergeben. Das wird allerdings selten der Fall sein. Die Qualität der Daten erhöht sich, wenn weitergehende Untersuchungen oder andere verlässliche Quellen bestätigende oder ergänzende Belege liefern, z.B. Schriftstücke, Video- oder Tonaufzeichnungen. Abstrakter formuliert: Wenn voneinander unabhängige epistemisch kompetente und glaubwürdige Quellen stimmige Daten liefern, dann erhöht das deren jeweilige Wertigkeit.[57]

---

56 Eine kleine Kostprobe zum Thema Corona-Virus: https://www.swp.de/panorama/corona-verschwoerungstheorien-prophezeiungen_-geheimplaene_-komplotte_-was-steckt-hinter-den-behauptungen-im-internet_-45529587.html

57 Dahinter steckt eine simple Überlegung aus dem Bereich der Wahrscheinlichkeitsrechnung. Bei drei voneinander unabhängigen, gleichermaßen „guten" Quellen berechnet sich die Gesamtwahrscheinlichkeit für Irrtum durch Multiplikation der jeweiligen Einzelwahrscheinlichkeiten.

Zur Qualität von Daten und Belegen in der Wissenschaft

Ganz ähnliche Kriterien wie im Alltag und vor Gericht finden wir in den Geschichtswissenschaften: Ein wesentlicher Aspekt des Umgangs mit Berichten von Zeitzeugen ist es, deren epistemische Kompetenz und persönliche Glaubwürdigkeit zu beurteilen. So klug und gebildet z.B. ein Cicero war, so fahrlässig wäre es, seine Darstellung bestimmter Ereignisse einfach zu übernehmen. Der Abgleich mit anderen Quellen legt mehr als einmal den Schluss nahe, dass bestimmte Motive wie Eigeninteresse, Ehrgeiz oder Eitelkeit die Qualität der von ihm gelieferten Daten deutlich mindern.[58] Und sollte Donald Trump jemals ein Buch über seine Präsidentschaft schreiben (lassen), so wären wir mit Sicherheit gut beraten, seine epistemische Kompetenz und persönliche Glaubwürdigkeit bei der Beurteilung des Inhalts angemessen zu berücksichtigen. Die Frage nach der Qualität der Daten erklärt natürlich auch, warum die Geschichtswissenschaft immer wieder sehr eng mit anderen Disziplinen als unabhängige Datenlieferanten zusammenarbeitet: Archäologie, Numismatik, Sprachwissenschaft usw.

Diese Kriterien zur Beurteilung der Qualität von Daten finden sich in etwas anderer Ausprägung auch in den Naturwissenschaften. Dort wird höchster Wert auf den Faktor

58 Klaus Bringmann: **Cicero.** Darmstadt, 2010.

Intersubjektivität gelegt. Was heißt das? Um individuelle Irrtümer oder Fehler möglichst auszuschließen, werden z.B. Aufbau und Durchführung von Experimenten exakt beschrieben, protokolliert und deren Ergebnisse im Idealfall erst dann akzeptiert, wenn es gelungen ist, sie zu wiederholen. Anders ausgedrückt: Daten sollen so unabhängig wie möglich vom „Faktor Mensch" gewonnen und geprüft werden. Ist eine Wiederholung von Experimenten nicht möglich, so muss zumindest der Weg zu den Ergebnissen oder Beobachtungen so transparent und klar beschrieben werden, dass Fachleute eine Plausibilitätsbeurteilung vornehmen können.

Noch ein wichtiger Punkt zur Abrundung: In vielen Fällen lässt sich eine klare Trennung von Daten und Belegen auf der einen und theoretischen Aussagen auf der anderen Seite nicht grundsätzlich vornehmen. Oft sind die Daten, auf die eine Theorie sich bezieht, selbst wieder die Ergebnisse einer anderen Theorie. Und die müsste ihrerseits auf Basis von Daten geprüft werden. Was heißt das? In Kapitel 2 habe ich schon erläutert, dass Beobachtungstheorien ein wichtiger Bestandteil einer Theorie sind bzw. sein können. Und Beobachtungstheorien liefern Daten:

- Die Daten zur Altersbestimmung auf Basis der Radiokarbonmethode sind in ihrer Belastbarkeit natürlich von der entsprechenden physikalischen Theorie abhängig. Diese wiederum ist eng mit der Biologie verzahnt - die

Jahresringe von Bäumen werden zur „Eichung" benutzt.[59]

- Gleiches gilt für Beobachtungen, die mit Hilfe eines Elektronenmikroskops oder des Weltraumteleskops Hubble gemacht werden. Die Qualität der Daten, die wir mit ihrer Hilfe gewinnen, steht und fällt mit den Theorien, auf denen diese Instrumente beruhen.[60]

Es mag überraschen: Im Alltag ist diese Abhängigkeit von einer Theorie zwar nicht so leicht zu erkennen, aber trotzdem so gut wie immer vorhanden. Wir machen uns das nur nicht immer bewusst. Was heißt das? Ob und wie weit wir der Aussage einer Person vertrauen, hängt von Theorien ab: Einerseits von unserer Theorie darüber, wie glaubwürdig diese Person ist, andererseits von unserer Theorie zu ihrer epistemischen Kompetenz.[61]

Das Fazit: Daten und Belege sind uns weder einfach gegeben noch treten sie mit einem Gütesiegel versehen auf. Eine genaue Prüfung ihrer Qualität ist unverzichtbar. Ob es sich um Beobachtungsdaten handelt oder um theoretische Aussagen können wir jeweils nur relativ zu einer bestimm-

---

59 https://www.spektrum.de/lexikon/physik/radiokarbonmethode/12010

60 https://de.wikipedia.org/wiki/Hubble-Weltraumteleskop

61 Ob es tatsächlich so etwas wie absolut theoriefreie Daten bzw. „reine Beobachtungen" gibt, ist eine weitere strittige Frage der Erkenntnistheorie.

ten Theorie sagen. Die Daten der einen sind nämlich oft die theoretischen Ergebnisse einer anderen Theorie. Das gilt auch im Alltag, obwohl es da weniger offensichtlich ist: Im Umgang mit anderen Menschen setzen wir - meistens unbewusst - eine Theorie zu deren Glaubwürdigkeit und epistemischer Kompetenz voraus.

Verschwörung der Wissenschaftler?

Verschwörungstheoretiker behaupten immer wieder, „die Wissenschaft“ würde systematisch Erkenntnisse und Daten zurückhalten, verfälschen oder sogar erfinden. Beispiele lassen sich leicht finden:

- Die These von der zunehmenden Erwärmung der Erde wird immer wieder als Ergebnis umfassender Fälschungs- und Täuschungsaktivitäten von Wissenschaftlern dargestellt und deshalb als *Fake News* zurückgewiesen.[62]

- Impfgegner wittern bisweilen eine umfassende Verschwörung von Schulmedizin, medizinischer For-

62 Ein typisches Beispiel für diese Art von Diskussion wird hier geschildert: https://www.stern.de/politik/deutschland/klimawandel-als-betrug-entlarvt--warum-klimaleugner-zu-unrecht-jubeln-8911116.html

schung, Pharmaindustrie und natürlich der Familie Gates hinter deren konsequenten Impf-Empfehlungen.[63]

- Donald Trump hat im Verlauf der Coronakrise mehrfach behauptet, das Virus gäbe es eigentlich nicht, es sei im Grunde harmlos oder würde von selbst und über Nacht wieder verschwinden.[64] „Der Wissenschaft" warf er damit politisch motivierten Alarmismus vor, der ihm und seiner Regierung schaden solle. Da Trump bei seinen Anhängern kurioserweise und aus für mich nicht nachvollziehbaren Gründen als epistemisch kompetent und glaubwürdig gilt, waren derartige Stellungnahmen natürlich Öl ins Feuer einer ganzen Welle von Verschwörungsthesen zum Coronavirus.[65]

Um diesen Vorwurf an die Adresse „der Wissenschaft" richtig einordnen zu können, möchte ich etwas näher auf den Wissenschaftsbetrieb und dessen Funktionsweise eingehen. Wissenschaftler sind Menschen - doch, echt - und

---

63 https://www.welt.de/politik/deutschland/article220259232/Verschwoerungsideologien-Jetzt-radikalisieren-sich-die-Impfgegner.html

64 Den Faktencheck dazu liefert die Washington Post: https://www.washingtonpost.com/politics/2020/07/08/trumps-claim-that-99-percent-covid-9-cases-are-totally-harmless/

65 Den Beitrag Donald Trumps zum Thema *Kampf den Wissenschaften* beleuchten die renommierten Zeitschriften Nature und Scientific American: https://www.nature.com/articles/d41586-020-02800-9; https://www.scientificamerican.com/article/leading-scientists-urge-voters-to-dump-trump/

trotz aller Vorsicht kann der „Faktor Mensch“ nicht immer (sofort) erkannt und eliminiert werden. Auch ohne bewusste Manipulation sorgt er natürlich immer wieder für Fehler und Irrwege. Die offensichtlichsten Beispiele sind letztlich unhaltbare Theorien, die nach bestem Wissen, Können und Gewissen entworfen und geprüft wurden. Die Erklärung dafür ist bekannt: Irren ist zutiefst menschlich. Aber, wie bereits erwähnt: Wissenschaft besteht zu einem guten Teil in der Erkundung vielversprechender Sackgassen. „Ehrliche“ Irrtümer zu formulieren, zu prüfen und zu erkennen gehört einfach dazu, ist ein ganz wesentlicher Teil des Unternehmens Wissenschaft. Dass etwas nicht stimmen kann, ist eine wichtige Erkenntnis und sehr oft der unverzichtbare Zwischenschritt hin zur nächsten und besseren Theorie. Deshalb ist ein gewisses Maß an nüchterner und professioneller Skepsis in Bezug auf die Ergebnisse „der Wissenschaft“ durchaus begründet. Aber trotz allem: Schlecht sind wir mit unserer wissenschaftlich geprägten Zivilisation nicht gefahren. Eine Fülle von praktischen Anwendungen in Technik, Medizin, Wirtschaft und Alltag hat uns Lebensqualität und Wohlstand ermöglicht, die noch vor kurzer Zeit unvorstellbar waren. Irgendwie scheint „die Wissenschaft“ zu funktionieren.[66]

---

66 Wohltuende Lektüre dazu liefert Stephen Pinker: **Enlightenment Now. The Case for Reason, Science, Humanism, and Progress.** New York, 2018.

Allerdings hat die Wissenschaftsgeschichte neben „ehrlichen“ auch fragwürdige Irrtumsformen aufzuweisen. Rassismus und andere Vorurteile haben tatsächlich Forschungsergebnisse und Theorien geprägt, die längere Zeit als wahr und respektabel akzeptiert wurden. Im 19. Jahrhundert war man nach eingehender Forschung der Meinung, man könne Korrelationen zwischen physischen Eigenschaften des Gehirns, wie dessen Gewicht oder Windungsreichtum und geistigen Eigenschaften der jeweiligen Besitzer wissenschaftlich nachweisen, z.B. deren Intelligenz. So wurde „wissenschaftlich belegt“, dass die Gehirne von Frauen statistisch betrachtet weniger Windungen aufweisen als die von Männern ... Ähnliche Korrelationen „entdeckte“ man auf der Ebene menschlicher Rassen - auch sie würden sich hinsichtlich der Komplexität ihrer Gehirnstrukturen und folglich ihrer Intelligenz unterscheiden. Raten Sie mal, bei welcher „Rasse“ die meisten Windungen gefunden wurden ...[67]

Auch die Physik weist einschlägige Irrwege auf. In der Weimarer Republik und später im Dritten Reich wurde ernsthaft versucht, eine „Deutsche Physik“ zu entwickeln und zu etablieren. Sie war als Gegenentwurf zur „jüdisch geprägten“ Relativitätstheorie und Quantenmechanik gedacht. Dieser Unfug ist nicht nur durch staatliche Propaganda und Repression erklärbar. Man kann nicht einfach

---

67 Stephen Jay Gould: **The Mismeasure of Man.** New York, 1996 (erweiterte und revidierte Neuausgabe; Ersterscheinung 1981).

davon ausgehen, dass allen Beteiligten bewusst war, dass sie letztlich unhaltbare Pseudo- und Propagandawissenschaft betrieben haben.[68]

Wunschdenken spielt bisweilen auch eine harmlosere und unterhaltsamere Rolle. In den Siebziger Jahren untersuchten die beiden Physiker Targ und Puthoff vom Stanford Resarch Institute Uri Gellers paranormale Kapazitäten und veröffentlichten in der Zeitschrift Nature ihre positiven Ergebnisse - sehr zum Vergnügen der Zauberkünstler dieser Welt.[69] Es kam und kommt gerade im Bereich der sogenannten PSI-Forschung öfters vor, dass Wissenschaftler mit Hilfe von Techniken aus der Zauberkunst gefoppt werden.[70]

Wie reagiert „die Wissenschaft" auf diese Einsichten? Man weiß mittlerweile natürlich um Fehlerquellen wie Vorurteile oder Wunschdenken und hat verschiedene Vorgehensweisen und Standards etabliert, um sie so weit wie möglich auszuschließen oder wenigstens so früh wie möglich zu erkennen. Oben habe ich skizziert, worauf es in der Forschung in erster Linie ankommt: Ohne Intersubjektivität und die darauf abzielende Methodik keine Belastbarkeit.

---

68 https://de.wikipedia.org/wiki/Deutsche_Physik
69 https://de.wikipedia.org/wiki/Uri_Geller
70 https://en.wikipedia.org/wiki/Project_Alpha

- Ein ganz praktisches Beispiel sind Studien zur Wirksamkeit von Medikamenten. Oft wird mit zwei Gruppen von Patienten gearbeitet. Eine Gruppe erhält das Medikament, die andere ein Placebo. Um Wunschdenken und andere verzerrende Einflüsse auszuschließen, haben die behandelnden Ärzte zum einen keinen Einfluss auf die Auswahl der Patienten und deren Zuteilung zu den Gruppen. Zum anderen wissen sie selber nicht, welchen Patienten sie das Medikament oder das Placebo verabreichen.

In diesem Sinne findet im Wissenschaftsbetrieb auch an anderen Stellen eine recht strenge Kontrolle zur Qualität von Daten und Belegen statt. Bei Veröffentlichungen gibt es eine systematische und institutionalisierte Prüfung in mindestens zwei Phasen:

- Jeder Aufsatz wird von anonymen Gutachtern geprüft, bevor er in einer Fachzeitschrift veröffentlicht wird. Dabei handelt es sich nicht um eine triviale oder rein formale Hürde: Gerade die angesehensten Fachzeitschriften lehnen die meisten eingesandten Arbeiten ab.

- Gleich nach der Veröffentlichung beginnt natürlich Phase zwei der Prüfung: Alle Experten sind eingeladen und aufgefordert, kritisch zu den jeweiligen Ergebnissen Stellung zu nehmen.

Das alles dient unter anderem dazu, (potentielle) individuelle Fehler oder Fehleinschätzungen durch ein Maximum an kritischer Begutachtung und Diskussion so früh wie möglich zu erkennen. Außerdem besteht ein nicht zu vernachlässigender Teil der wissenschaftlichen Fachliteratur darin, den jeweils aktuellen Forschungsstand zu einem Thema umfassend und kritisch zu beleuchten. Auch auf diesem Weg findet also Qualitätskontrolle statt:

- Einen so spannenden wie argumentativ exzellenten Beitrag zu diesem Themenkomplex liefert Fred Feldman mit seinem Buch *What is this Thing Called Happiness?*[71] Er setzt sich darin aus wissenschaftsphilosophischer Sicht sehr kritisch mit diversen psychologischen Untersuchungen zum Thema *Glück*, deren Begriffsbildung, Methodik und Aussagekraft auseinander.

- Im Bereich der Archäologie liefert der Historiker Frank Kolb ein interessantes und lehrreiches Beispiel in *Tatort „Troja". Geschichte - Mythen - Politik.* Ihm geht es um eine kritische Bewertung wissenschaftsfremder, also z.B. ideologischer, wirtschaftlicher oder gesellschaftlicher Einflüsse auf die Troja-Forschung.[72]

- Gegen die von ihnen konstatierte Ideologisierung, Unwissenschaftlichkeit und geistige Verflachung auf dem weiten Feld der Gender-Studien wenden sich Helen Pluckrose und James Lindsay in *Cynical Theories. How*

71 Oxford, 2010.
72 Paderborn, 2010.

Universities Made Everything about Race, Gender, and Identity - and Why This Harms Everybody.[73]

Also: Hohe Hürden für Veröffentlichungen, professionelle Begutachtung von Daten und Ergebnissen, akribisch durchdachte Versuchsgestaltung, kritische und kontroverse Debatten zur Qualitätssicherung - auch über einzelne Disziplinen hinweg - sind ein wesentlicher Bestandteil des Projekts Wissenschaft. Es ist keineswegs so, dass alle Wissenschaftler bereitwillig akzeptieren, was ihre Kollegen abliefern. „Die Wissenschaft" weist viel mehr Dissens auf, als die Öffentlichkeit in der Regel wahrnimmt.

Dazu kommt, dass die moderne Wissenschaft ausgesprochen dezentral organisiert ist. Weltweit arbeiten viele Personen in zahlreichen, voneinander unabhängigen staatlichen und privaten Universitäten, Forschungseinrichtungen oder Institutionen an den gleichen, ähnlichen oder sich überlappenden Fragestellungen. Dieses hoch dynamische „System" sorgt für starke Konkurrenz der Beteiligten und in Folge für eine allen bewusste Kontrolle der Ergebnisse. Veröffentlicht eine Forschungsgruppe Daten oder Resultate, die die Ansätze einer anderen in Frage stellen, beginnt die kritische Diskussion - man will natürlich herausfinden, „was da los ist". Gelingt es z.B. einem Forscher, einen allgemein akzeptierten Theorievorschlag als unplausibel zu erweisen oder signifikante Lücken darin nachzuweisen, so

73 Durham, 2020.

steigert das seine Reputation enorm. Gleiches gilt natürlich, wenn er seine eigene Theorie oder - realistischer - die Theorie seines Teams gegen alle Kritik etablieren kann. Kurz: Die Kriterien zu Transparenz und Nachvollziehbarkeit sollen ein Maximum an Angreifbarkeit sichern; die Konkurrenz einer enormen Vielfalt an Forschergruppen sorgt dann für Angriffe, unter denen sich Daten und Theorien bewähren müssen.

Ziel des ganzen Systems an Transparenz und Kontrolle ist es natürlich, den Bestand an wissenschaftlichen Daten auf qualitativ höchstes Niveau zu bringen und dort zu halten. Durch diese und andere Mechanismen der Qualitätskontrolle sind oben erwähnte Irr- und Holzwege im Laufe der Zeit dann auch erkannt, benannt und korrigiert worden. Sie konnten auf Dauer nicht mit qualitativ hochwertigen Daten unter einen Hut gebracht werden. Die entsprechenden Theorien wurden wieder verworfen.

Mein Fazit: Die Behauptung, „die Wissenschaft" würde im Rahmen einer Verschwörung systematisch Ergebnisse verfälschen und gezielt falsche oder irreführende Daten verbreiten, muss angesichts dieser und anderer Elemente der Qualitätskontrolle im Wissenschaftsbetrieb als sehr unplausibel eingestuft werden. Wie könnten denn in der Praxis die ganzen Kontrollmechanismen flächendeckend umgangen und ausgehebelt werden? Auch eine Ersteinschätzung gemäß Kapitel 3 zeigt, wie unwahrscheinlich es ist, dass eine derart große, sogar weltumspannend angelegte Verschwörung in einem extrem dezentral organisierten Gesamtsystem wie „der Wissenschaft" oder auch nur einer ihrer Teildisziplinen funktionieren könnte. Wie sähe denn das Instrument aus, mit dem dieser internationale, enorm vielfältige und vielschichtige Wissenschaftsbetrieb gleichgeschaltet werden kann? Wo sind denn die *Whistleblower*, die diese angebliche Verschwörung aufdecken und die es bei so vielen Beteiligten mit Sicherheit geben würde? Wie ist denn die immense Vielfalt an Theorie- und Forschungsansätzen, auch in jeder Einzeldisziplin, vor dem Hintergrund einer angeblichen „Gleichschaltung" zu erklären?

Wissenschaft und Manipulation

Ein ähnlicher Einwand gegen die Glaubwürdigkeit der Wissenschaft und ihrer Kontrollsysteme verweist auf eine lange Liste bewussten Betrugs und absichtlicher Täuschung durch einzelne Wissenschaftler. Hier einige drastische Beispiele zur Veranschaulichung:[74]

- Der Historiker Alfred Dieck (gest. 1989) hat sich im Laufe seines Lebens den Ruf als „Moorleichenpabst"

---

74 Ein erster Überblick dazu:
https://de.wikipedia.org/wiki/Betrug_und_F%C3%A4lschung_in_der_Wissenschaft.;
https://en.wikipedia.org/wiki/List_of_scientific_misconduct_incidents. Hintergründe und Umfang werden hier sehr anschaulich und nachvollziehbar beleuchtet:
https://www.ncbi.nlm.nih.gov/pmc/articles/PMC1796756/;
https://www.alumniportal-deutschland.org/en/science-research/news-from-science/fraud-in-science/;
https://www.nature.com/articles/ejcn201417

erarbeitet. Er dokumentierte über Jahrzehnte hinweg zahlreiche Funde von Moorleichen in ganz Europa, publizierte dazu viele Aufsätze und hatte damit begonnen, die Funde in Katalogform zu veröffentlichen. Das Problem: Sehr viele dieser angeblichen Funde sind so schlecht belegt, dass man davon ausgehen muss, dass sie von Dieck erfunden oder zumindest stark ausgeschmückt und „angereichert“ wurden. Erst nach seinem Tode begann die Fachwelt, seine Ergebnisse in Zweifel zu ziehen und systematisch zu überprüfen.[75]

- Der Physiker Jan Hendrik Schön (geb. 1970) veröffentlichte während seiner Arbeit am Thema *Nanotechnologie* in den angesehenen Bell Laboratories in den USA eine enorme Zahl an hoch interessanten Ergebnissen seiner Experimente und Forschungen. Im Spitzenjahr 2001 brachte er es tatsächlich auf einen Schnitt von einem Artikel pro Woche! Mehr als ein Dutzend dieser Arbeiten erschien in sehr renommierten Fachzeitschriften. Er stand kurz vor der Berufung zum Direktor an das Max Planck Institut in Stuttgart. Das Problem: Einige Fachkollegen wurden ob Menge und Inhalt seiner Resultate stutzig und begannen mit Nachprüfungen. Das Ergebnis: Schön hatte Daten und Versuchsergebnisse in großem Umfang gefälscht; er wurde fristlos entlassen.[76]

---

75 https://de.wikipedia.org/wiki/Alfred_Dieck

76 Das zeigt, dass leider auch die Qualitätskontrollen für Veröffentlichungen bisweilen versagen.
https://en.wikipedia.org/wiki/Sch%C3%B6n_scandal

- Die Krebsforscher Friedhelm Herrmann und Marion Brach galten in den Neunziger Jahren als herausragende Koryphäen ihres Fachgebietes. Menge und Qualität ihrer Forschungsergebnisse waren mehr als beeindruckend. Deutsche Krebshilfe und Deutsche Forschungsgemeinschaft stellten sehr hohe Summen für Forschungen bereit. Brach begann als Mitarbeiterin Herrmanns, hatte zum Schluss einen Lehrstuhl in Lübeck, Herrmann in Ulm. Das Problem: Es wurde bewiesen, dass dieses Dreamteam zwischen 1988 und 1996 in erschreckendem Ausmaß Ergebnisse und Daten gefälscht und Ideen anderer Forscher gestohlen hatte. Der Anstoß zur Aufdeckung dieses Betruges kam übrigens von einem Mitarbeiter der Forschungsgruppe.[77]

Der Verdacht liegt nahe: Könnte es nicht sein, dass wissenschaftliche Ergebnisse zwar nicht durch eine groß angelegte Verschwörung, aber durch vielfältige individuelle Trickssereien und Schummeleien systematisch verzerrt werden und somit ihre Brauchbarkeit grundsätzlich angezweifelt werden muss? Werden dadurch Glaubwürdigkeit und epistemische Kompetenz der „Datenquelle Wissenschaft“ nicht stark gemindert oder sogar ganz in Frage gestellt?

---

77 Im Internet finden sich zahlreiche Darstellungen dieses riesigen Skandals; diese schildert die wichtigsten Aspekte sehr knapp und klar: http://anstageslicht.hauptsache.net/menschen-dahinter/prof-dr-eberhard-hildt/. Auf die menschlichen Abgründe der Affäre zielt dieser Artikel ab: https://www.focus.de/politik/deutschland/wissenschaft-sex-luegen-und-psychotricks_aid_166355.html

Die im letzten Abschnitt im Umriss skizzierten Kontrollmechanismen sind auch für diese Frage relevant. Sie erzeugen natürlich Druck zu gewissenhafter Arbeit. Dieser Druck ist bei Wissenschaftlern allgemein bekannt, spürbar und erhöht das Risiko für potentielle Fälscher und Trickser enorm. Positiv und etwas zynisch ausgedrückt: Die Motivation zu ehrlicher Forschungsarbeit wird dadurch erhöht. Trotzdem nehmen immer wieder bestimmte Personen dieses Risiko in Kauf und versuchen, durch Täuschung an ihr Ziel zu kommen. Die Motive und Rahmenbedingungen dafür sind vielfältig und auch aus anderen Lebensbereichen bekannt: Ruhmsucht, Rechthaberei, Karrierestreben, Habgier, Konkurrenzdruck, Erfolgs- bzw. Veröffentlichungsdruck oder Versagensangst … vermutlich auch die fatale Dynamik, einmal begangene Manipulationen durch weitere decken und vertuschen zu wollen.

Also: Manipulation in den Wissenschaften kommt vor, ist keine Erfindung verschrobener Verschwörungstheoretiker. Auch im Wissenschaftsbetrieb wird getrickst, geschönt, geflunkert, betrogen und gelogen. Wie halt überall, wenn die Gattung Mensch am Werk ist. Die entscheidende Frage ist aber, ob und wie weit dadurch der Wissenschaftsbetrieb und seine Resultate als Ganzes diskreditiert werden. Deshalb ist ein genauerer Blick auf das Phänomen angebracht.

Täuschung und Manipulation finden sich tatsächlich bereits im Eingangsbereich zur Welt der Wissenschaft. Ich werde z.B. von meiner Fakultät immer wieder einmal aufgefordert, darauf zu achten, dass Seminararbeiten keine Plagiate sind oder solche enthalten und tatsächlich vom

„offiziellen“ Verfasser angefertigt wurden. Durch Unterschrift müssen unsere Studenten ihre Autorschaft bestätigen. Schon seit längerem wird Software zur Plagiatserkennung eingesetzt.[78] Allgemein bekannt sind auf etwas fortgeschrittener Stufe die Plagiatsvorwürfe und Betrugsversuche bei Doktorarbeiten. Dabei sind im Lauf der Jahre einige Politiker ins Fadenkreuz berechtigter Kritik geraten und mussten sogar ihre Karriere beenden oder auf ihren Titel verzichten. Darunter so bekannte Persönlichkeiten wie der ehemalige Verteidigungsminister Freiherr von und zu Guttenberg, Ex-Bildungsministerin (!) Annette Schavan und Franziska Giffey, Bundesministerin für Familie, Frauen, Senioren und Jugend.

Was ist von solchen Fällen zu halten? Die Glaubwürdigkeit der Wissenschaft als Gesamtsystem wird dadurch nicht beeinträchtigt - eher die der Politik. Erstens gibt es, wie eben skizziert, auf allen Ebenen Kontrollen und Sanktionen. Diese sind, wie immer und überall, nicht perfekt. Aber: Das Problem ist erkannt und wird bearbeitet. Zweitens hält sich die Zahl der aufgedeckten Plagiatsfälle in Grenzen; selbst an großen Universitäten handelt es sich um seltene Ausnahmen.[79] Drittens dürfte es sich auf dieser Ebene nicht um inhaltlich schwerwiegende Fälle handeln.

---

78 https://www.bayerische-staatszeitung.de/staatszeitung/leben-in-bayern/detailansicht-leben-in-bayern/artikel/unis-gehen-mit-google-auf-plagiatsjagd.html#topPosition

79 https://www.tag24.de/nachrichten/plagiat-universitaet-pruefung-software-google-1248865

Abschreiben und Ideenklau verfälschen zum einen ja keine Daten; Seminar- und Abschlussarbeiten beeinflussen zum anderen den Gang der Wissenschaft nur im extremen Ausnahmefall.

Leider gelingt es Manipulatoren auch im Zentrum des Wissenschaftsbetriebes immer wieder, sämtliche Kontrollen zu umgehen, eine Karriere auf Täuschung und Betrug zu gründen und damit die Forschung auf einen Holzweg zu schicken. Aber auch hier gilt: Plagiate und Ideendiebstahl sind zwar moralisch verwerflich, führen aber zu keiner inhaltlichen Verzerrung wissenschaftlicher Ergebnisse. Gleiches gilt für Karrierelügen: Wer fälschlicherweise eine Mitgliedschaft in renommierten Einrichtungen angibt, seine Veröffentlichungsliste mit fiktiven Einträgen aufbläht, um seinen akademischen Lebenslauf aufzupolieren oder gar seine Promotions- oder Habilitationsurkunde fälscht, der liefert Stoff für Krimiautoren. Auf die wissenschaftliche Datenlage hat so etwas keinen Einfluss.

Anders ist das natürlich bei Manipulation oder Fälschung von Forschungsergebnissen, Daten und Belegen. Diese Fälle gibt es; bei einigen hat es lange gedauert, bis sie erkannt wurden. Betrachtet man sie etwas genauer, fällt Folgendes auf:

- Es handelt sich in aller Regel um Betrug durch ein oder zwei Personen, die bereits ihr unmittelbares Umfeld, also ein Institut oder eine Forschungseinrichtung, zu betrügen versuchen. Außerhalb von Diktaturen, die grundsätzlich die Freiheit von Forschung und Lehre nicht respektieren, gibt es nur sehr wenig bekannten Fälle von bewusster und gezielter Manipulation durch größere Teams oder Einheiten wie ganzen Instituten oder Forschergruppen.[80]

- Das Risiko der Betrüger steigt natürlich, wenn die Pseudo-Ergebnisse so interessant und wichtig sind, dass andere Wissenschaftler sie für ihre eigene Arbeit auswerten, aufgreifen und darauf aufbauen. Oder sie mit den eigenen Ergebnissen nicht in Einklang bringen können. Jemand merkt dann wahrscheinlich schnell, dass irgend etwas nicht stimmen kann. Die Annahme ist also plausibel, dass Manipulationen in wirklich wichtigen Bereichen zügig entdeckt werden. Ein Beispiel dafür, wie intensiv wichtige Forschungsergebnisse diskutiert werden, erleben wir gerade im Zusammenhang mit der Arbeit von Virologen im Rahmen der Corona-Pandemie. So gut wie jede Studie wird im Detail und mit voller Energie auf mögliche Schwachstellen, Ungenauigkeiten oder Fehlschlüsse untersucht - und das in aller Öffentlichkeit!

- Betrachtet man die bis heute bekannt gewordenen Fälle von Betrug und Manipulation in ihrer Gesamtheit, so fällt auf, dass es sich insgesamt betrachtet um extrem

80 Ein sehr bekannter Fall aus der Zeit des Stalinismus ist die Karriere Trofim Lyssenkos. https://de.wikipedia.org/wiki/Lyssenkoismus. Wie wahrscheinlich ist es, dass das auch bei uns so läuft?

wenige Vorfälle handelt.[81] Gerade deshalb erhalten sie ja so viel Aufmerksamkeit in der Öffentlichkeit: Sie sind die seltene Ausnahme und eben nicht die Regel.

Mein Fazit: Ja, es gibt leider immer wieder Fälle von bewusster Manipulation und Betrug in den Wissenschaften - wie in allen anderen Lebensbereichen auch. Was wir darüber wissen, berechtigt aber nicht zu dem Schluss, die Ergebnisse wissenschaftlicher Forschung würden durch dieses Phänomen insgesamt signifikant verzerrt oder in ihrer Belastbarkeit grundsätzlich geschwächt. Meiner Ansicht nach ist der bedeutendste Grund, die Ergebnisse wissenschaftlicher Forschung prinzipiell mit einer gewissen Skepsis zu betrachten, nicht die Möglichkeit von Fälschung, Manipulation, Betrug oder gar Verschwörung. Das eigentliche Hauptproblem ist tief im menschlichen Unternehmen Wissenschaft verankert: Selbst unsere besten Theorien können sich als „ehrliche" Irrtümer erweisen. Und ob uns das gefällt oder nicht: Ohne die geht es nicht.

Zusammenfassung Kapitel 4

Die Qualität einer Theorie hängt sehr direkt von der Qualität der Daten und Belege ab, die diese Theorie stützen.

81 Eine auffallend hohe Konzentration ist im Bereich der Schnittstelle von Biologie und Medizin feststellbar. Warum das so sein könnte, wird von Franzen, Rödder und Weingart erläutert: https://www.ncbi.nlm.nih.gov/pmc/articles/PMC1796756/

Deren Qualitätsgrad ist im Normalfall nicht offensichtlich, sondern sollte genau geprüft werden.

- Eine Datenquelle sollte epistemisch kompetent sein, also inhaltlich zuverlässig.

- Eine Datenquelle sollte glaubwürdig sein.

- Daten sollten der Forderung nach Intersubjektivität genügen, d.h. so unabhängig wie möglich vom „Faktor Mensch“ gewonnen und geprüft werden.

- Wenn verschiedene, voneinander unabhängige, gleichermaßen epistemisch kompetente und glaubwürdige Quellen stimmige Daten liefern, dann erhöht das deren jeweilige Wertigkeit und Qualität.

- Daten sind im Normalfall theorieabhängig. Im Alltag betrifft das unsere Theorie zu Kompetenz und Glaubwürdigkeit von Zeugen; in der Wissenschaft z.B. unsere Theorien zu Beobachtungsinstrumenten und Vorgehensweisen zur Datengewinnung.

Folgende Argumente sprechen gegen eine weltumspannende Verschwörung der Wissenschaften zur Fälschung oder Manipulation von Daten:

- Der Wissenschaftsbetrieb hat zahlreiche interne und voneinander unabhängige Kontrollmechanismen zur Qualitätssicherung von Daten.

- Veröffentlichungen müssen den Weg zum Ergebnis so genau dokumentieren, dass andere Wissenschaftler den Versuch wiederholen oder zumindest auf Plausibilität prüfen können.

- Vor ihrer Veröffentlichung werden Fachartikel von unabhängigen und anonymen Gutachtern geprüft.

- Nach ihrer Veröffentlichung werden Ergebnisse von einer kompetenten und interessierten Fachwelt geprüft: Transparenz und Konkurrenz wirken als Kontrollmechanismen.

- Kritische Arbeiten zum jeweils aktuellen Forschungsstand einer Disziplin sind Teil des Wissenschaftsbetriebes.

- Eine Ersteinschätzung gemäß der Überlegungen aus Kapitel 3 zeigt, wie unwahrscheinlich es ist, dass eine derart groß, sogar weltumspannend angelegte Verschwörung in einem extrem dezentral organisierten Gesamtsystem wie „der Wissenschaft“ oder auch nur einer ihrer Teildisziplinen funktionieren könnte.

Folgende Argumente sprechen gegen die These, individuelle Manipulationen im Wissenschaftsbetrieb würden dessen Ergebnisse signifikant verfälschen und unglaubwürdig machen:

- Die oben skizzierten Kontrollmechanismen sprechen nicht nur gegen die These einer Verschwörung, sondern auch gegen die Wahrscheinlichkeit einer Verzerrung wissenschaftlicher Resultate im großen Stil durch eine Vielzahl voneinander unabhängiger Manipulationen und Tricksereien.

- Ideendiebstahl kommt tatsächlich auf allen Ebenen vor, verfälscht aber keine Ergebnisse.

- Bereits Seminar- und Abschlussarbeiten werden auf ihre Seriosität geprüft; Manipulationen auf dieser Ebene des Wissenschaftsbetriebes beeinflussen dessen Gang nur im extremen Ausnahmefall.

- Weltweit arbeiten heute eine enorme Zahl an Einzelforschern und Teams im Bereich der Wissenschaften. Betrachtet man die bis heute bekannt gewordenen Fälle von Betrug und Manipulation in ihrer Gesamtheit, so fällt auf, dass es sich insgesamt betrachtet um extrem wenige Vorfälle handelt.

Die Überlegungen in diesem Kapitel zeigen zwei Dinge: Erstens, dass die Frage nach der Qualität von Daten und Belegen sehr wichtig und nicht leicht zu beantworten ist. Zweitens, dass moralische Normen und Werte für das Projekt Wissenschaft und dessen Integrität ebenfalls sehr wichtig sind! Dem zweiten Aspekt werde ich mich in Kapitel 8 widmen.

Die Beispiele: Watergate, Chemtrails und QAnon

In diesem Kapitel liegt der Schwerpunkt auf den Daten und Belegen, die für eine Theorie ins Feld geführt werden. Erst ab dem nächsten Kapitel betrachte ich deren Zusammenhang mit der jeweiligen Theorie im Detail. Also: Welche Daten bieten die Vertreter der Beispiel-Theorien an und was ist von deren Qualität zu halten?

Die Watergate-Theorie

Bereits in den ersten Phasen der Watergate-Theorie bietet die Datenlage ein sehr solides Bild:

- Es gab sehr früh konkrete Hinweise bzw. Aussagen von epistemisch kompetenten und glaubwürdigen Informanten auf Beziehungen der Einbrecher zum CRP und darüber hinaus direkt ins Weiße Haus zum Umfeld Nixons.

- Es gab sehr früh schriftliche Belege für die Bezahlung der Einbrecher aus Mitteln des CRP.

Aus welchen Quellen stammten diese Daten?

- Die beiden Reporter Woodward und Bernstein erhielten immer wieder Teilinformationen über persönliche Kontakte zu Personen, die für das CRP oder das Weiße Haus arbeiteten. Von konkreten Hinweisen und Anregungen bis zu bloßen Bestätigungen oder Zurückweisungen von Vermutungen der Reporter war die ganze Bandbreite vertreten.

- Woodward hatte sehr früh Zugang zu einem hochrangigen Agenten des FBI, der berühmten Quelle Deep Throat. Dabei handelte es sich um Mark Felt, einen der Vize-Direktoren. Er versorgte Woodward mit ganz neuen Informationen, gab konkrete Hinweise, in welche Richtungen sich weitere Recherchen lohnen würden, bestätigte oder falsifizierte Daten aus anderen Quellen und skizzierte immer wieder, welche Trefferwirkung die Aufklärer mit ihren Artikeln in Regierungskreisen erzielten.

- Über eine Staatsanwaltschaft in Florida kamen Woodward und Bernstein an Schecks, die den Schluss erlauben, die Finanzierung des Einbruchs sei aus Mitteln der Republikanischen Partei geleistet worden. Die Echtheit der Schecks wurde von einer Person aus Nixons Umfeld bestätigt.

Wie wurde die Qualität der Daten gesichert?

- Die Washington Post entschloss sich sehr früh, nur solche Belege zu verwenden, die aus mindestens zwei jeweils für sich kompetenten, glaubwürdigen und voneinander unabhängigen Quellen stammten.

- Stellten sich Informationen als falsch oder fragwürdig heraus, wurden sie nicht weiter verwendet und ihre Quelle erneut einer Prüfung auf Kompetenz und Glaubwürdigkeit unterzogen.

- Ein beachtlicher Teil der Recherchearbeit kann als Qualitätssicherung der Daten eingestuft werden. Man bemühte sich immer wieder ganz intensiv um unabhängige Bestätigungen auch glaubwürdiger Aussagen, um neue Informanten bzw. Quellen und um die Beurteilung ihrer epistemischen Kompetenz und persönlichen Glaubwürdigkeit.

Mein Fazit: Die Watergate-Theorie verfügte sehr früh über einen beachtlichen Bestand eigenständiger Daten hoher Qualität.

Die Chemtrail-Theorie

Im Vergleich zur Watergate-Theorie kann man Umfang und Qualität des Datenbestandes der Chemtrail-Theorie guten Gewissens als dürftig bezeichnen.

- Ein Schwerpunkt liegt natürlich auf Photos von Kondensstreifen. Diese Photos sind in aller Regel echt. Es kommt aber auf deren Erklärung bzw. Interpretation an - Bedeutung und Qualität sind also theorieabhängig. Was heißt das? Physik und Meteorologie erheben den Anspruch, diese Kondensstreifen mit allen Eigenheiten sehr gut erklären zu können. Die Chemtrail-Theorie zweifelt das an. Ob diese Photos brauchbare Daten für die Chemtrail-Theorie sind, hängt also von der Qualität von Theorien ab. Die Photos für sich genommen beweisen erst einmal Nichts.

- Zweitens tauchen immer wieder Photos von Tanks bzw. Tanksystemen in Flugzeugen auf. Diese Tanks gibt es, niemand versucht deren Existenz zu verheimlichen. Es gibt sehr plausible Erklärungen dafür. Einerseits werden nämlich mit Wasser gefüllte Tanks in der Entwicklungsphase von Flugzeugen als Ballast eingesetzt, also zur Simulation von Fracht und Passagieren. Andererseits werden manche Maschinen tatsächlich mit Tanks ausgestattet, um etwas zu versprühen: Chemikalien im Einsatz gegen Ölteppiche auf dem Meer oder Wasser im Einsatz gegen Waldbrände. Auch hier gilt: Die Photos für sich genommen sind keine Daten hoher Qualität.[82] Es ist eher so, als würde man ein Photo von Kanzlerin Merkel als Beleg dafür heranziehen, dass außerirdische Reptiloiden Menschengestalt annehmen können.

- Drittens wird öfter darauf verwiesen, dass in einem angeblich sehr gut isolierten Teich eine „unnatürlich" hohe Konzentration an Aluminium gemessen wurde.[83] Aber auch dieser Beleg ist theorieabhängig. Er bedarf der theoretischen Interpretation und Einordnung. Einerseits ist die Behauptung falsch, der gemessene Wert sei „nicht normal". Aluminium ist praktisch überall und die im Teich gemessene Konzentration entspricht der zu erwartenden. Andererseits liegt besagter Teich sehr na-

82 Dazu ein kurzer und informativer Überblick: https://www.presseportal.de/pm/133833/4606121
83 Mick West: **Escaping the Rabbit Hole.** New York, 2018.

he an einem Feldweg und ist natürlich nach oben hin offen. Es sollen ja Partikel aufgefangen werden, die von Flugzeugen versprüht werden. Aluminiumpartikel können also durch Autos oder Wind aufgewirbelten Staub oder Sand in den Teich gelangt sein. Es wäre sogar sehr verwunderlich, wenn das nicht passiert wäre und sich im Teich nur Partikel gesammelt hätten, die „von oben" stammen. Das aber spricht klar gegen die Qualität der Teich-Daten bzw. deren Brauchbarkeit für die Chemtrail-Theorie.

Mein Fazit: Die Chemtrail-Theorie kann keine eigenständigen und qualitativ hochwertigen Daten oder Belege vorweisen. Besagte Photos oder Messwerte kann sie erst für sich reklamieren und in Muster-Erklärungen einbauen, wenn deren Alternativerklärungen geschwächt oder entkräftet wurden. Es ist aber abzusehen, dass das nicht funktionieren wird. Zumindest bemüht sich ein Teil der Vertreter dieser Theorie wenigstens darum, Daten und Belege zu liefern. Bei QAnon ist das nicht der Fall.

Das QAnon-Phänomen

Bei QAnon stellt sich natürlich als erstes die Frage nach Glaubwürdigkeit und epistemischer Kompetenz des angeblichen Insiders: Wer ist QAnon, kann man ihm vertrauen und sind seine Informationen zuverlässig? Damit wären wir auch schon beim Kernproblem: QAnon ist nach wie vor nicht bekannt und deshalb als Quelle nicht direkt einzuschätzen. Es gibt verschiedene Hypothesen zu seiner Identität - auch darüber, ob es sich um eine Einzelperson oder eine Gruppe handelt, deren Mitglieder das selbe Pseudonym benutzen. Auffällig ist zudem, dass QAnon schweigt, seit Trump die Wahl im November 2020 verloren hat.[84]

Wir sollten also einen Blick auf Indizien werfen, die eine indirekte Einschätzung seiner Qualität als Datenquelle ermöglichen:

- Viele Behauptungen QAnons sind sehr vage gehalten. Angeblich müsse das so sein, damit die Quelle nicht enttarnt werden könne. Diese Vagheit eröffnet natürlich sehr viele Interpretationsmöglichkeiten durch Anhänger und QAnon-Kundige - umso weniger belastbar sind diese Aussagen. Offensichtlich ist schon die Bedeutung der potentiellen Daten und Belege sehr unklar und rätselhaft.

- Es gibt von QAnon auch konkrete Vorhersagen. Diese haben sich aber so gut wie alle als falsch herausgestellt. Das schürt natürlich starke Zweifel an epistemischer Kompetenz und Glaubwürdigkeit. Hier ein paar Beispiele: Am 3. November 2017 hätte der „Tag der Abrechnung“ mit Massenverhaftungen stattfinden sollen - passiert ist Nichts. Für den 10. Februar 2018 hatte QAnon einen Massenselbstmord von pädophilen Satanisten

84 Unter dem Stichwort *Identität* findet sich eine Zusammenfassung der gängigsten Hypothesen: https://de.wikipedia.org/wiki/QAnon

(aus Angst vor Trumps Gegenschlag) angekündigt und für den 18. Februar einen Anschlag mit Autobombe in London - passiert ist Nichts. Im März 2018 hätte ein kompromittierendes Video mit Hillary Clinton in der Hauptrolle auftauchen sollen - wieder Nichts. Auch Vorhersagen allgemeiner Art sind nicht eingetroffen: Senator John McCain und Jack Dorsey (Twitter) sind nicht zurückgetreten, Marc Zuckerberg nie aus den USA geflohen … und immer wieder passierte Nichts, wenn QAnon über anstehende „große Dinge" orakelte. Den bisher vermutlich peinlichsten seiner Fehlschläge stellt Joe Bidens Vereidigung zum Präsidenten der USA am 20. Januar 2021 dar: Dieser Tag hätte eigentlich - wieder einmal - die „große Abrechnung" liefern und Massenverhaftungen, Schauprozesse und Hinrichtungen bieten sollen.

- Es gibt von QAnon zahlreiche Behauptungen bzw. „Theorien", die höchstwahrscheinlich falsch sind und für die keine Muster-Erklärungen geliefert werden. Auch dazu ein paar Beispiele: Die CIA habe Kim Jong-un in Nordkorea als Marionette installiert. Angela Merkel sei die Enkelin Adolf Hitlers. Das Schulmassaker in Parkland habe nie stattgefunden, es sei eine Inszenierung gewesen. QAnon übernimmt auch gerne Versatzstücke bereits bekannter Verschwörungstheorien: So habe J.P. Morgan 1912 die Titanic versenken lassen, um Konkurrenten zu beseitigen - und die (jüdischen) Rothschilds hätten eine lange Familientradition als Satanisten. Wie bereits mehrfach betont: Logisch möglich ist das alles - aber höchstwahrscheinlich kompletter Unfug.[85] Es werden Verschwörungsmärchen zur Stützung von Verschwörungsmärchen herangezogen. Das ist wie ein Crossover von Schneewittchen mit Rumpelstilzchen und Harry Potter.

Das alles spricht eindeutig dagegen, QAnon als brauchbare Datenquelle einzustufen. Es gibt allerdings ein noch gewichtigeres Argument dagegen - und das kommt von QAnon selbst: Er selbst spricht seinen Aussagen klar und deutlich den erkenntnistheoretischen Status als Daten und Belege ab! Was heißt das? QAnon muss ja irgendwie erklären, dass und warum er ständig Falschinformationen liefert. Diese Erklärung besteht in seiner Aussage, dass Falschinformationen wichtig im Kampf gegen die pädophilen Satanisten seien:

- Disinformation is necessary![86]

Anders ausgedrückt: Für QAnon handelt es sich gar nicht um Daten und Belege zur Stützung einer Theorie bzw. zur Entwicklung von Muster-Erklärungen! Es handelt sich bei den fraglichen Aussagen vielmehr um taktische Manöver zur Irreführung der Feinde oder zur Tarnung des Vorgehens der Gegenverschwörung. Konkret: QAnon sagt selbst, dass er keine Daten und Belege liefern möchte.

---

85 Eine lange Liste von Äußerungen QAnons wurde in Wikipedia zusammengestellt: https://en.wikipedia.org/wiki/QAnon; https://de.wikipedia.org/wiki/QAnon
86 https://en.wikipedia.org/wiki/QAnon

Mein Fazit: Auf Basis der uns vorliegenden Daten muss QAnon als Datenquelle von extrem schlechter Qualität eingestuft werden. Viele seiner Aussagen sind sehr unklar, seine konkreten Vorhersagen und Behauptungen normalerweise falsch. Zutreffende Vorhersagen und gut gestützte „explosive“ Behauptungen sind nicht bekannt. Darüber hinaus spricht er selbst seinen Aussagen den Status als Daten und Belege und somit sich selbst den einer Datenquelle ab. Das ist für mich ein weiterer Grund, das Phänomen QAnon nicht als Verschwörungstheorie, sondern als Verschwörungsmärchen einzustufen.

Vertiefende Lektüre

In diesen beiden Büchern finden sich zahlreiche Beispiele für den seriösen Umgang mit Daten und Belegen im Bereich der Wissenschaften:

Ernst Peter Fischer: **Das grosse Buch der Physik.** Köln, 2017.

Thomas Junker, Uwe Hoßfeld: **Die Entdeckung der Evolution. Eine revolutionäre Theorie und ihre Geschichte.** Darmstadt, 2009 (2. Auflage).

Zum Thema *Irrungen und Fälschungen* in den Wissenschaften lohnen sich diese beiden Titel:

Stephen Jay Gould: **The Mismeasure of Man.** New York, 1996 (erweiterte und revidierte Neuausgabe; Erstercheinung 1981). Gould liefert eine umfangreiche und auch historisch interessante Untersuchung zum Thema *Intelligenzforschung*.

William Broad und Nicholas Wade: **Betrayers of the Truth. Fraud and Deceit in Science.** Oxford, 1982. Inzwischen gab es natürlich neue Fälle von Fälschung und Manipulation in den Wissenschaften. Das Buch beschreibt aber einige „Klassiker“ auf diesem Gebiet sehr detailliert und erhellt viele Hintergründe. Und es ist sehr unterhaltsam.

Kapitel 5
Kann man eine Theorie zwingend beweisen?

Ein kurzer Rückblick: Kapitel 1 hat die Frage beantwortet, warum wir Verschwörungstheorien nicht pauschal als Unsinn abqualifizieren sollten. In Kapitel 2 habe ich skizziert, welche Mindestanforderungen für einen Theorievorschlag gelten. Welche Elemente muss eine Theorie enthalten und auf welche Fragen sollte sie Antworten liefern? In Kapitel 3 ging es darum, wie sich zügig eine Ersteinschätzung zu einem Theorievorschlag gewinnen lässt und welcher Zusammenhang mit der jeweiligen Begründungslast besteht. Kapitel 4 hat sich zum einen ausführlich mit der Qualitätskontrolle von Daten und Belegen auseinandergesetzt. Zum anderen habe ich das Thema *Verschwörung der Wissenschaften* unter die Lupe genommen, ein wichtiges Element vieler Verschwörungstheorien.

Nun geht es um den Zusammenhang zwischen Daten und Theoriekern, einem Herzstück jeder Beurteilung von Theorien. Warum wir den Theoriekern mit Daten und Belegen konfrontieren müssen, um zu Muster-Erklärungen zu kommen, habe ich schon erläutert: Logisch möglich ist vieles, solide begründbar nur weniges. Ausdenken kann man sich viel - aber was davon stimmt? Überlieferungen gibt es viele - aber welche davon sind haltbar? Viele Vermutungen hören sich erst einmal recht plausibel an - aber welche stimmen tatsächlich? Ohne Abgleich des Theoriekerns mit Daten und Belegen haben wir es mit bloßen Vermutungen zu tun, die „in der Luft hängen". Muster-Erklärungen sind gelungene Fälle dieses Abgleichs.

Jede Einführung in die Wissenschaftsphilosophie wird der Frage nach der Bestätigung von Theorien durch die Erfahrung großen Raum geben. Der Grund liegt auf der Hand: Die konsequente Konfrontation von Theorien mit der Realität durch Beobachtung und vor allem Experiment ist ein zentraler Teil der Erfolgsgeschichte der modernen Wissenschaft. Das Verhältnis zwischen Welt und Theorie wirft aber auch sehr viele und sehr tiefe Fragen auf - weit mehr als man vermuten würde. In diesem Kapitel geht es um eine dieser Fragen: Kann man eine Theorie zwingend beweisen? Das Ergebnis mag überraschen: Nein - das geht nicht. Deshalb sollte man diesen „zwingenden Beweis“ auch nicht von einer Verschwörungstheorie fordern.

Jenseits eines zwingenden Beweises haben wir aber Kriterien, die uns vernünftige Beurteilungen erlauben, ob und wie stark eine bestimmte Datenmenge eine Theorie tatsächlich stützt. Und diese Kriterien lassen sich wieder sehr gut auf Verschwörungstheorien anwenden. Im nächsten Kapitel widme ich mich dann der anderen Seite der Medaille: Kann man eine Theorie zwingend widerlegen?

Vorhersagen und Theoriekern

Ein sauber ausformulierter Theoriekern erlaubt es, Vorhersagen abzuleiten. Das sind Aussagen darüber, unter welchen Umständen oder Bedingungen gewisse Ereignisse eintreten werden. Vorhersagen sind, bildlich gesprochen, das Bindeglied zwischen Theorie und Welt.

- Ein klassisches Beispiel dafür ist die Berechnung der Planetenbahnen bzw. der Position eines Planeten zu einem bestimmten Zeitpunkt. Haben wir Daten zur Position des Planeten P zum Zeitpunkt t, dann können wir mit Hilfe der Gleichungen des Theoriekerns seine Position zum Zeitpunkt t+x berechnen. Finden wir dann durch Beobachtung den Planeten an der vorhergesagten Stelle, so ist das ein Indiz dafür, dass die Gesetze zur Berechnung der Planetenbahnen stimmen. Klappt das immer wieder und für alle Planeten (und Monde), so sind das sehr starke Indizien dafür, dass unsere Theorie zum Sonnensystem korrekt ist und tatsächlich die Realität erfasst.

- Vorhersagen können sich in gewisser Weise auch auf die Vergangenheit beziehen. Die Evolutionstheorie konstatiert immer wieder in einer Folge von Fossilienfunden eine Lücke. Wird diese später durch Fund eines Missing Link geschlossen, so ist das ein Indiz für die Korrektheit des Theoriekerns. Gleiches gilt für die Theorie zu unserem Sonnensystem. Man kann ja auch berechnen, dass es an einem bestimmten Tag in der Vergangenheit eine Sonnen- oder Mondfinsternis gegeben haben muss. Finden sich dann Belege aus glaubwürdigen Quellen, die tatsächlich für den fraglichen Tag davon berichten, spricht diese „Vorhersage zur Vergangenheit“ für den Theoriekern.

- Auch Alltagstheorien funktionieren so. Wenn meine Theorie zur Leistungsfähigkeit des öffentlichen Nahverkehrs in München besagt, dass die Münchner U-

Bahn bei 95% aller Fahrten pünktlich ist, dann ist klar, welche Daten dafür oder dagegen sprechen. Besagt die Theorie eines Detektivs zum Tathergang, dass Person X zum Zeitpunkt t an einem bestimmten Ort gewesen sein muss und finden sich z.B. entsprechende Videoaufzeichnungen, dann spricht das für den Theoriekern.

Das führt zu einer naheliegenden These zum Verhältnis von Daten und Theoriekern:

- Passen die Vorhersagen immer wieder mit Beobachtungen, Daten und Belegen zusammen, so wird irgendwann der Punkt erreicht sein, an dem die Theorie als bewiesen gelten kann.

Die Wissenschaftstheorie hat lange versucht, diesen Punkt genau zu bestimmen - und ist damit gescheitert. Leider ist es nämlich nicht so einfach: Von noch so vielen „bestätigenden“ Daten führt kein Beweis zum Theoriekern. Anders ausgedrückt: Die Möglichkeit eines Irrtums lässt sich nie ganz ausschließen. Das zeigen die folgenden Überlegungen.

Warum Theorien sich nicht zwingend beweisen lassen

Einwand 1: Das logische Argument

Es ist nicht möglich, von einer noch so großen Zahl korrekter Vorhersagen mit Sicherheit auf die Wahrheit des Theoriekerns zu schließen, aus dem sie gewonnen oder abgeleitet wurden. Das Problem ist ein logisches: Man kann nämlich auch aus falschen Annahmen wahre Aussagen ableiten. Das klingt sehr abstrakt, kann aber anhand eines Beispiels anschaulich gemacht werden. Als Beispiel dient der mögliche Theoriekern einer nicht ganz unpopulären Verschwörungstheorie. Diese behauptet, wir würden in Wahrheit nicht von Menschen, sondern von außerirdischen Reptiloiden regiert. Die beiden ersten Annahmen sind (vermutlich) falsch, die Folgerung bzw. Vorhersage aber wahr:

- Alle Regierungschefs auf der Erde sind Reptiloiden vom Planeten Alpha-Phi.
- Reptiloiden vom Planeten Alpha-Phi sind die besten Gestaltwandler des Universums und können sich äußerlich in Lebewesen der Gattung Homo Sapiens verwandeln.
- Alle Reptiloiden, die auf unserer Erde Regierungschefs sind, haben tatsächlich eine Gestaltwandlung vorgenommen.

- **Also** sieht jeder Regierungschef auf unserer Erde wie ein Mensch aus.[87]

Selbst wenn wir jeden einzelnen Regierungschef genau unter die Lupe nehmen und jeder tatsächlich wie ein Mensch aussieht, so folgt daraus sicher nicht, dass er ein Gestaltwandler vom Planeten Alpha-Phi ist. Wir können

87 https://de.wikipedia.org/wiki/Reptiloide. Das mit dem Planeten Alpha-Phi habe ich mir selber ausgedacht - klingt gut.

also von noch so vielen „Bestätigungen“ und zutreffenden Vorhersagen nicht auf die Wahrheit der Annahmen, also des Theoriekerns schließen.[88]

Es ist also durchaus möglich, dass sich aus falschen Annahmen eine Folgerung gewinnen lässt, die stimmt. Deshalb kann man nicht automatisch von der Wahrheit der Folgerung bzw. deren mehrfacher Bestätigung durch geglückte Vorhersagen darauf schließen, dass auch die Annahmen stimmen. Das aber heißt, dass korrekte Vorhersagen auch aus einer falschen Theorie gewonnen werden können! Und somit können korrekte Vorhersagen nicht per se als Bestätigung der Theorie (bzw. ihres Theoriekerns) gelten, aus der sie gewonnen wurden. Die Frage, ob und wie Daten und Belege eine Theorie beweisen oder stützen können, muss also weiter untersucht werden.

Einwand 2: Das pragmatische Argument

Leider kann man die eben skizzierte Einsicht in Folgerungszusammenhänge nicht als logische Spielerei, als theoretisch möglich aber praktisch unwichtig wegschieben. Das hat mit einem Phänomen zu tun, das in der Wissenschaftsphilosophie als *Unterbestimmtheit von Theorien durch die*

---

88 Diese Art von Fehlschluss taucht regelmäßig im Rahmen von Verschwörungstheorien auf. Eine anschauliche Darstellung und Erklärung verschiedener Argumentformen und ihrer Verwendung im Alltag findet sich in Andreas Edmüller und Thomas Wilhelm: **Argumentieren**. Freiburg, 2011.

Erfahrung diskutiert wird. Was heißt das? Es ist möglich, dass zwei Theoriekerne sich in ihren Annahmen signifikant unterscheiden, beide aber auf der Beobachtungsebene zu den selben Vorhersagen führen. Dafür gibt es weniger exotische Beispiele als das mit den Reptiloiden; eines möchte ich kurz skizzieren:[89]

Das geozentrische Weltbild des Ptolemäus lässt aus prinzipiellen bzw. metaphysischen Gründen nur Kreisbewegungen mit konstanter Geschwindigkeit für Himmelskörper zu. Geht man aber von einfachen Kreisbewegungen aus, so erhält man zahlreiche falsche oder ungenaue Vorhersagen zur Position diverser Himmelskörper. Um zu besseren Berechnungen, also einem besseren Theoriekern zu kommen, kann man (mindestens) zwei Wege gehen:

- Zum einen kann man die Annahme einführen, dass zwar alle Himmelskörper eine perfekte Kreisbewegung ausführen, aber nicht um die Erde als Mittelpunkt kreisen. Wenn man den Mittelpunkt etwas versetzt, erhält man genauere Ergebnisse.

- Zum anderen kann man die Erde als Mittelpunkt aller Kreisbewegungen beibehalten, den Himmelskörpern aber eine zweite Kreisbewegung zuschreiben, die soge-

---

89 Das Beispiel findet sich wesentlich ausführlicher erklärt in Martin Carrier: **Wissenschaftstheorie zur Einführung.** Hamburg, 2006, Kapitel 2.

nannten *Epizykel*: Ein Planet kreist zwar um die Erde, bewegt sich auf seiner Kreisbahn aber noch einmal im Kreis um einen Mittelpunkt, der auf der primären Kreisbahn liegt und mit ihr wandert. Um die Vorhersagen noch genauer „hinzubekommen“ kann man zudem Epizykel zweiter und dritter Ordnung einführen …

Diese verschiedenen Ansätze und Elemente zur Verbesserung der Theorie lassen sich natürlich kombinieren - und wurden tatsächlich in das Ptolemäische System eingebaut. Worauf es für unsere Zwecke ankommt: Unterschiedliche Kombinationen von Annahmen zur Bewegung der Himmelskörper führen dabei zu denselben Vorhersagen. Sie sind auf Basis dieser Berechnungen also nicht unterscheidbar.

Dieses Problem durchzieht die Wissenschaften und ihre Entwicklung wie ein roter Faden: Man kann eine bestimmte Menge an qualitativ hochwertigen Daten auf verschiedene Art und Weise, also durch verschiedene Theoriekerne erklären:

- Man hat z.B. bestimmte Messdaten bezüglich des Verhaltens von Atomen und deren Bestandteilen und kann verschiedene Modelle des Atoms entwickeln, die gleichermaßen gut zu diesen Daten passen.

- Man hat eine endliche Menge an Zeitzeugenberichten, Urkunden und anderen Daten zum Reich der Römer oder Merowinger: Wie wahrscheinlich ist es, dass sich auf dieser Grundlage eine eindeutige Theorie zu den

Geschehnissen und Abläufen finden lässt, die besser zu den Daten passt als jede Alternative?

Also: Aus einer noch so großen Menge korrekter Vorhersagen, Daten und Belege lässt sich kein eindeutiger Rückschluss auf die Wahrheit der zugrundeliegenden Theorie durchführen - Theorien sind durch die Menge an Vorhersagen bzw. Daten unterbestimmt.

Einwand 3: Das Argument aus der Erfahrung

Es kommt tatsächlich immer wieder vor, dass Theorien aufgegeben werden, weil sich die Datenlage oder die Bewertung der Daten ändert. Es können z.B. ganz neue Daten auftauchen; das kann durch verbesserte oder innovative Beobachtungsmethoden geschehen.

- Ein klassisches Beispiel dafür ist die Beobachtung der Mondoberfläche und der Venusphasen durch Galilei mit Hilfe eines Teleskops. Die so gewonnenen Daten haben einen wichtigen Beitrag zur grundlegenden Revision der damals herrschenden kosmologischen Vorstellungen geliefert.

- Gleiches gilt für Newtons Theorie, die lange Zeit als Musterbeispiel exakter Vorhersagen und Berechnungen galt. Keplers Gesetze zur Planetenbewegung konnte Newton aus seiner Theorie der Schwerkraft ableiten - einer der größten Erfolge der Wissenschaft. Lediglich an einer Stelle, bei der Berechnung der Merkurbahn, gab es kleine Abweichungen. Diese konnte man zwar nicht erklären, nahm sie aber in der Hoffnung hin, im Laufe der Zeit eine theoriekonforme Antwort zu finden. Einsteins Relativitätstheorie ließ diese Abweichung aber in ganz anderem Licht erscheinen. Sie hat die Relevanz der Daten zu Merkur einschneidend verändert und es wurde schnell akzeptiert, dass Newtons Theorie nicht das letzte Wort sein kann.[90]

- Auch außerhalb der Naturwissenschaften geschieht das immer wieder. Besonders tragische Fälle kennen wir aus der Justiz. Neue Erkenntnisse, Zeugenaussagen oder Methoden wie die DNA-Analyse können im Nachhinein sehr starke Indizien dafür liefern, dass jemand zu Unrecht verurteilt wurde. Das kann passieren, auch wenn alle Beteiligten am Verfahren mit größter Sorgfalt und Redlichkeit gearbeitet haben und davon überzeugt waren, über eine wasserdichte Indizienkette zu verfügen, alle Daten zweifelsfrei in eine bestimmte Richtung zeigten.

- Jeder von uns kennt Ereignisse im Leben, die wir im Nachhinein anders interpretieren (müssen) als „damals" - obwohl alles darauf hindeutete, dass es gar nicht an-

90 https://www.spektrum.de/frage/was-hat-das-merkur-perihel-mit-einstein-zu-tun/1478819

ders sein konnte und wir „genau wussten“, was gespielt wurde …[91]

Das nüchterne Fazit: Auch eine sehr positive und prima facie eindeutige Datenlage erlaubt es nicht, mit absoluter Sicherheit auf die Wahrheit des jeweiligen Theoriekerns zu schließen. Ein Restrisiko, die Möglichkeit eines erkenntnistheoretisch legitimen und rationalen Zweifels, bleibt immer bestehen. Ganz handfest ausgedrückt: Selbst Theorien, die „funktionieren“ und gute Ergebnisse liefern können nie als endgültig bewiesen eingestuft werden.

Was bedeutet dieser philosophische Befund?

Ich diskutiere diese Problematik seit vielen Jahren mit Philosophen und Naturwissenschaftlern verschiedenster Disziplinen. Dabei fällt auf, dass letztere ausgesprochen offen für diese Erkenntnis sind. Das gilt offenbar auch für Nobelpreisträger in Physik:

- We learn to abandon the search for certainty, because the explanations that make us happy never are certain.[92]

---

91 Auch auf die Gefahr hin mich zu wiederholen: Als Konfliktmanager konnte ich 25 Jahre lang ausgiebigste Erfahrungen zur Fehlbarkeit von Theorien im Bereich zwischenmenschlicher Konstellationen sammeln.
92 Steven Weinberg: **To Explain the World. The Discovery of Modern Science.** New York, 2015; S. 255.

Mein Eindruck ist, dass die meisten Wissenschaftler recht pragmatisch und unideologisch an ihre Forschungsarbeit herangehen: Sie suchen in ihrer täglichen Praxis gar nicht verbissen nach dem Stein der Weisen, nach unerschütterlicher Erkenntnis. Diese Idee spielt eher die Rolle einer Vision, eines Leitsterns, eines Orientierungspunktes. Sie wollen mit ihrer Arbeit ganz einfach herausfinden, wie die Dinge wirklich sind und wie man bestimmte Sachen hinkriegen kann. Sie haben akzeptiert, dass das Ausloten von Sackgassen, das präzise Ausformulieren von Irrtümern, das Ausprobieren von Ideen, das Verwerfen alter und Entwickeln klügerer Fragen den weitaus größten Teil dieser Suche ausmachen. Es gibt letztlich keine Erfolgsgarantie und es kann sie auch nicht geben kann. Wie sähe diese denn aus? Mir hat es ein befreundeter Physiker einmal so erklärt:

- In 300 Jahren wissen unsere Nachfolger genau, was wir falsch gemacht, nicht erkannt und übersehen haben. Aber ich hoffe, sie werden uns für diese ganzen Verhauer dankbar sein - weil wir ihnen damit viel Arbeit erspart haben.[93]

---

93 Vielen Philosophen fällt es schwer, sich von der Idee eines uns zugänglichen, unerschütterlichen und objektiven Wissensbestandes zu verabschieden. Spätestens seit Platon sucht unser Berufsstand ja genau danach. Hier spukt der Mythos des Gegebenen noch deutlich in vielen Köpfen herum. Und vielleicht auch der Wunsch, zu unserem Wissen über die Welt in Analogie zu den Naturwissenschaften beitragen zu können - nur etwas besser. Eine sehr kompetente und klare Skizze dieser Illusion bzw. Problematik liefert Hans Albert: **Traktat über kritische Vernunft.** Tübingen, 1991/2010 (5. Auflage).

Ist das aber nicht Wasser auf die Mühlen all derer, die Wissenschaft grundsätzlich in Zweifel ziehen oder gleich ganz ablehnen - wie z.B. religiöse Kreationisten, alle möglichen Esoteriker und viele Verschwörungstheoretiker? Haben sie damit nicht ein zugkräftiges Argument gegen den Einwand, sie könnten ihre Theorien nicht beweisen? Können Sie nicht einfach den Spieß umdrehen und darauf hinweisen, dass es auch im Bereich der Wissenschaften keine zwingenden Beweise gibt? Nein - gerade für sie ist diese Einsicht fatal. Absolut sicheres Wissen über die Welt gibt es nicht. Aber, und das ist ein sehr großes *Aber:* Dass eine Theorie nicht zwingend bewiesen werden kann heißt ja nicht, dass

- sie unplausibel oder falsch ist - vielleicht ist sie ja tatsächlich ein wichtiger Meilenstein auf dem richtigen Weg;
- sie verworfen werden muss, weil sie ein paar Dinge (noch) nicht erklären kann;
- es irrational ist, sie zu akzeptieren;
- es rational ist, jede beliebige Alternative zu akzeptieren;
- wir nicht damit arbeiten können;
- sie nicht die beste aller verfügbaren Alternativen ist;
- alle Theorievorschläge erkenntnistheoretisch gleichwertig sind;

- alle Theorievorschläge wissenschaftlich gleichwertig sind;

- sie intellektuell wertlos oder fragwürdig ist, wenn sie sich als falsch erweist;

- das Projekt Wissenschaft sinnlos oder überflüssig ist.

Anders ausgedrückt: Auch wenn wir Theorien bzw. deren Wahrheit nicht zwingend beweisen können, so folgt daraus keineswegs, dass alle Theorievorschläge gleichwertig sind. Wir können sehr wohl gute Gründe dafür haben, an einer Theorie festzuhalten, mit ihr zu arbeiten, sie als Standard zu akzeptieren. Und wir können gute Gründe dafür haben, andere Theorien zu verwerfen, sie nicht weiter zu entwickeln, sie nicht zur Entscheidungsfindung heranzuziehen. Das lässt sich anhand konkreter Beispiele verständlich machen und konkretisieren.

Newtons Physik

Betrachten wir Newtons Theorie bevor Einstein die Physik erneut revolutionierte. Der Nobelpreisträger Michelson fasste die damalige Expertenmeinung so zusammen:

- Die wichtigsten grundlegenden Gesetze und Tatsachen der Physik sind entdeckt und daher ist die Wahrscheinlichkeit, dass sie jemand durch neue Entdeckungen ergänzt, äußerst gering.[94]

Damals wurde mit sehr guten Gründen für Newtons Physik eingetreten. Sie zu akzeptieren war damals vernünftig und ist das auch noch aus heutiger Sicht - obwohl wir sie mittlerweile als falsch betrachten. Wie ist das zu verstehen? Ein ganz zentraler Grund springt sofort ins Auge: Sie liefert beeindruckende Muster-Erklärungen, also sehr viele sehr genaue Vorhersagen. Die Keplerschen Gesetze der Planetenbewegung lassen sich, wie bereits erläutert, aus Newtons Konzeption der Schwerkraft ableiten. Zusätzlich konnte man im Rahmen Newtons Schritt für Schritt immer wieder neue Phänomene theoretisch erfassen und präzise Vorhersagen ableiten, die dann auch eintrafen. Außerdem können wir mit Newtons Theorie auch jenseits der Grundlagenforschung gut arbeiten. Seine Theorie erlaubt viele

94 So Albert Abraham Michelson im Jahre 1908; 1907 hatte er den Nobelpreis für Physik erhalten. https://de.wikipedia.org/wiki/Albert_Abraham_Michelson. Einstein legte seine Arbeiten 1905 und 1916 vor.

Anwendungen und Berechnungen, die sich in der technischen Umsetzung bewähren. Salopp formuliert: Sein Ansatz funktioniert. Indizien dafür sind alle Anwendungen im Rahmen der klassischen Mechanik, deren Grundlegung mittels dreier Gleichungen wir Newton verdanken.[95]

Newtons Ansatz weist also eine sehr dynamische Entwicklung auf und führte auf Basis hochwertiger Daten immer wieder zu neuen Einsichten und konkreten Anwendungen. Das ließ hoffen, dass Phänomene wie z.B. die Merkurbahn, die noch nicht erklärt werden können, über kurz oder lang doch irgendwie integriert werden. Kurz:

- Newtons Physik liefert einige sehr leistungsstarke Muster-Erklärungen. Theoriekern und zahlreiche hochwertige Daten passen gut zusammen, sehr viele Vorhersagen treffen zu.

- Newtons Ansatz entwickelt sich sehr dynamisch: Es können immer mehr Phänomene bzw. Daten durch neue Muster-Erklärungen erfasst werden.

Damit hätten wir zwei recht plausible Qualitätskriterien für Theorien erkannt: Warum sollten wir an einem Theoriekern festhalten, der hochwertige Daten nicht zu Muster-Erklärungen verarbeiten kann? Und warum sollten wir an einem Theoriekern festhalten, der vielleicht die eine oder

95 https://de.wikipedia.org/wiki/Newtonsche_Gesetze

andere akzeptable Muster-Erklärung liefert - dann aber stagniert? Ist das nicht eine Einladung, nach besseren Alternativen zu suchen?

Der letzte Gedanke führt zu weiteren möglichen Qualitätskriterien für Theorien. Theorien lassen sich nämlich nicht nur für sich betrachten. Man kann den Blick über das „Binnenverhältnis“ von Daten und Theoriekern hinaus auch auf andere Theorien richten. Genauer: Man kann Theorien mit der Konkurrenz vergleichen.

Allerdings können die damals bekannten Alternativen zu Newton, z.B. die Wirbeltheorie des Rene Descartes, diesem Vergleich nicht standhalten: Die Wirbeltheorie hat, erstens, zu keinen vergleichbar leistungsstarken Muster-Erklärungen geführt. Zweitens stagnierte sie sehr früh in ihrer theoretischen Entwicklung. Für praktische Anwendungen ist die Wirbeltheorie ebenfalls keine Alternative zu Newton. Descartes` Theorie konnte also sehr viele hochwertige Daten auch nach relativ langer Zeit nicht integrieren.[96] Das Fazit dieses Vergleiches ist klar: Selbst wenn Newtons Theorie nicht perfekt ist - sie genügt den beiden oben skizzierten Qualitätskriterien besser als die Alternativen. Und deshalb sollten und können wir mit gutem Grund weiter mit ihr arbeiten, sie akzeptieren: Sie funktioniert

96 https://de.wikipedia.org/wiki/Mechanische_Erkl%C3%A4rungen_der_Gravitation

und eine bessere Theorie haben wir nicht. Man kann dieses Qualitätsmerkmal auch so formulieren:

- Je besser eine Theorie im Vergleich mit ihren Alternativen abschneidet, desto mehr Grund haben wir, weitere Anstrengungen in sie zu investieren: Sie „funktioniert" besser als alles, was wir haben.

Im Rückblick werden diese positiven Aspekte nicht auf Null reduziert, weil Einstein eine noch bessere Theorie als Newton entwickeln konnte. Zum einen lässt sich bezweifeln, dass ohne das konsequente und systematische Ausloten des Newtonschen Ansatzes Einstein die Ansatzpunkte und Denkanstöße für seine Überlegungen hätte haben können. Newton hat über seine konkreten Gleichungen hinaus ja auch über ganz grundsätzliche bzw. philosophische Fragestellungen nachgedacht. Mit Leibniz hat er sich z.B. intensiv darüber ausgetauscht, wie Zeit und Raum sich verstehen und beschreiben lassen.[97]

Zum anderen ist klar, dass die Entwicklung der Newtonschen Physik jenseits konkreter Ergebnisse und Anwendungen uns sehr wichtige Einsichten in wissenschaftliches Denken und Experimentieren verschafft hat, die auch weiterhin Bestand haben. So hat Newton über seine erfolgrei-

---

97 Der berühmte Briefwechsel mit Clarke, dem Sprachrohr Newtons, findet sich in: G.W. Leibniz: **Hauptschriften zur Grundlegung der Philosophie. Band 1.** Hrsg.: Ernst Cassirer, Hamburg, 1966 (3. Auflage).) Also: Ohne Newton (vermutlich) kein Einstein.

che Postulierung einer Fernwirkung, nämlich der Schwerkraft, das rein mechanistischc Weltbild der Naturwissenschaften und deren Erklärungsmodell einschneidend und dauerhaft verändert. Damit hat er eine ganz neue Entwicklungslinie für theoretische Ansätze eröffnet. Und so wären wir einem weiteren Qualitätsmerkmal auf die Spur gekommen:

- Eine Theorie kann falsch sein, aber trotzdem unseren Forschungshorizont oder unsere wissenschaftliche Vorgehensweise bzw. Methodik erweitern.

Also: Newtons Theorie war, ist und bleibt **erkenntnistheoretisch respektabe**l, weil sie gute Muster-Erklärungen liefert, eine dynamische Entwicklung aufweist und sehr lange Zeit besser als alle Alternativen war. Zudem erweitert sie unseren Forschungshorizont und bereichert unsere wissenschaftliche Vorgehensweise. Diese Qualitätskriterien können erfüllt sein, auch wenn sich nach einiger Zeit herausstellen sollte, dass die Theorie doch nicht haltbar ist.

Ptolemäus

Auch heute noch betrachten wir völlig zu Recht die Theorie des Ptolemäus mit Hochachtung. Aber warum? Schließlich ist für ihn die Erde und nicht die Sonne im Mittelpunkt des Systems, arbeitet Ptolemäus mit einer falschen Zahl relevanter Himmelskörper und schreibt ihnen komplex verschachtelte Kreisbewegungen statt elliptischer Bahnen zu. Viel weiter kann man doch nicht danebenliegen?

Ja, Ptolemäus hat sich geirrt. Es gibt aber, genau wie im Falle Newtons, sehr gute Gründe, seine Theorie als wissenschaftlich akzeptabel einzuschätzen. Was heißt das? Ptolemäus hat mit seinem kosmologischen Modell durchaus beeindruckende Muster-Erklärungen erarbeitet. Obwohl er aus heutiger Sicht vieles nicht richtig erkannte, war es ihm möglich, Schritt für Schritt eine Vielzahl der für ihn verfügbaren und hochwertigen Daten in seine Theorie zu integrieren:

- Ptolemäus liefert einige sehr leistungsstarke Muster-Erklärungen. Theoriekern und zahlreiche hochwertige Daten passen gut zusammen; viele Vorhersagen sind ziemlich genau.

Die Präzision seines Ansatzes und die Konsequenz in dessen Ausgestaltung führten auch zur Erkenntnis, dass es nicht nur stimmige, sondern eben auch viele sperrige Daten gab - und welche das waren. Konkret: Viele Beobachtungen passten nicht zum Theoriekern in seiner ursprünglichen Fassung. Das wiederum lieferte Ansatzpunkte für weitere theoretische Entwicklungen. Eine davon, die Theorie der Epizykel, habe ich schon kurz skizziert. Das entspricht dem Kriterium der dynamischen Entwicklung:

- Der Ansatz des Ptolemäus entwickelte sich recht dynamisch: Es konnten durch Änderungen am Theoriekern immer mehr hochwertige Daten durch neue Muster-Erklärungen erfasst werden; viele Vorhersagen wurden genauer.

Und ähnlich wie bei Newtons Physik lässt sich feststellen, dass es über Jahrhunderte hinweg keine theoretische oder praktische Alternative zu Ptolemäus gab. z.B. für die Zwecke der Navigation auf See. Also:

- Die Theorie des Ptolemäus war lange Zeit auf theoretischer und praktischer Ebene den Alternativen klar überlegen.

Trotz aller Verbesserungen und mathematischen Verfeinerungen gelang es nicht, sämtliche offenen Fragen zufriedenstellend zu beantworten. Über das akribische Ausloten und Prüfen dieser möglichen Entwicklungslinien kam man aber später zu der Einsicht, dass man vielleicht über das Prinzip der Kreisbewegung für Himmelskörper nachdenken könne und müsse ... was für die kosmologische Forschung wiederum ganz neue Möglichkeiten der Theoriebildung eröffnete. Dieser Schritt wurde von Ptolemäus zwar nicht vollzogen, sicher aber mit vorbereitet.

Darüber hinaus verdanken wir ihm eine sehr beeindruckende und gelungene Umsetzung der bahnbrechenden Idee, Naturerscheinungen mit Hilfe der Mathematik präzise zu beschreiben und zu erfassen. Für uns ist das heute selbstverständlich - man muss aber erst einmal auf diese Möglichkeit kommen und sie praktisch erproben. Dieser Ansatz, Wissenschaft zu betreiben hat die konkreten Inhalte seiner Kosmologie überlebt und sich als wissenschaftlich enorm fruchtbar erwiesen. Also:

- Die Theorie des Ptolemäus hat unsere wissenschaftliche Vorgehensweise und Methodik bereichert.

Mein Fazit: Auch die Theorie des Ptolemäus ist falsch, aber **erkenntnistheoretisch respektabel.** Sie baut auf hochwertigen Daten gute Muster-Erklärungen auf, weist eine dynamische Entwicklung auf und war über einen sehr langen Zeitraum auf theoretischer und praktischer Ebene besser als alle Alternativen. Zudem gelang es ihr, durch den konsequenten Ansatz der Mathematisierung unsere wissenschaftliche Vorgehensweise enorm zu bereichern.

Wie beurteilen wir die Qualität von Theorien?

Die beiden Beispiele zeigen, dass wir sehr wohl Qualitätsunterschiede bei Theorien feststellen können. Diese Kriterien zielen nicht in erster Linie auf Wahrheit oder Beweisbarkeit, sondern auf **erkenntnistheoretische Respektabilität**. Wir sind also keinesfalls dazu verdammt, alle Theorien in einen Topf zu werfen, die Chemtrail-Theorie als gleichwertig mit der von Ptolemäus oder Newton einzustufen. Schlechte Verschwörungstheorien können wir recht zuverlässig von guten Verschwörungstheorien und guten wissenschaftlichen Theorien unterscheiden.

Die Kriterien epistemischer Respektabilität lassen sich in drei Gruppen einteilen:

- Erstens habe ich auf konkrete Aspekte der jeweiligen Theorien verwiesen, die direkt ihr Verhältnis zu den Daten betreffen wie die Muster-Erklärungen, die aus hochwertigen Daten und dem Theoriekern gewonnen werden sowie ihre Entwicklungsdynamik. Um diese Aspekte ging es in diesem Kapitel.

- Zweitens habe ich auf das Verhältnis der fraglichen Theorie zu anderen Theorien verwiesen: Liefert sie bessere oder schlechtere Muster-Erklärungen als verfügbare Alternativen? Wir werden in Kapitel 7 sehen, dass in dieser Richtung noch weitere Qualitätskriterien zu finden sind.

- Die dritte Gruppe von Kriterien betrifft das Erkenntnispotential einer Theorie. Erweitert sie unseren Forschungshorizont? Bereichert sie unser Verständnis der wissenschaftlichen Methodik und rational akzeptabler Vorgehensweisen? Auch darauf werde ich in Kapitel 7 noch näher eingehen.

Bevor ich in Kapitel 7 die Untersuchung zum Thema *Qualitätskriterien* weiterführe und vertiefe, möchte ich noch die Untersuchung zum Verhältnis von Daten und Theoriekern abschließen. Genau darum ging es ja in diesem fünften Kapitel. Das Ergebnis ist klar: Das Stützungsverhältnis von Daten bezüglich Theorien ist erstens schwächer als ein wirklich zwingender Beweis und zweitens prinzipiell anfällig für Revision.

Diese Einsicht führt direkt zur nächsten Überlegung: Wenn Theorien nicht zwingend bewiesen werden können, kann man sie dann nicht wenigstens eindeutig widerlegen? Diese Idee hat der Wissenschaftsphilosoph Karl Popper in Reaktion auf die eben geschilderten Probleme ausführlich erkundet und ausgearbeitet.[98] Damit ist bei unserem Thema natürlich die Hoffnung auf eine Methode oder Vorgehensweise verknüpft, um unhaltbare Verschwörungstheorien zwingend widerlegen zu können.

Zusammenfassung Kapitel 5

In diesem Kapitel geht es um den Abgleich des Theoriekerns mit Daten und Belegen, also um Muster-Erklärungen.

- Ohne diese Verbindung zwischen Theorie und Welt haben wir es mit bloßen Vermutungen zu tun, die „in der Luft hängen".
- Vorhersagen, die aus dem Theoriekern gewonnen werden, stellen diese Verbindung her.
- Muster-Erklärungen sind gelungene Fälle des Abgleichs von Theoriekern und qualitativ hochwertigen Daten.

Theorien lassen sich auf Basis noch so vieler und noch so hochwertiger Daten nicht zwingend beweisen. Das hat mindestens drei Gründe:

---

98 Karl Popper: **Logik der Forschung. Zur Erkenntnistheorie der modernen Naturwissenschaft.** Wien, 1934.

- Das logische Argument: Aus falschen Annahmen lassen sich wahre Aussagen, z.B. Vorhersagen, ableiten. Werden diese durch Daten bestätigt, kann man trotzdem nicht auf die Wahrheit der Annahmen rückschließen.

- Das pragmatische Argument: Theorien sind durch Erfahrung unterbestimmt. Unterschiedliche Theorien können gleichermaßen gut zum selben Datenbestand passen.

- Das Argument aus der Erfahrung: Auch vermeintlich perfekte Theorien können mit gutem Grund verworfen und durch bessere ersetzt werden.

Obwohl ein zwingender Beweis nicht möglich ist, verfügen wir über brauchbare Kriterien zur Einschätzung der Qualität von Theorien. Vier davon habe ich in diesem Kapitel näher beleuchtet:

- Können wir aus dem Theoriekern zusammen mit hochwertigen Daten zutreffende Vorhersagen bzw. leistungsfähige Muster-Erklärungen gewinnen?

- Entwickelt sich die Theorie dynamisch oder stagniert sie?

- Wie schneidet die Theorie in Bezug auf Muster-Erklärungen und Dynamik im Vergleich zu „Konkurrenz-Theorien" ab?

- Erweitert eine Theorie unseren Forschungshorizont oder unser Verständnis wissenschaftlicher Methodik?

Diese Kriterien helfen uns bei der Einschätzung der Qualität von Theorien:

- Je besser eine Theorie in Bezug auf diese Kriterien abschneidet, desto mehr Grund haben wir, weitere Anstrengungen in sie zu investieren: Sie „funktioniert".

- Je schlechter eine Theorie in Bezug auf diese Kriterien abschneidet, desto weniger Gründe haben wir, weitere Anstrengungen in sie zu investieren: Sie „funktioniert" nicht.

- Diese Kriterien zielen nicht in erster Linie auf Wahrheit, sondern auf erkenntnistheoretische Respektabilität.

Die Beispiele: Watergate, Chemtrails und QAnon

Zum Abschluss des Kapitels beleuchte ich wieder unsere drei konkreten Verschwörungstheorien. Jetzt geht es um das Verhältnis von Theoriekern (und Hilfstheorien) auf der einen und dem Datenbestand auf der anderen Seite. Wie schneiden sie in Bezug auf die oben skizzierten Kriterien ab?

Die Chemtrail-Theorie

Ein Theoriekern soll - wie eben erläutert - zusammen mit hochwertigen Daten zu einer belastbaren Muster-Erklärung führen. Damit ist das erste kapitale Problem der Chemtrail-Theorie auch bereits benannt: Sie hat bis heute keine akzeptable Muster-Erklärung vorzuweisen! Wie komme ich zu dieser Einschätzung?

Zu erwarten wäre eine Antwort auf die Fragestellung der Theorie (siehe Kapitel 2):

- Am Himmel können wir regelmäßig Streifen von ganz unterschiedlicher Gestalt, Länge, Lebensdauer und (manchmal) Färbung beobachten. Wie sind diese enormen Unterschiede zu erklären?

Anders ausgedrückt: Theoriekern und Daten sollten zu einer brauchbaren Muster-Erklärung für eine Teilmenge von Kondensstreifen führen, die darauf basiert, dass bestimmte Substanzen beim Versprühen genau diese Streifen und deren typische Eigenschaften wie Lebensdauer, Form und Farbe erzeugen. Diese Muster-Erklärung fehlt:

- Die Chemtrail-Theorie liefert keine klaren Aussagen bzw. Daten zu Zusammensetzung, Menge und Wirkung der angeblich versprühten Substanzen. Warum nicht? Es ist doch weder schwierig noch teuer, dazu aussagekräftige Messungen vorzunehmen. Immer wieder lassen z.B. Umweltorganisationen derartige Messungen in anderen Zusammenhängen, z.B. Feinstaub oder Nitrate, vornehmen. Überdies wäre zu erwarten, dass im Rahmen ärztlicher Untersuchungen von Lunge oder Blut Messwerte auftauchen, die eine chemische Veränderung der Atmosphäre bzw. Luft signalisieren.

- Die Chemtrail-Theorie liefert keine Muster-Erklärung, wie die fraglichen Kondensstreifen auf Basis ihrer chemischen Zusammensetzung und der versprühten Menge im Rahmen von Parametern wie Luftdruck, Flughöhe, Temperatur oder Luftfeuchtigkeit entstehen.

- Die Chemtrail-Theorie liefert keine Muster-Erklärung wer, wie oft, wann und wo die Sprühaktivitäten durchführt.

Also: Wenn wir die Theorie ernst nehmen sollen, dann brauchen wir diverse Muster-Erklärungen. Diese sollten im Rahmen von Physik und Chemie zeigen, dass bestimmte Erscheinungen am Himmel tatsächlich am besten als Resultat von Sprühaktivitäten zu verstehen sind. Die bloße Behauptung, dass dem so ist bzw. es logisch möglich sein könnte, reicht dafür nicht aus.

Der Blick auf die Hilfshypothesen zeigt ein ähnliches Bild. Die Vertreter der Chemtrail-Theorie behaupten immer wieder, dass die Wissenschaft, also Physik, Chemie, Meteorologie etc. zeige, dass die Standard-Erklärung für einen Teil der Streifen am Himmel nicht stimmen kann. Diese Hilfshypothese ist ganz einfach unbegründet und unplausibel.

- Die Physik erklärt sehr genau und nachvollziehbar, wie unter bestimmten Bedingungen die beiden Arten von Streifen entstehen: Durch Abläufe im Triebwerk und durch aerodynamische Prozesse an den Tragflächen.

Diese Erklärungen werden zudem aus Theoriekernen gewonnen, die einen sehr breiten Anwendungsbereich und damit eine beeindruckende Leistungsfähigkeit bzw. Erklärkraft vorweisen können, die also unabhängig von der Chemtrail-Thematik sehr plausibel sind.[99]

- Gleiches gilt für die Meteorologie. Sie klassifiziert Kondensstreifen als Wolken und erklärt ihre Eigenschaften wie Lebensdauer oder Formenvielfalt genau wie die anderer Wolken im Rahmen sehr leistungsfähiger Muster-Erklärungen. Signifikante Lücken oder Defizite in Bezug auf Kondensstreifen konnten der Meteorologie bis heute nicht nachgewiesen werden.

Konkret: Wir haben es hier mit einer Hilfshypothese zu tun, die eine Behauptung aufstellt, gegen die sehr viele sehr gute Gründe sprechen - nämlich diverse wissenschaftliche Theorien mit leistungsstarken Muster-Erklärungen.

Eine weitere Hilfshypothese der Chemtrail-Theorie behauptet, unser chemisches Wissen zur Atmosphäre zeige, dass bestimmte Konzentrationen an Aluminium, die in einem Teich gemessen wurden, nicht auf natürlichem Wege entstanden sein können. Das Aluminium könne also nur durch besagte Sprühaktivitäten in den Teich gelangt sein.

---

99 Details dazu und zu den folgenden Argumenten in Mick West: **Escaping the Rabbit Hole. How to Debunk Conspiracy Theories using Facts, Logic, and Respect.** New York, 2018.

- Zum einen gibt es dazu nur sehr wenige Daten von Seiten der Chemtrail-Theorie: Wie bereits erwähnt stellt sich hier die Frage, warum die relativ einfach durchzuführenden Messungen nicht systematisch vorgenommen werden.

- Zum anderen sind die Behauptungen zur Aluminiumkonzentration falsch. Die wenigen Daten dazu liegen völlig im normalen Erwartungsrahmen und können wissenschaftlich einwandfrei erklärt werden.

Eine dritte Hilfshypothese verweist auf das real existierende wissenschaftliche Forschungsprogramm zum *Geo-Engineering,* das angeblich den theoretischen und praktischen Hintergrund der Chemtrail-Theorie liefere.

- Diese Forschungen gibt es zwar, sie sind bis heute aber bis auf ganz wenige und sehr begrenzte Versuche rein theoretisch und sprengen die Grenzen unserer Theorien in Physik und Chemie sicher nicht. Also: Der verfügbare Datenbestand stützt diese Hilfshypothese nicht.

Eine vierte Hilfshypothese bemüht sich um den Nachweis, dass moderne Triebwerke keine Kondensstreifen mehr erzeugen. Die Argumentation ist um technische und physikalische Kompetenz bemüht, die These erweist sich aber als nicht haltbar.

Diese für die Chemtrail-Theorie fatalen Ergebnisse veranschaulichen ein weiteres schwerwiegendes Problem: Sie stagniert. Seit ihrer Erstformulierung im Jahre 1997 gibt es so gut wie keine Entwicklung beim Datenbestand, im Bereich der Muster-Erklärungen und Hilfshypothesen. Die Chemtrail-Theorie ist nicht über ihren Anfangsstand hinausgekommen.

Diese Stagnation zeigt sich auch noch an anderer, sogar typischer Stelle. In Kapitel 2 habe ich erläutert, dass eine wichtige Funktion des Theoriekerns darin besteht, relevante offene Frage zu generieren, auf die eine Antwort im Rahmen der Theorie zu erwarten ist. Die Beantwortung dieser Fragen sorgt für die Dynamik einer Theorie; fehlende Antworten signalisieren Stillstand. Dazu ein paar Beispiele:

- Warum gibt es bis heute keine epistemisch kompetenten und glaubwürdigen Zeugen, die mit ihrem Wissen über Details und Hintergründe zum Sprüh-Programm an die Öffentlichkeit gehen? Genau das wäre doch angesichts der enormen Zahl an Beteiligten, deren sehr lockerem Organisationsgrad und der langen Dauer des Sprühprogramms zu erwarten.

- Wie konnte es den Organisatoren des Sprühprogramms über Jahrzehnte gelingen, die dafür nötigen finanziellen Mittel in den diversen Haushalten so gut zu verstecken, dass weder politische Gegner oder Kritiker noch Kontrollinstanzen wie Rechnungshöfe Belege dafür gefunden haben? Anders ausgedrückt: Warum wurden diese Belege bis heute nicht gefunden?

Mein Fazit: Misst man die Chemtrail-Theorie an den Kriterien *Leistungsstarke Muster-Erklärungen und Hilfshypothesen* sowie *Dynamische Entwicklung,* so ist das Ergebnis klar: Sie weist weder das eine noch das andere auf, hat an zentralen Stellen riesige Lücken. Gleiches gilt für den Vergleich mit alternativen Theorien: Die „offizielle" Theorie zu Kondensstreifen liefert exzellente Muster-Erklärungen, kann viele Phänomene auf Basis hochwertiger Daten erklären und weist somit eine weit höhere Dynamik auf. Kurz und klar: Die Chemtrail-Theorie genügt zentralen Anforderungen an erkenntnistheoretische Respektabilität nicht.

Man sieht jetzt auch, warum ich die Chemtrail-Theorie - zumindest in der hier skizzierten Rekonstruktion - nicht als Verschwörungsmärchen einordne: Unsere Kriterien lassen sich auf diesen Theorievorschlag anwenden. Die Chemtrail-Theorie erhebt den Anspruch, über hochwertige Daten und Muster-Erklärungen zu verfügen und zieht zumindest ansatz- bzw. versuchsweise wissenschaftliche Theorien und Argumente heran, um diesen Anspruch einzulösen. Dass das nicht funktioniert, steht auf einem anderen Blatt. Ob es vernünftig ist, an der Chemtrail-Theorie festzuhalten, wird in Kapitel 8 geklärt.

Die Watergate-Theorie

Im Gegensatz zur Chemtrail-Theorie weist die Watergate-Theorie eine sich dynamisch entwickelnde Folge von gut durch Daten belegten Muster-Erklärungen auf.

- Gleich zu Anfang der Aufklärungsaktivitäten konnte sehr plausibel erklärt werden, dass der Einbruch ins Hauptquartier der Demokraten durch das Wiederwahlkommittee Nixons (CRP) angeordnet und finanziert wurde.

- Im nächsten Schritt gelang der Nachweis, dass dieser Einbruch nur eine von vielen dubiosen Aktivitäten des selben Personenkreises war. Dann ging es zügig weiter …

- … vom Wiederwahlkommittee konnten gut belegte finanzielle Verbindungen und Befehlslinien ins Weiße Haus nachgewiesen werden, die schließlich zum engsten Kreis um Nixon und ihn selbst als Mitwisser und Anstifter führten.

Anders ausgedrückt: Der Theoriekern hat in Kombination mit qualitativ hochwertigen Daten zu einer Folge relevanter offener Fragen und leistungsfähiger Muster-Erklärungen als Antworten darauf geführt.

Die Hilfshypothesen der Watergate-Theorie zu Glaubwürdigkeit und Kompetenz bestimmter Quellen und Informanten konnten in aller Regel durch hochwertige Daten gestützt werden. Wie bereits in Kapitel 4 skizziert, legten Woodward, Bernstein und die Washington Post sehr großen Wert auf die Erhärtung der Glaubwürdigkeit von Zeugen und der Echtheit diverser Dokumente. Als glaubwürdig galt ein Zeuge nur dann, wenn seine Informationen von mindesten einer anderen, unabhängigen und gleichermaßen guten Quelle bestätigt wurden. Gleiches galt für Dokumente: Auch augenscheinlich echte Unterlagen unterzogen die beiden Journalisten einem Glaubwürdigkeitstest. Zeugen mussten bestätigen, dass es diese Unterlagen tatsächlich gab und es sich bei den vorliegenden Dokumenten um eine Kopie der Originale oder um die Originale selbst handelte.

Wie stand es mit relevanten offenen Fragen, die sich aus dem Theoriekern gewinnen ließen?

- Natürlich gab es von Anfang an diese Fragen. Die Reporter mussten sich das Gesamtbild der Verschwörung ja erst Schritt für Schritt erarbeiten. Die offenen Fragen markieren genau diese Schritte.

- Diese offenen Fragen konnten - im Unterschied zur stagnierenden Chemtrail-Theorie - in aller Regel zügig beantwortet werden. Mit anderen Worten: Man konnte hochwertige Daten an den Stellen und zu den Aspekten gewinnen, an denen sie auf Basis des Theoriekerns zu erwarten waren.

- Es geschah auch das, was zu erwarten war, wenn es tatsächlich eine Verschwörung gab: Whistleblower lieferten Insider-Informationen und geheime Belege tauchten auf.

Mein Fazit: Die Watergate-Theorie hat genau das, was der Chemtrail-Theorie fehlt: Leistungsstarke Muster-Erklärungen und Hilfshypothesen, sowie von Anfang an eine dynamische Entwicklung. Die Alternativen, nämlich die Dementis der Regierung, konnte sie schnell ausstechen. Das sind gute Gründe, der Watergate-Theorie ein hohes Maß an erkenntnistheoretischer Respektabilität zuzusprechen und sie ernst zu nehmen.

Das QAnon-Phänomen

In Kapitel 4 habe ich ausführlich erläutert, dass und warum QAnon gar keinen Bestand an Daten und Belegen anbieten kann und wahrscheinlich auch gar nicht möchte. Zur Erinnerung: Was auf den ersten Blick danach aussehen mag, sind taktische Manöver der Zentralquelle, d.h. des angeblichen Insiders QAnon. Mit Hilfe dieser Manöver sollen bestimmte Ziele erreicht werden, z.B. die Satanisten in Sicherheit zu wiegen, die Identität QAnons zu verschleiern und den Gegenschlag Trumps vorzubereiten. Es sind schlicht und einfach keine Daten und Belege. Ohne diese gibt es aber keine Muster-Erklärungen! Was immer auf den ersten Blick nach so einer Erklärung aussehen mag: Es handelt sich dabei zwangsläufig um etwas anderes.

Gleiches gilt für den Theoriekern. Ein solcher ist nicht vorhanden. Und die Historie der eigentlich aus dem Theoriekern „abzuleitenden" Vorhersagen ist, wie in Kapitel 4 gesehen, ausgesprochen fragwürdig. Zum einen handelt es sich bei QAnon um ein nach allen Seiten offenes Geflecht an alten und neuen Verschwörungshypothesen. Welche Elemente dazugehören und welche nicht ist unklar. Zum anderen fehlt eine Autorität zur Festlegung und Präzisierung der Inhalte eines möglichen Theoriekerns. Im Laufe der Zeit haben es diverse Erzählelemente „aus dem Internet“ geschafft, in das Gesamtgeflecht aufgenommen und irgendwie von der Mehrzahl der QAnon-Kundigen akzeptiert zu werden - auch wenn sie nicht vom Insider QAnon selbst stammen. Den Anspruch, diese verbindliche Zentral-Quelle zu sein, erhebt QAnon auch gar nicht. Wie in Kapitel 4 erläutert: *Disinformation is necessary!* Und schließlich gibt es keine erkennbare Ableitungsbeziehung zwischen Theoriekern und diversen „Vorhersagen“: Diese werden einfach behauptet bzw. in den Raum gestellt.

Der Vollständigkeit halber wäre noch festzuhalten, dass QAnon sich zwar ziemlich dynamisch entwickelt - aber nicht im Sinne unseres Qualitätskriteriums. Es geht vielmehr um die beständige Anreicherung und Erweiterung einer Grund- oder Urerzählung um diverse weitere Märchenelemente. Das mag einen gewissen Unterhaltungswert haben, ist aber sehr gefährlich und bar jeder erkenntnistheoretischen Respektabilität.

Schließlich schneiden die „offiziellen“ Erklärungen zum Handeln Trumps, seiner politischen Gegner und diverser Behörden weit besser ab als alles, was QAnon zu bieten hat.

Mein Fazit: Das bisherige Urteil erhärtet und verfestigt sich immer weiter. QAnon bzw. dessen „Betreiber“ möchten und können ganz offensichtlich keine unserer Anforderungen erfüllen. Deshalb stufe ich QAnon auch weiterhin nicht als Verschwörungstheorie, sondern als Verschwörungsmärchen ein - in Analogie zu Erzählungen über Schneewittchen und die böse Stiefmutter, die schöne Müllerstochter und Rumpelstilzchen oder Dornröschen und die böse Fee.

Vertiefende Lektüre

Ulf Faller: **Der lange Schatten des Kopernikus. Wie die moderne Kosmologie den christlichen Anthropozentrismus überwindet.** Baden-Baden, 2018.
Die so langwierige wie spannende Entwicklung des aktuellen Bildes unseres Sonnensystems und des Universums liefert wie kaum eine andere Seite der Wissenschaftsgeschichte eine Vielzahl aussagekräftiger Beispiele zum Wechselspiel von Daten und Theorien.

David Wootton: **Bad Medicine. Doctors Doing Harm Since Hippocrates.** Oxford, 2006.
Die Geschichte der Medizin zeigt, wie mühsam, verschlungen und „verrückt" sich das Wechselspiel von Daten und Theorie bisweilen gestalten kann. Rationale Geradlinigkeit ist nicht der Normalfall. Wootton erläutert sehr unterhaltsam und lehrreich, warum wir so oft so lange „im Trüben fischen" und welche Mechanismen am Werk sind, um schlechte Theorien vor guten Daten zu schützen.

Ludwig Fleck: **Entstehung und Entwicklung einer wissenschaftlichen Tatsache.** Frankfurt, 1980 (Erstausgabe 1935).
Flecks auch für Nichtphilosophen gut lesbare Arbeit ist meines Erachtens ein (viel zu) unbekannter Klassiker der Wissenschaftsphilosophie. Er wirft ein neues und ausgesprochen interessantes Licht auf den Zusammenhang zwi-

schen Daten und Theorien - und darauf, was eigentlich eine Theorie ist.

Kapitel 6
Kann eine Theorie zwingend widerlegt werden?

Das letzte Kapitel hat gezeigt, dass es nicht möglich ist, eine Theorie zwingend zu beweisen. Das gilt fairerweise auch für Verschwörungstheorien: Wer zwingende Beweise verlangt, legt die Messlatte zu hoch. Zum Glück gibt es aber Kriterien, die uns eine vernünftige Einschätzung der Qualität einer Theorie jenseits absoluter Sicherheit ermöglichen. An diesen ist die Chemtrail-Theorie gescheitert, sie ist nicht haltbar. Anders ausgedrückt: Sie konnte ihre enorme Plausibilisierungslast (Kapitel 3) nicht einlösen. QAnon haben wir klar als Pseudotheorie, als Verschwörungsmärchen erkannt. Die Watergate-Theorie hat unsere bisherigen Tests mit Bravour bestanden.

In diesem Kapitel betrachte ich die andere Seite der Medaille: Können wir eine Theorie zwingend widerlegen? Diese Vermutung liegt nahe. Ein Gegenbeispiel reicht ja oft aus, um eine Behauptung zu widerlegen. Wenn ich behaupte, alle Schwäne seien weiß, so reicht ein schwarzer Schwan, um meine Behauptung als falsch zu erweisen.

Der Philosoph Karl Popper hat in zahlreichen Arbeiten diesen Gedanken für ganze Theorien ausgearbeitet, variiert, präzisiert und zu einer Forschungsmaxime ausgebaut:

- Formuliere kühne Hypothesen und versuche dann, sie zu widerlegen!

Die Idee dahinter: Kann man tatsächlich eine unzutreffende Vorhersage aus einer Theorie ableiten, so signalisiert das klar und eindeutig Änderungsbedarf. Man muss Verbesserungen an der Theorie vornehmen, sie vielleicht sogar ganz verwerfen: Sie gilt durch die gescheiterte Vorhersage erst einmal als widerlegt. Darin liegt Erkenntnisfortschritt. Wir wissen in so einem Fall, dass etwas nicht stimmen kann. Auch die positive Seite gibt es natürlich: Je mehr solche „Widerlegungsattentate“ eine Theorie übersteht, desto mehr Vertrauen können wir in sie setzen. Diese Idee klingt recht vernünftig - die Diskussion hat aber auch hier gezeigt, dass der erste Eindruck täuscht: Theorien lassen sich nicht zwingend widerlegen.[100]

Wie und warum schützen wir eine Theorie vor Widerlegung?

In Kapitel 2 habe ich erläutert, dass Vorhersagen in aller Regel nicht nur aus einem Theoriekern, sondern aus einem komplexen Geflecht aus Theoriekern, Hilfs-, Mess- und Beobachtungstheorien, Hintergrundannahmen etc. gewonnen werden. Trifft eine Vorhersage oder Berechnung nicht zu, so kann das sehr viele Erklärungen haben; es muss nicht am Theoriekern selbst liegen. Es heißt nur, dass irgendwo in dem ganzen Geflecht etwas nicht stimmen kann. Das wiederum eröffnet sehr großen Spielraum zum Um-

100 Keine Angst - für QAnon und Reptiloiden-Kollegen ist damit nichts gewonnen.

gang mit der unzutreffenden Vorhersage und zum Schutz des Theoriekerns vor Widerlegung. Die folgenden Beispiele zeigen das:

- **Man kann am Theoriekern festhalten und z.B. eine Beobachtungstheorie in Frage stellen.** Tatsächlich wusste zu Galileis Zeit niemand, wie und warum ein Teleskop funktioniert. Man war zwar in der Lage Teleskope zu bauen, hatte aber noch nicht die entsprechende Theorie dazu. Zusammen mit der damals selbstverständlichen Annahme, die Himmelssphären unterschieden sich wesentlich von den Verhältnissen auf der Erde, konnte man erst einmal mit gutem Grund die Bedeutung mit dem Teleskop gewonnener Daten anzweifeln: Warum sollte man annehmen, das Teleskop funktioniere bei der Himmelsbeobachtung in Analogie zur Beobachtung auf der Erde? Und konnte man sich wirklich darauf verlassen, das Teleskop verzerre oder verfälsche die mit ihm gewonnenen Daten nicht?

- **Man kann am Theoriekern festhalten und z.B. eine Hilfshypothese in Frage stellen oder durch eine andere ersetzen.** Dafür gibt es nicht nur Beispiele in der Wissenschaft, sondern auch vor Gericht: Wenn alle Indizien in eine Richtung zeigen, kann die Verteidigung trotzdem an der „eigentlich durch die Daten widerlegten“ Unschuldsthese festhalten und die Hilfshypothese in Frage stellen, dass die beiden Hauptbelastungszeugen A und B die Wahrheit sagen. Vielleicht haben sie sich abgesprochen und lügen, um den Angeklagten ins Gefängnis zu bringen? Selbst ein Geständnis kann so bezweifelt werden: Man kann ein falsches Geständnis vielleicht dadurch erklären, dass der Angeklagte eine andere Person schützen will oder verschleiern möchte, dass er zur gleichen Zeit ein weit schlimmeres Verbrechen begangen hat. Selbst ein Geständnis ist also kein absolut sicherer Beweis.

- **Man kann am Theoriekern festhalten und z.B. den sperrigen Beleg als (aktuell) unerklärbare Anomalie einordnen und einfach weitermachen.** Man hofft dann, die weitere Entwicklung der Theorie oder neue Erkenntnisse im Bereich der Hilfs- oder Beobachtungstheorien werden diese Anomalie klären bzw. verständlich machen. So ging man mit der Merkur-Anomalie im Rahmen der Newtonschen Theorie um. Niemand kam ernsthaft auf die Idee, deswegen Newton als widerlegt zu betrachten. Der leicht nachvollziehbare Grund: Im Rahmen wissenschaftlicher Forschungsarbeit gibt es so gut wie immer sperrige Daten oder nicht zutreffende Vorhersagen. Die Weiterentwicklung einer Theorie besteht zu einem guten Teil ja genau darin, diese sperrigen Daten zu integrieren und zu erklären. Auch vor Gericht ist das so: Zeugenbefragungen im Rahmen einer kriminalistischen Untersuchung ergeben im Regelfall Widersprüche, Ungereimtheiten, Anomalien. Beim islamistischen Terroranschlag in Wien im November 2020 führten z.B. diverse Zeugenaussagen zu einer langen und ausgedehnten Suche nach mehreren Tätern. Tatsächlich gab es aber nur einen Terroristen. Wir sind also in den allermeisten Fällen darauf angewiesen, zwischen stimmigen und sperrigen Daten abzuwägen. Alleine schon deshalb, weil gerade die interessantesten und vielversprechendsten Theorien ja noch in der Entwicklungsphase sind und es somit zwangsläufig mit einer Fülle an „unerklärten“ Daten zu tun haben.

- **Man kann am Theoriekern festhalten und z.B. das sperrige Ergebnis als unerklärlichen Ausreißer ignorieren und aus dem Datenbestand entfernen.** Bei komplexen wissenschaftlichen Versuchen passiert es immer wieder, dass Ergebnisse protokolliert werden, die klar gegen die Theorie sprechen und sich ebenso klar von den allermeisten anderen Ergebnissen unterscheiden. Bevor man darin nach Popper eine endgültige Widerlegung der Theorie sieht, kann man ein solches Resultat als unerklärlichen Ausreißer einfach ignorieren. Damit begeht man weder einen logischen Fehler noch eine erkenntnistheoretische Sünde. Man weiß ja aus Erfahrung, dass selbst bei sorgfältigst durchgeführten Versuchen und Experimenten dieses Ausreißerphänomen regelmäßig auftritt, dass eine gewisse Fehlerquote zu erwarten ist. Eine zu perfekte Liste von Versuchsergebnissen sollte sogar einen gewissen Argwohn erwecken … und tut das auch bisweilen: Einige Fälle von Fälschung wurden aufgedeckt, weil jemand aufgrund zu perfekter Daten Verdacht schöpfte.[101]

101 „Zu gut“ passende Daten haben z.B. zu einer Kontroverse über Mendels Versuchsergebnisse und deren Authentizität geführt: https://de.wikipedia.org/wiki/Gregor_Mendel

Also: Es gibt viele plausible und erkenntnistheoretisch respektable Gründe, von sperrigen Daten nicht einfach auf die Widerlegung einer Theorie zu schließen.

Der Wissenschaftsphilosoph Imre Lakatos liefert eine so klare wie unterhaltsame Veranschaulichung dieser Problematik; ich orientiere mich an seiner fiktiven Erzählung:[102]

- Nehmen wir an, ein Astronom berechnet im Rahmen der Newtonschen Theorie die Bahn eines Planeten P und kommt dabei immer wieder zu bestimmten Abweichungen, also einem Konflikt zwischen Vorhersage und Beobachtung. Strikt nach Popper müsste er die Theorie als widerlegt betrachten. Er hat andererseits aber gute Gründe, am Theoriekern festzuhalten (siehe Kapitel 5). Dieser ermöglicht nämlich eine Fülle genauer Vorhersagen, führt auch in anderen Bereichen zu brauchbaren Muster-Erklärungen und ist jedem Konkurrenten in der Vorhersageleistung weit überlegen. Außerdem müsste die Vorlesung im Grundstudium stark überarbeitet werden.

- Also führt der Wissenschaftler die Hilfshypothese der Existenz eines noch unentdeckten Planeten X ein, der

---

102 Imre Lakatos: *Falsifikation und die Methodologie wissenschaftlicher Forschungsprogramme.* In: Imre Lakatos, Alan Musgrave, Hrsg. **Kritik und Erkenntnisfortschritt.** Braunschweig, 1974, S. 98 ff. Originalausgabe: **Criticism and the Growth of Knowledge.** London, 1970.

über Gravitation auf die Bahn des Planeten P einwirkt. Mittels der Newtonschen Gleichungen können Masse, Bahn und Position dieses Planeten X berechnet werden. Es wird dann versucht, ihn durch Beobachtung durch das beste verfügbare Teleskop zu finden.

- Klappt das nicht, lässt sich eine zweite Hilfshypothese heranziehen bzw. ausprobieren: Das Teleskop ist vermutlich zu schwach - wir brauchen Forschungsgelder, um ein besseres zu bauen. Diese Art von Hilfshypothese ist in Forscherkreisen nicht unbeliebt.

- Liefert nun auch das neue Teleskop keine Indizien für die Existenz des Planeten X, gilt die Theorie immer noch nicht als widerlegt. Vielmehr ist die Zeit der nächsten Hilfshypothese zur Rettung Newtons gekommen: X befindet sich zwar am berechneten Ort, versteckt sich aber vielleicht hinter einer kosmischen Staubwolke. Mit Hilfe eines Satelliten (Forschungsgelder!) wird dann versucht, die Existenz dieser Wolke nachzuweisen - aber auch hier kann ein möglicher Fehlschlag erklärt werden: Vielleicht gibt es ja ein magnetisches Feld, das die Beobachtungsdaten des Satelliten beeinflusst? Oder die neue Messtechnik hat die lange Reise durch das All nicht unbeschadet überstanden?

Das Fazit: Es ist nicht möglich, den Punkt zu bestimmen, an dem eine komplexe Theorie bzw. der Theoriekern als zwingend widerlegt zu gelten hat. Es gibt praktisch immer die Möglichkeit, Veränderungen im Gesamtgeflecht der Theorie vorzunehmen, die eine Widerlegung verhindern.

Wichtig ist die Einsicht, dass man dabei nicht grundsätzlich manipulativ oder grob unvernünftig handelt. Oft können diese Immunisierungen plausibel begründet werden; sie sind erkenntnistheoretisch respektabel.

An dieser Stelle kommt bei einigen Lesern vermutlich Unbehagen auf: Wenn man Theorien weder zwingend beweisen noch widerlegen kann - sind damit nicht alle Schleusen für jede Art von Unfug geöffnet? Heißt das nicht, dass jede noch so wirre Verschwörungstheorie im Grunde auf gleicher Stufe mit Evolutionstheorie oder Relativitätstheorie steht? Und sind vernünftige Diskussionen dann überhaupt noch möglich? Im letzten Kapitel habe ich schon gezeigt, dass und warum die Unbeweisbarkeit von Theorien uns keinesfalls ohne brauchbare Qualitätskriterien im Regen stehen lässt. Im Folgenden zeige ich, dass diese Ängste auch vor dem Hintergrund dieses Kapitels unberechtigt sind. Es gibt nämlich sinnvolle und sinnlose Immunisierungsansätze - und darauf kommt es an.

Sind alle Immunisierungsstrategien gleich gut?

Verschwörungstheoretiker und zahlreiche Vertreter unhaltbarer Theorien verwandter Genres greifen natürlich immer wieder auf Immunisierungsstrategien zurück: Fehlen hochwertige Daten, gibt es viele sperrige Daten oder ist man mit einer wissenschaftlichen Theorie nicht einverstanden, wird gerne Manipulation, Trickserei oder eben eine umfangreiche Verschwörung als Hilfshypothese postuliert. Oder ein wie auch immer gearteter Zugang zu „höheren“ Wahrheiten. Anschauliche Beispiele liefert der religiöse

Kreationismus. Von dessen Anhängern habe ich bezüglich der Datenlage zur Evolutionstheorie schon folgende Immunisierungen zu hören bekommen:[103]

- Die Daten sind gefälscht (und werden laufend gefälscht). Diese Immunisierungshypothese wird auch außerhalb der Münchner Fußgängerzone vertreten, z.B. im Creation Museum in den USA.[104]

- Satan (und seine höllischen Heerscharen) ist für die ganzen irreführenden Fossilienfunde verantwortlich. Er habe sie hergestellt, im Boden platziert und möchte die Menschen damit vom wahren Glauben abbringen. Diese Hilfshypothese sei sehr plausibel und passe ins Gesamtbild: Mit Hiob nämlich habe Satan ebenfalls einen aufwändigen Glaubenstest durchgeführt (siehe Bibel).

- Es klappt auch ohne Satan: Gott habe die Erde vor gut 6600 Jahren gleich zusammen mit den ganzen Fossilien erschaffen. Er möchte damit unseren Glauben, speziell den an ihn und die Schöpfungsgeschichte, auf die Probe stellen.[105]

---

103 https://de.wikipedia.org/wiki/Kreationismus. Die Münchner Fußgängerzone bietet regelmäßig interessante und unterhaltsame Angebote zur Weiterbildung.

104 https://www.zdf.de/dokumentation/zdfinfo-doku/bibeltreue-supermacht-evangelikale-in-den-usa-100.html

105 Wer die Prüfung nicht besteht, wird vom allgütigen Testleiter mit ewigen Höllenqualen bestraft.

- Die Fossilien sind die Überreste diverser böser Bestien, die (weil böse) nicht mit auf Noahs Arche durften und bei der Sintflut ums Leben gekommen sind (Strafe durch Ertrinken weil böse). Um die in dieser Hinsicht sehr sperrige Fülle an wissenschaftlichen Altersbestimmungen zu erklären, wird dann gerne auf die Fälschungshypothese zurückgegriffen.

Wenn wir die Überlegungen zur Immunisierung von Theorien ernst nehmen - und das sollten wir - stellt sich natürlich folgende Frage:

- Können die Vertreter des Kreationismus sich mit solchen Manövern auf erkenntnistheoretische oder argumentative Respektabilität berufen?

Immunisierung ist ja offensichtlich ein legitimes erkenntnistheoretisches Vorgehen - warum sollte es ihnen verwehrt sein? Die Antwort dürfte mittlerweile klar sein: Es kommt auf den Einzelfall an. Dass Immunisierungsstrategien in bestimmten Fällen sinnvoll sind, heißt nicht, dass das in jedem Fall gilt. Und es heißt nicht, dass alle Immunisierungsstrategien gleichermaßen sinnvoll sind. Wie und woran können wir aber sinnvolle Immunisierungen erkennen?

Welche Kriterien gelten für Immunisierungshypothesen?

Grundsätzlich gilt natürlich, dass Immunisierungshypothesen sich selbst wieder an der jeweiligen Datenlage und anderen Kriterien messen lassen müssen. Für die eben genannte Fälschungshypothese heißt das zum Beispiel:

- **Frage 1:** Wie plausibel ist die Annahme, dass es eine weltumspannende Verschwörung aller Naturwissenschaftler zur Fälschung der Daten zur Evolutionstheorie gibt? Für eine Ersteinschätzung gemäß Kapitel 3 und auf Basis meiner Ausführungen in Kapitel 4 ist die Antwort klar: Die Annahme einer weltumspannenden Verschwörung der Wissenschaften ist extrem unplausibel und bürdet den Vertretern dieser Hypothese eine enorme Begründungslast auf. Das führt zu

- **Frage 2:** Welche Belege und Argumente sprechen für die Fälschungshypothese? Die Antwort ist auch klar: Es gibt so gut wie keine belastbaren Belege für die behaupteten Fälschungen im großen Stil. Die Fälschungshypothese hat keine einzige Muster-Erklärung zu bieten. Sie kann ihrer Plausibilisierungslast also nicht einmal ansatzweise genügen (Stand Oktober 2021 - man weiß ja nie …).

- **Frage 3:** Wie sieht denn die Entwicklungsperspektive aus? Auch hier ist die Antwort wieder klar: Die Fälschungshypothese weist keinerlei Dynamik in ihrer

Weiterentwicklung auf; sie stagniert, seit sie zum ersten Mal formuliert wurde.[106]

Das Fazit: Diese Immunisierungsstrategie funktioniert nicht. Im Grunde behauptet sie lediglich, dass eine groß angelegte Datenfälschung logisch möglich ist. Das ist aber, wie in Kapitel 3 bereits erläutert, kein Nachweis von Plausibilität oder Wahrscheinlichkeit. Den Kreationisten hilft dieser Immunisierungsansatz also nicht weiter: Logisch möglich ist ja auch die These von der redlichen Arbeit der Wissenschaftler. Die hat allerdings sehr viele überzeugende Argumente auf ihrer Seite, die durch die Fälschungshypothese gerade nicht entkräftet werden können. Wir können die kreationistische Immunisierungshypothese also guten Gewissens verwerfen.

Ob eine Immunisierung sinnvoll ist, hat aber nicht nur mit der jeweiligen Hilfshypothese selbst, sondern auch mit dem Theoriekern zu tun, der dadurch geschützt werden soll. Es ist wenig sinnvoll, einen rein logisch möglichen Theoriekern zu immunisieren, der zu keinen Muster-Erklärungen führt. Was heißt das? Bevor wir eine Theorie bzw. einen Theoriekern schützen, sollten wir erst einmal den Nachweis führen, dass dieser überhaupt schützenswert ist. Konkret: Er sollte Leistung bringen, also zumindest eine wirklich gute Muster-Erklärung für einen interessan-

---

106 Vermutlich war das etwa zehn Minuten nach Beginn der wissenschaftlichen Revolution.

ten Phänomenbereich liefern. Er muss es ermöglichen, für diesen Bereich zutreffende Vorhersagen zu gewinnen. Warum sollten wir denn an einem Theoriekern festhalten, der von Anfang an nicht funktioniert?[107] Natürlich ist es logisch möglich, dass es schneit, weil Frau Holle ihre Betten ausschüttelt … aber warum sollten wir so eine These ernst nehmen und immunisieren?

Darüber hinaus sollte dieser Phänomenbereich sich auf eine der zentralen Fragestellungen des Theorievorschlages beziehen, nicht auf einen „Nebenkriegsschauplatz“. Hätte z.B. die Evolutionstheorie über die Finkenschnäbel hinaus im Laufe der Zeit keine akzeptablen Muster-Erklärungen geliefert, so blieben sehr viele und ganz zentrale Fragen unbeantwortet. Das wiederum spräche natürlich gegen den Theoriekern, der sich dauerhaft einem gewaltigen Berg an unerklärten Daten und Belegen gegenüber sähe. Warum sollten wir in so einem Fall zu einer Immunisierungsstrategie greifen? Es wäre doch wesentlich klüger, alternative Theorieansätze zu entwickeln und auszubauen.

Schließlich ist in dieser Überlegung ein weiteres, aus Kapitel 5 bekanntes Merkmal eines schützenswerten Theoriekerns enthalten: Er sollte sich dynamisch entwickeln, also immer mehr und immer neue Daten integrieren können.

---

107 Die Theologie kann man als den Versuch verstehen, diese Frage zu beantworten. Heinz-Werner Kubitza: **Der Dogmenwahn. Scheinprobleme der Theologie. Holzwege einer angemaßten Wissenschaft.** Marburg, 2015.

Ein hartnäckig stagnierender Kern regt weniger zu Immunisierung und Schutz, als vielmehr zur konsequenten Suche nach Alternativen an.

Also: Für die Sinnhaftigkeit einer Immunisierung des religiösen Kreationismus heißt das, nüchtern betrachtet, dass dieser erst einmal eine oder mehrere rational akzeptable Muster-Erklärungen entwickeln sollte.[108] Auf deren Grundlage müsste oder könnte dann eine Weiterentwicklung erfolgen. Erst dann ließe sich von einem schützens- und bedenkenswerten theoretischen Ansatz sprechen. Davon aber ist weit und breit Nichts zu sehen: Außer der bloßen Behauptung, der christliche Schöpfungsmythus (als einer von sehr vielen) sei erstens wahr und zweitens die beste Erklärung der verfügbaren Daten ist da Nichts.[109] Gerade weil der Kreationismus keine brauchbaren Muster-Erklärungen anzubieten hat, wollen seine Verteidiger ihn ja durch umfassende Immunisierungsstrategien vor Gegenargumenten schützen. Wie gesagt: Logisch möglich ist das - aber garantiert nicht sinnvoll.

---

108 Die Kernproblematik dabei ist offensichtlich: Die Basis fehlt. Bisher sind sämtliche Gottesbeweisversuche gescheitert. Einen guten Überblick dazu liefern Joachim Broman und Guido Kreis (Herausgeber): **Gottesbeweise von Anselm bis Gödel.** Frankfurt, 2016 (5. Auflage).

109 „Es gibt wohl keinen Volksstamm, der nicht einen Mythos über die Entstehung der Welt und der Menschen hat." T. Junker, U. Hoßfeld: **Die Entdeckung der Evolution.** Darmstadt, 2009 (2. Auflage).

Apropos Sinnlosigkeit: Bisweilen wird versucht, eine kategorische Immunisierung gegen jede Art von rationalen Einwänden vorzunehmen. Deshalb beleuchte ich aus Gründen der Vollständigkeit auch noch diese Strategie.

Ist eine radikale Pauschalimmunisierung sinnvoll?

Auf dem weiten Feld der Verschwörungstheorien trifft man immer wieder auf einen sehr radikalen Ansatz zur Immunisierung, der aus Religion und Esoterik bestens bekannt ist: Man entzieht ganz grundsätzlich die eigenen Thesen der Beurteilung durch allgemein akzeptierte Rationalitätsstandards und beansprucht Wahrheit in einem ganz anderen, „höheren“ oder „tieferen“ Sinn für die eigenen Aussagen und Behauptungen. Zumindest versucht man das. Man kriegt in diesem Zusammenhang Dinge wie die folgenden zu hören:

- Wissenschaft/Rationalität ist nicht alles; es gibt Phänomene, die sie grundsätzlich nicht erfassen und erklären kann.

- Wir müssen lernen, unter die Oberfläche der Messbarkeit, der Prüfbarkeit und der Beweisbarkeit zu schauen.

- Wissenschaft kann nur messen, prüfen, vergleichen - aber am Kern der Dinge geht das vorbei.

Hört sich gut an, ist aber inhaltsleer. Und hat wenig mit Wissenschaft als solcher zu tun. Warum? Grundsätzlich muss bei Wissens- oder Erkenntnisansprüchen ein Standard der Intersubjektivität in Anschlag gebracht werden. Das gilt im Alltag wie in den Wissenschaften. Was heißt das? Der jeweilige Anspruch muss in irgendeiner Form nachvollziehbar geprüft und beurteilt werden können. Verzichtet man darauf, so akzeptiert man, dass subjektive Gewissheit bzw. das starke „Gefühl von Wahrheit“ ausreicht, um Anspruch auf Erkenntnis zu begründen. Der Haken dabei ist allerdings bestens bekannt - auch aus unserer Alltagserfahrung:

- Subjektive Gewissheit ist kein zuverlässiger Indikator für Wahrheit und geht nachweislich oft mit Irrtum einher.

- Subjektive Gewissheit als Erkenntnisquelle kann und wird höchstwahrscheinlich zu unvereinbaren Ergebnissen führen.

Im folgenden Beispiel nutze ich *Methode S* als Platzhalter für eine mögliche „Erkenntnismethode“, die sich dem Anspruch auf Intersubjektivität entzieht und auf irgendeine Form der subjektiven Gewissheit als Kriterium baut:

- **Person A:** Ich erkenne mittels *Methode S* mit absoluter Sicherheit und Gewissheit, dass es genau eine Gottheit gibt. Diese hat die Eigenschaften E1 bis E3 und möchte, dass wir die Regeln R1 bis R5 befolgen. Sonst werden wir mit ewigen Höllenqualen bestraft.

- **Person B:** Moment - also ich erkenne, ebenfalls mittels *Methode S,* mit absoluter Sicherheit und Gewissheit, dass es genau einen Gott gibt. Dieser hat allerdings die Eigenschaften E4 bis E8 und möchte, dass wir die Regeln R6 bis R13 befolgen. Sonst gibt es kein Weiterleben der Seele nach dem Tod.

- **Person C**: Ich erkenne mittels *Methode S* mit absoluter Sicherheit und Gewissheit, dass es genau vier Götter gibt - und dass A und B sich irren müssen. Die erste Gottheit hat die Eigenschaften E9 bis E12, die zweite die Eigenschaften E13 bis E29 .... Alle vier Götter möchten, dass wir die Regeln R14 bis R21 befolgen. Sonst werden wir nach dem Tod nur in Isolation und Vereinsamung weiterleben - im Dauerlockdown.

- **Person D**: Ach was - ich erkenne mittels *Methode S* mit absoluter Sicherheit und Gewissheit, dass es genau 28 Gottheiten gibt. Diese sind aber nicht gleich mächtig, sondern in einer klaren Hierarchie organisiert. Aber zuerst zu ihren Eigenschaften: Nummer 1 hat die Eigenschaften ......

- ....

An Stelle ausführlicher erkenntnistheoretischer Ausschweifungen lade ich die Leser ein, über folgende Fragen nachzudenken:

- Wer hat Recht bzw. wer wendet *Methode S* korrekt an?
- Woran erkennen wir, wer Recht hat bzw. *Methode S* korrekt anwendet?

- Wie wende ich selbst *Methode S* korrekt an, um sicher sein, zum richtigen Ergebnis zu kommen?
- Woran erkenne ich, dass ich *Methode S* korrekt anwende und mich nicht täusche oder getäuscht werde (z.B. von einem Dämon, dem nach ein bisschen Schabernack ist)?
- Welche der jeweils ganz unterschiedlichen Regeln sollen wir befolgen?
- Wer hat die Befugnis und das Wissen, um über die Einhaltung dieser Regeln zu wachen?

Berücksichtigt man, dass es in der Welt von Religion, Esoterik, Journalismus und Politik unübersehbar viele verschiedene Ausprägungen und Varianten zu *Methode S* gibt, wird der Pferdefuß dieser Immunisierungsstrategie schnell klar: Der Verzicht auf Intersubjektivität, also auf personenunabhängige Überprüfbarkeit, führt in die völlige Beliebigkeit. Für den Bereich der Religion(en) kann man das so veranschaulichen und zusammenfassen:

- Welche(r) der etwa 5000 Götter/Göttinnen/Gottheiten*, deren Existenz Menschen im Laufe der Jahrtausende „mit absoluter Gewissheit erkannt" haben, existiert/existieren denn nun tatsächlich, welche Eigenschaften hat/haben er/sie/es und wie genau lautet/lauten seine/ihre Botschaft(en) an uns?

Immunisierung und Alltagsrationalität

Ich habe in diesem Kapitel immer wieder darauf hingewiesen, dass gewisse Vorgehensweisen nicht sinnvoll oder nicht vernünftig seien. Wie komme ich zu so einem Urteil? Was steckt dahinter? Und warum sollte auch ein hartgesottener Verschwörungstheoretiker das so sehen? Kann er nicht einfach sagen, er habe halt ein anderes Verständnis von Vernunft?

Im Grunde basiert eine brauchbare Immunisierungsstrategie auf Faustregeln der Alltagsrationalität. Für die Ersteinschätzung der Plausibilität einer Immunisierungsthese setzen wir, wie bereits in Kapitel 3 ausführlich erklärt, auf Lebenserfahrung, Menschenkenntnis und Hausverstand. Ohne die kommt niemand durch den Alltag. Wer sie konsequent über Bord wirft braucht überzeugende Gründe dafür, viel Geld, exzellente medizinische Betreuung und Nerven aus Stahl.

Für die konkrete Frage, ob es sinnvoll ist, einen Theoriekern zu schützen, greifen wir auf Ökonomieprinzipien zurück. Diese sind im Alltagsdenken solide verankert. Was heißt das? Forschungsanstrengungen können wir als Investition an Zeit, Energie und materiellen Ressourcen betrachten. Es gelten dann natürlich die Richtlinien für deren sinnvolle und vernünftige Verwendung:

- In die Entwicklung eines leistungsstarken Theoriekerns haben wir eine beträchtliche Menge an Ressourcen investiert. Diese Investition hat auch bereits Früchte in Form von Muster-Erklärungen und vielen gelungenen Berechnungen oder Vorhersagen getragen. Deshalb werden wir bei auftretenden Problemen oder Krisen nicht gleich das ganze Projekt aufgeben. Wir werden erst einmal versuchen, z.B. durch zusätzliche Investitionen und Anstrengungen, den Theoriekern zu schützen.

Das ist wie bei einem Unternehmen, das rentabel ist und ein vielversprechendes Geschäftsmodell hat: Krisen werden durch zusätzliche Investitionen oder Anpassungen bei Struktur, Strategie oder Personal angegangen. Ziel ist es, das eigentlich wertvolle Unternehmen zu bewahren und auf lange Sicht noch profitabler zu machen. Eine Geschäftsaufgabe ist sicher nicht der erste sinnvolle Schritt zur Krisenbewältigung. Bleiben diese Anstrengungen aber zu lange ohne Erfolg, wird ein anderes Prinzip der Alltagsökonomie relevant:

- Man soll konsequent einen Schlussstrich unter erfolglose Projekt ziehen und die noch vorhandenen Mittel auf neue und vielversprechendere Projekte konzentrieren.

Wie oder woran erkennt man, dass der Punkt erreicht ist, ab dem man nicht mehr weiter in eine Theorie investieren sollte, z.B. weil sie stagniert? Die ehrliche Antwort lautet, dass sich dieser Punkt formal nicht genau bestimmen lässt. Die Analogie zur Wirtschaft greift auch hier: Es gibt immer wieder spektakuläre Erholungen bereits abgeschriebener Unternehmen. Es gibt aber eine Personengruppe, die auf Basis ihrer Erfahrungen, gemachten Fehler, Erfolge und Detailkenntnisse besser als andere eine Entscheidung dazu treffen kann: Fachleute und Experten. Deren Einschätzung oder Urteil folgen wir deshalb ja auch im Normalfall:

- Bevor wir eine wichtige Entscheidung treffen, sollten wir die Meinung der relevanten Experten einholen und in unsere Überlegungen mit einbeziehen.

Deren Antwort wird in der Regel lauten, vorläufig und mit offenem Skeptizismus an dem fraglichen Theoriekern festzuhalten - solange keine bessere Alternative in Sicht ist. Damit orientiert man sich an einer weiteren Regel unserer Alltagsrationalität:

- Wenn etwas funktioniert, dann sollten wir es erst aufgeben, wenn wir etwas Besseres haben.

Schließlich erinnert ein weiteres Prinzip unserer Alltagsrationalität daran, wie oft wir uns schon geirrt haben - obwohl wir darauf gewettet hätten, dass Irrtum ausgeschlossen ist. Für unseren Fall heißt das, sich die grundsätzliche Offenheit für eine Aufhebung der Immunisierung zu bewahren, also mit professionellem Skeptizismus ans Werk zu gehen:

- Man sollte sperrige Daten nicht einfach aus dem Datenbestand streichen und für immer vergessen. Selbst wenn man aktuell nicht mit ihnen arbeitet, sollte man sie immer in Erinnerung behalten und als potentielle Widerlegungsermöglicher im Auge behalten.

Mein Fazit: Die Kriterien zur Immunisierung fallen nicht vom Himmel. Sie wurzeln, wie das gesamte Projekt Wissenschaft, in den Rationalitätsprinzipien, die auch unseren Alltag strukturieren und leiten - und ohne die wir im Leben und auf dieser Welt nicht zurecht kommen könnten. Das gilt auch für Verschwörungstheoretiker jeder Intensitätsstufe und konfrontiert sie mit dieser Frage: Warum sollten wir diese Rationalitätskriterien ausgerechnet auf Deine Verschwörungstheorie nicht anwenden?

Zusammenfassung Kapitel 6

Theorien lassen sich nicht zwingend widerlegen. Man kann mit gutem Grund am Theoriekern festhalten und

- eine Beobachtungstheorie in Frage stellen,
- eine Hilfshypothese in Frage stellen oder durch eine andere ersetzen,
- den sperrigen Beleg als (aktuell) unerklärbare Anomalie einordnen und einfach weitermachen,
- das sperrige Ergebnis als unerklärlichen Ausreißer ignorieren und aus dem Datenbestand entfernen.

Die Immunisierungshypothesen für einen Theoriekern müssen den folgenden Kriterien genügen, d.h. sie sollten

- nicht in Widerspruch zu unserem Hintergrundwissen und anderen gut verankerten Theorien stehen;
- Muster-Erklärungen mit qualitativ hochwertige Daten liefern;
- eine dynamische Entwicklung durchlaufen bzw. dazu das Potential haben;
- nur auf schützenswerte Theoriekerne angewendet werden;

- keine Pauschalimmunisierung durch Verzicht auf Intersubjektivität implizieren: Das führt in völlige Beliebigkeit und theoretische Banalität.

Die Kriterien für sinnvolle Immunisierung wurzeln in Prinzipien der Alltagsrationalität, die von uns allen Tag für Tag und Stunde um Stunde befolgt und beachtet werden: Warum sollten wir sie ausgerechnet im Falle einer Verschwörungstheorie über Bord werfen?

Die Beispiele: Chemtrails, Watergate und QAnon

Die Chemtrail-Theorie

Die Grundvoraussetzung für eine mögliche Immunisierung ist klar erfüllt: Tatsächlich gibt es eine Fülle sperriger Daten hoher Qualität, die prima facie gegen die Chemtrail-Theorie sprechen. Hier einige Beispiele:

- Ein Hauptargument dieser Verschwörungstheorie ist der Verweis darauf, dass bestimmte Kondensstreifen, deren Form und Dauer nur durch die angeblichen Sprühaktivitäten zu erklären seien. Diese hätten Mitte der Neunziger Jahre begonnen. Das Problem: Es gibt sehr viele Photos in Büchern zu Wetterkunde, Bergsteigen oder Landschaften, die lange vor dem angeblichen Beginn des Sprühprogramms entstanden sind und genau die fraglichen Formationen und Muster am Himmel zeigen. Wie kann das sein? Eines der eindrucksvollsten Beispiele stammt aus einer Wochenschau, die den ersten Tagesangriff amerikanischer B-17-Bomber auf Berlin im

Zweiten Weltkrieg zeigt. Auf den Bildern sind deutlich die Streifen zu sehen, die an den Tragflächen der Maschinen entstehen und angeblich nur durch das Versprühen zu erklären sind. Hat die alliierte Luftwaffe Berlin besprüht?[110]

- Eine enorme Menge an Messdaten zur Zusammensetzung der Atmosphäre und deren Veränderung wird ständig von sehr vielen voneinander unabhängigen Forschungseinrichtungen oder Wetterstationen erhoben. Warum liefern diese Daten keinerlei Hinweise auf das behauptete Sprühprogramm?

- Warum sind beim Versprühen der chemischen Substanzen die „üblichen“ Kondensstreifen nicht zu sehen? Es müsste ja zumindest in einem Teil der Fälle die doppelte Anzahl von Streifen zu sehen sein: Sprühstreifen und Kondensstreifen. Das wurde aber bisher nicht beobachtet.

Auf welche Immunisierungsstrategien könnte die Chemtrail-Theorie zurückgreifen, um ihren Theoriekern gegen diese bunte Vielfalt an sperrigen Daten zu schützen? Zuerst sollten wir uns daran erinnern, dass es sinnlos ist, einen Theoriekern ohne leistungsfähige Muster-Erklärung zu

110 https://www.welt.de/geschichte/zweiter-weltkrieg/article201355152/Fliegende-Festungen-B-17-Bomber-im-Luftkrieg-gegen-deutsche-Staedte.html?cid=socialmedia.email.sharebutton

schützen. Diesen hat sie aber nicht - wie in Kapitel 5 gezeigt wurde. Anders ausgedrückt: Die Chemtrail-Theorie erfüllt nicht einmal die Minimalanforderungen, um für eine ernsthaft konzipierte Immunisierung in Frage zu kommen. Sie hat keinen leistungsstarken, erkenntnistheoretisch respektablen Theoriekern.

Entsprechend banal und unplausibel sind dann auch die üblichen Immunisierungsstrategien: Man müsste behaupten, dass

- die ganzen Photos von Streifen am Himmel, die vor dem angeblichen Beginn des Sprühprogramms entstanden sind, das Ergebnis einer weltumspannenden Fälschungsaktion seien,
- die ganzen Daten zur Atmosphäre laufend gefälscht bzw. verfälscht würden und
- die physikalischen Theorien falsch seien, die eine doppelte Anzahl von Streifen vorhersagen.[111]

Allerspätestens an diesem Punkt meiner Analyse der Chemtrail-Theorie stellen sich folgende Fragen:

111 Wobei es die Chemtrail-Theorie selber ist, die diese Verdoppelung impliziert.

- Warum sollten wir an einer derart mit Problemen, Lücken, Unstimmigkeiten und sperrigen Daten gesegneten Theorie festhalten?

- Wäre es nicht vernünftiger, sich nach leistungsstärkeren Alternativen umzusehen und keine Energie mehr in diese Theorieleiche zu stecken?

Die Watergate-Theorie

Die Aktivitäten der beiden Reporter Woodward und Bernstein waren natürlich von einem stetigen Strom sperriger Daten begleitet. Ernst genommen haben sie diese immer. Das führte manchmal zur Korrektur einer Muster-Erklärung. In einem konkreten Fall hatten sie die Aussage eines glaubwürdigen Zeugen falsch interpretiert und eine Falschinformation bzw. eine nicht haltbare These veröffentlicht. Als sie das bemerkten - es tauchten sperrige Daten in Form glaubwürdiger Aussagen aus anderen Quellen auf - setzte eine akribische Fehlersuche ein. Diese mündete in eine Richtigstellung ihrer These, einer Entschuldigung bei dem Betroffenen und der Verbesserung der eigenen Vorgehensweise.

Für andere sperrige Daten wurde allerdings konsequent eine Immunisierungsstrategie gefahren. Natürlich war die Aufklärungsarbeit der beiden Reporter von Anfang an durch prima facie glaubwürdige Dementis der Regierung begleitet. Insgesamt betrachtet war die Datenlage zu Beginn verworren und widersprüchlich. Die Voraussetzung für eine sinnvolle Immunisierung war allerdings schnell gegeben: Es konnte ein sich dynamisch entwickelnder Bestand an Muster-Erklärungen gewonnen werden - und somit ein schützenswerter Theoriekern (siehe Kapitel 5). Zur Immunisierung wurden z.B. folgende Hilfshypothesen eingesetzt:

- Die Dementis des Wiederwahlkomitees und der Regierung sind nicht korrekt und diese Quellen nicht glaubwürdig. Weniger höflich ausgedrückt: Es wird gelogen, dass sich die Balken biegen. Diese Hilfshypothese konnte zügig durch qualitativ hochwertige Daten gestützt, also durch überzeugende Muster-Erklärungen bestätigt werden.

- Bestimmte Informationen, die wir von Person A erhalten haben, passen nicht zu den Informationen aus den Quellen B und C. Dabei sind alle drei Quellen gleichermaßen glaubwürdig. Immunisierungsstrategie: Also warten wir ab, ob und wie die Unstimmigkeiten sich auflösen - oder wir versuchen aktiv, an zusätzliche Daten zur Klärung der Sachlage zu kommen. Daraus kann sich z.B. eine Hilfshypothese der folgenden Art ergeben: A, B und C sind gleichermaßen glaubwürdig. Wir haben aber gute Gründe für die Annahme gefunden, dass B und C sich getäuscht haben oder selbst hinters Licht geführt wurden. Also arbeiten wir weiter mit den Daten aus Quelle A - behalten die Quellen B und C aber in unserer Datei.

Man sieht schon an diesen wenigen Beispielen und Hinweisen, dass sich der Umgang der Aufklärungsjournalisten mit sperrigen Daten und Immunisierungstaktiken an unseren Kriterien orientierte:

- Es gab tatsächlich einen schützenswerten Theoriekern;
- die Hilfshypothesen wurden einer Ersteinschätzung ihrer Plausibilität unterzogen;
- und dann selbst immer wieder mit qualitativ hochwertigen Daten konfrontiert.

Also: Immunisierung wurde nicht eingesetzt, um sich pauschal Einwände, sperrige Daten oder gar Widersprüche vom Leib zu halten. Im Gegenteil - Woodward und Bernstein gingen sehr verantwortungsvoll und konservativ vor. Jede Immunisierung wurde genau durchdacht, mit den verfügbaren Daten abgeglichen und nie als letztes Wort betrachtet. Diese Behutsamkeit war aus verschiedenen Gründen ratsam: Zum einen stand mit der Glaubwürdigkeit der Washington Post sehr viel auf dem Spiel und zum anderen konnten Woodward und Bernstein anfangs selbst nicht glauben, was sich da in ihren Recherchen abzuzeichnen begann.[112]

---

112 Dieser „professionelle Skeptizismus" unterscheidet sich wohltuend von der Tendenz zu einem ideologisch eingefärbten Gesinnungsjournalismus, die ich in den letzten Jahren im deutschen Journalismus leider beobachte.

Das QAnon-Phänomen

Es ist ja schon klar, dass es sich bei QAnon nicht um eine Verschwörungstheorie, sondern um ein Verschwörungsmärchen handelt. Trotzdem führe ich das Beispiel weiter. Viele andere Verschwörungstheorien sind ja ebenfalls dem Märchengenre zuzuordnen. Unser Beispiel hilft dabei, das schnell erkennen und, vor allem, nachvollziehbar begründen zu können.

Für Märchen gibt es eine Unmenge an soliden Daten und Belegen, die mit der Märchenerzählung nicht in Einklang zu bringen sind und unter dem Sammelbegriff *Realität* bekannt sind: Es gibt weder gute noch böse Feen, Tiere können nicht sprechen, Prinzen kann man nicht in Frösche verwandeln und aus Stroh kein Gold spinnen.[113] Und das mit dem Retten edler Prinzessinnen haut leider auch nicht immer hin … Für Märchen ist das aber kein Problem. Sie erheben ja keinen Anspruch auf Beschreibung und Erklärung der realen Welt. Sie erschaffen eine Phantasiewelt.

QAnon hingegen hat an dieser Stelle ein sehr großes Problem: Dieses Verschwörungsmärchen erhebt ja den Anspruch, uns die reale Welt besser als alle anderen Theorien erklären zu können. Und das ohne respektablen Datenbestand, Theoriekern und Muster-Erklärungen! Genau um diese Defizite zu tarnen, setzt QAnon auf eine konsequente

---

113 Den letzten Punkt bestreitet die EZB in aller Entschiedenheit.

Strategie der Pauschalimmunisierung. Eine der Taktiken kennen wir bereits:

- Die Quelle QAnon relativiert selbst und konsequent alle möglichen Daten und Belege, indem sie unter den Vorbehalt der „zweckdienlichen Täuschung und Irreführung des Gegners“ gestellt werden. So soll verhindert werden, dass die Vorhersagen und Behauptungen des angeblichen Insiders als falsch bzw. widerlegt eingestuft werden.

Das Problem dieser Taktik habe ich bereits herausgearbeitet: Sie schüttet das Kind mit dem Bade aus und entzieht den Aussagen QAnons prinzipiell den Status, Daten oder Belege zu sein. Die Erzähler des Verschwörungsmärchens greifen aber noch auf weitere Taktiken der Pauschalimmunisierung zurück:

- Sperrige Daten oder alternative Erklärungen aus anderen Quellen werden pauschal als Ergebnis von Lüge, Fälschung oder Irreführung durch die Verschwörer und ihre Verbündeten „immunisiert“. Das betrifft die sogenannte „Lügenpresse“, oft auch „die Eliten“, den „Deep State“ und die ganze Vielfalt QAnon-kritischer Blogs im Internet. Vermutlich gehört auch dieses Buch auf die Liste.[114] Die Hypothese einer allumfassenden Ver-

---

114 Der „Deep State“ ist aus Sicht der Märchenerzähler der Teil des Staatsapparates, der von den pädophilen Satanisten kontrolliert und

schwörung wird hier als Immunisierungstaktik eingesetzt.

Dieser Versuch geht natürlich ins Leere:

- Zum einen kann diese Verschwörungshypothese nicht einmal ansatzweise der Begründungslast gerecht werden, die ihr auf Basis der Ersteinschätzung gemäß Kapitel 3 zukommt.

- Zweitens erfüllt sie die Grundvoraussetzungen nicht, die für eine sinnvolle Immunisierung nötig sind: Es gibt keinen schützenswerten Theoriekern. Die ganze Erzählung über pädophile Satanisten und deren Machenschaften ist als Theoriekern so brauchbar wie die These, die böse Hexe wäre von Hänsel und Gretel erledigt worden.

- Drittens scheitert diese Taktik an QAnons eigenem Bekenntnis zu Fehlinformation und Täuschung. Dieser grundsätzliche Vorbehalt und die damit verknüpfte prinzipielle Entwertung von Daten und Belegen betrifft natürlich auch z.B. die „Lügenpresse“: Vielleicht sind deren „Lügen“ ja gar keine? Könnte es nicht sein, dass es sich dabei um sehr raffinierte Täuschungsmanöver der eigentlich mit Trump verbündeten Medien handelt? In gewisser Weise ist es QAnon mit dieser Immunisie-

---

gesteuert wird - und alles tut, um Donald Trump zu blockieren und zu bekämpfen.

rungsstrategie gelungen, sich selbst den Teppich unter den Füßen wegzuziehen.

Das führt uns bzw. die QAnon-Gläubigen zwanglos zu einem weiteren Immunisierungsansatz. Dieser stellt das Musterbeispiel einer sinnfreien Pauschalimmunisierung dar:

- Was aus meiner/unserer Sicht irgendwie in diese Märchenwelt passt gilt als wahr, alles andere gilt als falsch - oder wird uminterpretiert, damit es irgendwie passt. Mit anderen Worten: Ich glaube, was ich glauben möchte.[115]

Seit Januar 2021 wird QAnon und diese Immunisierungsstrategie allerdings einem ziemlich rabiaten Härtetest unterzogen: Wider Erwarten (der QAnon-Gemeinde) ist der Tag der Vereidigung Joe Bidens reibungslos und wie offiziell geplant verlaufen. Die QAnon-Gläubigen hatten - *ich glaube, was ich glauben möchte* - felsenfest mit etwas ganz anderem gerechnet: Es sollte der Tag der Abrechnung werden - *the Storm*! Ihr strahlender Held - das ist Donald Trump - sollte die Gelegenheit nutzen und die ganzen in Washington versammelten Pädophilen, Satanisten, Kommunisten etc. verhaften, aburteilen und einsperren oder hinrichten lassen. Er sollte mit Hilfe des Militärs die Macht

---

115 In der Esoterik taucht diese Immunisierungsstrategie immer wieder auf: Ich glaube, was mir gut tut.

ergreifen, in den USA aufräumen und wenn sie nicht gestorben sind .....

Einige QAnon-Anhänger wurden durch diese überraschende Nicht-Wende offenbar so erschüttert, dass sie ihren Glauben an QAnon offiziell aufgegeben haben und sich etwas anderes suchen. Die USA gelten ja auch in dieser Hinsicht als Land der unbegrenzten Möglichkeiten. Es wäre ihnen allerdings zu wünschen, dass sie den Weg zurück in die reale Welt wieder finden und gehen.[116]

Andere werden sich, so meine Vermutung, an einer bewährten Immunisierungsstrategie des Christentums orientieren. Das liegt nahe, bilden evangelikale Christen doch einen der Stützpfeiler der QAnon-Gemeinde. Die Christen warten ja seit mittlerweile 2000 Jahren auf das von Jesus noch für seine eigene Gegenwart angekündigte Jüngste Gericht mit Begleitprogramm wie Auferstehung der Toten, Bestrafung der Ungläubigen, Belohnung der Rechtgläubigen etc. In diesen 2000 Jahren sind zwar zahlreiche als sicher vorhergesagte Alternativtermine ereignislos verstrichen ... aber das lässt sich ja erklären: Man dürfe Jesus und seine Prophezeiung nicht wörtlich verstehen, müsse ihm zugestehen, gelegentlich seine Pläne kurzfristig zu

116 https://www.derstandard.de/story/2000123495776/trump-abloese-stoesst-qanon-anhaenger-in-eine-tiefe-glaubenskrise. https://www.spiegel.de/wissenschaft/qanon-nach-donald-trump-filmriss-im-qanon-universum-kolumne-a-d75727b6-fa30-4c9d-87c4-01a2e22cb97b

ändern, müsse einsehen, dass Gottes Pläne für menschliche Vernunft sowieso unzugänglich sind - und vielleicht haben auch die ganzen Gebete gewirkt und für eine Verschiebung gesorgt …

In *QAnon-Welt* tauchten tatsächlich schon wenige Tage nach dem Schock-Ereignis der Vereidigung Bidens die entsprechenden Hilfsmärchen im Internet auf:

- Trump habe Biden als seinen heimlichen Komplizen installiert, um etwas später noch viel wirkungsvoller zuschlagen zu können.

- Trump warte noch etwas ab, bis wirklich alle pädophilen Satanisten sich unter Biden getrauen, aus ihrer Deckung zu kommen.

- Es sei gar nicht Trump, der den Tag der Abrechnung leiten werde - vielleicht ist es eines seiner Kinder. Wir hätten es also mit einem extrem raffinierten Tarnmanöver zu tun.

- Vielleicht ist in Wirklichkeit Mike Pence der Retter - das würde deshalb gut passen, weil ihn wirklich niemand auf der Rechnung hat …

- … und auch der 1999 tödlich verunglückte John F. Kennedy Jr. taucht in diesem Zusammenhang auf: Er habe seinen Tod nur vorgetäuscht, um den Tag der Abrechnung in Ruhe und unbemerkt von den Satanisten vorbereiten zu können.

Ich lade Sic ein, diese Immunisierungstaktiken an unseren Kriterien zu prüfen. Auf jeden Fall darf man gespannt sein, ob und wie QAnon diesen kapitalen Rückschlag mittel- und langfristig verkraften wird. Meine Prognose: QAnon wird als Phänomen in irgendeiner Form überleben und weiter als zeitgenössisches Kompetenzzentrum für hirnfreie Verschwörungsmärchen florieren.

Vertiefende Lektüre

Karl R. Popper: **Alles Leben ist Problemlösen. Über Erkenntnis, Geschichte und Politik.** München, 1994. Diese Sammlung von Reden und Aufsätzen ist eine gute Einführung in Poppers wissenschaftsphilosophisches Denken und seine Konzeption der Falsifikation von Theorien.

Hans Albert: **Traktat über kritische Vernunft.** Tübingen, 2010 (5. Auflage). Hans Albert entwickelt in diesem modernen und gut lesbaren Klassiker seine an Popper orientierte philosophische Antwort auf die Frage, wie wir damit zurechtkommen können, dass Theorien weder zwingend bewiesen noch widerlegt werden können.

Kapitel 7
Besser als andere

In den beiden letzten Kapiteln haben wir gesehen, dass und warum es keine absolut zwingenden Beweis- oder Widerlegungsverfahren für Theorien gibt. Grundsätzlich kann auch die aktuell beste Theorie durch eine noch überzeugendere ersetzt werden. Es gibt kein Beweisverfahren, das diese Möglichkeit für Erkenntnisfortschritt ausschließen kann. Wir verfügen allerdings über einige Kriterien, die uns eine rational belastbare Beurteilung der Qualität von Theorien ermöglichen. Anders ausgedrückt: Wir sind nicht dazu verdammt, alle Theorievorschläge als gleichermaßen gut oder schlecht einzuschätzen, nur weil sie sich nicht zwingend beweisen lassen.

Außerdem wurde gezeigt, dass man durch verschiedene durchaus akzeptable Manöver eine Theorie im Prinzip „für immer" vor sperrigen Daten und Widerlegung schützen kann. Natürlich wird das irgendwann unplausibel, unvernünftig, sinnlos - aber eben nicht logisch widersprüchlich. Ich habe dann die Bedingungen vorgestellt und erläutert, die eine rational verantwortbare Immunisierungsstrategie erfüllen sollte. Diese helfen uns z.B. dabei, einen schützenswerten Theoriekern zu erkennen. Ganz wichtig ist, dass er leistungsstarke Muster-Erklärungen liefert und sich dynamisch entwickelt.

Die Betrachtung von Qualitätskriterien für Theorien führe ich in diesem Kapitel weiter. Genauer: Wir richten jetzt den Blick auf Kriterien, die andere Aspekte als das direkte

Verhältnis der Theorie zur Datenbasis ins Spiel bringen. Diese Kriterien habe ich im Verlauf des Buches zum Teil schon verwendet, ohne sie ausführlich zu erklären und zu begründen. Ich habe z.B. darauf hingewiesen, dass eine „gute“ Theorie in sich stimmig sein sollte oder sich dadurch auszeichnet, dass sie ganz neue methodische Wege eröffnet. Was heißt das aber genau? Und warum sollten wir diese Kriterien akzeptieren? Und was bedeutet das für Verschwörungstheorien?

Wir werden auch mit diesen zusätzlichen Kriterien kein Prüfverfahren erhalten, das uns mit absoluter Sicherheit sagt, ob eine Theorie wahr oder falsch ist. Wir bekommen aber weitere Anregungen für den verantwortungsbewussten Umgang mit Theorien, noch mehr Möglichkeiten, um die theoretische Spreu vom Weizen zu trennen. Und können dabei unser Verständnis des Projekts Wissenschaft weiter vertiefen.

Eine Theorie sollte sich dynamisch entwickeln

Auf dieses Kriterium habe ich seit Kapitel 5 mehrfach als Qualitätsmerkmal für Theorien zurückgegriffen. Dabei habe ich mich stillschweigend darauf verlassen, dass diese Forderung auch ohne ausführliche Begründung einleuchtet. Nun ist es an der Zeit, zu zeigen, dass es sich tatsächlich um eine vernünftige Forderung an Theorien handelt - und wie genau das Kriterium funktioniert. Warum ist das wichtig? Es gibt immer wieder Verschwörungstheorien, die für sich ganz offensiv eine dynamische Entwicklung reklamieren: Nur sie könnten eine Fülle oder Folge von Ereignissen angemessen erklären. Ein bekanntes Beispiel firmiert unter der Bezeichnung „Der große Austausch“:

- Angeblich betreiben internationale Eliten seit Jahrzehnten ein umfassendes Programm des Bevölkerungsaustausches. Ziel sei es, z.B. in Europa die „angestammte“ weiße Bevölkerung durch Menschen aus der muslimischen Welt oder nicht-weiße Gruppen zu ersetzen. Warum und von wem genau das angestrebt wird, bleibt unklar. Genannt werden als Motive häufig die Verfügbarkeit billiger Arbeitskräfte, Hass auf die „christlich-europäische Kultur“ und der Wunsch nach Zersetzung der „weißen Rasse“.[117]

Diese Verschwörungstheorie appelliert an das respektable Qualitätskriterium der dynamischen Entwicklung: Nur sie könne den seit Jahrzehnten andauernden und zunehmenden Strom an Zuwanderern erklären, die Ausbreitung des Islam in Europa und der Welt, die ganzen Kampagnen für Multikulturalismus und gegen Rassismus, den Rückgang des Christentums und der abendländischen Kultur. Nur sie könne diese enorme Fülle an Daten integrieren und neue Ereignisse angemessen erklären.

117 https://de.wikipedia.org/wiki/Gro%C3%9Fer_Austausch

Wie funktioniert das Kriterium?

Eine dynamische Theorie stellt immer wieder neue und größere Zusammenhänge im Datenbestand her, bringt immer mehr „Ordnung in eine verwirrende Vielfalt“ von Belegen und Beobachtungen. Sie erlaubt uns, immer umfassendere Phänomenbereiche auf Basis der gleichen Naturgesetze, Prinzipien, Modelle oder Annahmen theoretisch zu erfassen. Konkret: Ihr Theoriekern liefert immer neue Muster-Erklärungen. Beispiele dafür sind allgemein bekannt:

- Die Evolutionstheorie hat seit ihrer Formulierung durch Charles Darwin eine beeindruckende Fülle an Muster-Erklärungen in sehr vielen Bereichen der Biologie entwickelt. Sie ist mittlerweile zu einer selbstverständlichen Rahmentheorie für einen sehr bedeutenden Teil der Naturwissenschaften geworden.

- Gleiches gilt für Newtons Physik. Sein Ansatz hat es erlaubt, immer mehr und immer neue Bewegungs-Phänomene auf Basis der selben Annahmen und Gesetze zu beschreiben und zu verstehen.

Das führt natürlich zu der Frage, warum diese Dynamik als Qualitätsmerkmal akzeptiert werden sollte. An einem abstrakt gehaltenen aber leider nicht (ganz) fiktiven Beispiel - diesmal zur Abwechslung einer Verschwörungstheorie - lässt sich das anschaulich zeigen.

Die Entwicklung der Kurse von Rohstoffen wie Gold und Erdöl, Aktien oder Aktienindizes, wie dem DAX oder dem SAP 500, lässt sich unter statistischen Gesichtspunkten betrachten. Bestimmte Kursverläufe können dabei auf Basis gewisser Voraussetzungen als eher wahrscheinlich, andere als eher unwahrscheinlich ausgezeichnet werden. Viele Börsenprofis orientieren sich bei ihren Anlageentscheidungen an diesen Wahrscheinlichkeiten.

Ein Unternehmen mit fragwürdiger Erfolgsgeschichte und hoher Verschuldung, das sich gerade noch so über Wasser halten und Konkurs vermeiden kann, wird für einen Kredit weit höhere Zinsen zahlen müssen als Unternehmen mit langer Erfolgsgeschichte und soliden Finanzen wie Apple oder Google. Dieser Zinssatz ist im Grunde eine Risikoprämie für den Kreditgeber und zeigt an, wie hoch das Ausfallrisiko ist. Erhält im Rahmen einer Wirtschaftskrise eines dieser „wackeligen" Unternehmen plötzlich Kredite - z.B. weil seine Anleihen (*junk bonds*) aufgekauft werden - so sinkt natürlich der Zinssatz und signalisiert abnehmendes Risiko bzw. geschäftlichen Erfolg. Dafür gibt es mehrere mögliche Erklärungen: Das Unternehmen profitiert z.B. von bestimmten Aspekten der Krise oder hat es geschafft, ein neues Produkt herzustellen, das allen Konkurrenzprodukten haushoch überlegen ist oder soll von einem wirtschaftlich gesunden Konkurrenten übernommen werden.

Erhalten in einer Krise gleichzeitig sehr viele unrentable Unternehmen quer durch alle Branchen Kredite, werden ihre Anleihen auf breiter Front gekauft, so tritt der selbe

Effekt ein: Die Zinssätze sinken. Aber warum? Eine mögliche Erklärung könnte sein, dass mitten in der Krise viele wackelige Unternehmen entweder von bestimmen Aspekten der Krise profitieren oder gleichzeitig sehr erfolgreiche neue Produkte oder Dienstleistungen auf den Markt gebracht haben oder übernommen werden sollen … Dabei wird jede dieser Erklärungen die Besonderheiten des jeweiligen Einzelfalles berücksichtigen müssen. Dass alle gleichzeitig übernommen werden oder alle gleichzeitig Erfolgsprodukte gefunden haben, ist eher nicht zu erwarten. Wir benötigen zur Erklärung des Phänomens also eine Vielzahl von „kleinteiligen" Theorien, die meistens unabhängig voneinander sind.

Eine alternative Theorie könnte sein, dass jemand mit sehr viel Geld (und im Wissen, dass er nur ein sehr kleines Risiko eingeht) systematisch die Anleihen wackeliger Unternehmen kauft - und zwar unabhängig von deren geschäftlichen Aussichten - um damit ein bestimmtes Ziel zu erreichen. Ein mögliches Ziel könnte sein, eine Konkurswelle und den damit zwangsläufig verknüpften Anstieg der Arbeitslosenzahlen zu vermeiden. Ein weiteres Ziel könnte es ein, die Aktienkurse nach oben zu treiben, um bei einer bevorstehenden Wahl auf eine florierende Wirtschaft verweisen zu können. In diesem Fall hätten wir es mit einem Theoriekern zu tun, der eine Vielfalt an Phänomenen erklären kann.

Logisch möglich ist, dass tatsächlich Fall eins eingetreten ist und diese ganzen wackeligen Unternehmen unabhängig voneinander mitten in einer Krise in die Erfolgsspur gefunden haben. Wesentlich wahrscheinlicher ist auf dieser Stufe der Betrachtung aber eine Variante des zweiten Ansatzes: Die meisten der fraglichen Unternehmen schaffen es in einer Krise vermutlich nicht, erfolgreich zu sein. Sie erhalten also aus einem anderen Grund Kredit, z.B. weil eine Konkurswelle verhindert werden soll. Wissen wir sonst nichts oder nur wenig über die Gesamtsituation, so werden wir zu Variante zwei tendieren: Sie ist wesentlich wahrscheinlicher als die gleichzeitige und voneinander unabhängige Erholung sehr vieler wackeliger Unternehmen in einer Krise.[118] Diese Ersteinschätzung bedarf natürlich im weiteren der Erhärtung durch Daten und Muster-Erklärungen. Findet man tatsächlich hochwertige Daten für ein Eingreifen des Staates, haben wir eine brauchbare Muster-Erklärung.

Dieser theoretische Ansatz hat weiteres Potential, kann Dynamik entfalten: Nehmen wir an, dass neben den Anleihen auch noch die Aktien wirtschaftlich gefährdeter Unternehmen „wider jede Vernunft und Risikoeinschätzung" flächendeckend aufgekauft werden - vielleicht sogar, obwohl eine Nationalbank oder Regierung das „offiziell" gar nicht darf. Der Theoriekern führt dann zu weiteren Muster-

118 Die Wahrscheinlichkeit, dass 100 Unternehmen sich unabhängig voneinander in einer Krise erholen wird durch Multiplikation der Wahrscheinlichkeiten für die Einzelunternehmen berechnet - ist also sehr sehr gering. Die Wahrscheinlichkeit, dass bestimmte Akteure flächendeckend Unternehmensanleihen mit hohem Risiko aufkaufen ist relativ hoch: Regierungen und Zentralbanken tun das immer wieder.

Erklärungen: Zum einen in Bezug auf steigende Kurse vieler Unternehmen trotz schlechter Fundamentaldaten. Zum anderen in Bezug auf die Akteure und deren Motive: Vielleicht handelt eine Regierung stimmig und konsequent - aber illegal? In Analogie zur Watergate-Theorie ließen sich daraus neue Vorhersagen gewinnen, die wir dann wiederum mit Daten konfrontieren könnten. In einem nächsten Schritt werden vielleicht auch noch Rohstoffe gekauft, um die heimische Förder- und Finanzindustrie zu stützen …

Also: Ein sich dynamisch entwickelnder Theoriekern liefert Erklärungen für eine Vielzahl von Phänomenen, hilft dabei, Zusammenhänge zu erkennen und zu vertiefen und ist prima facie wahrscheinlicher als viele voneinander unabhängige, „kleinteilige“ Theoriekerne. Er ist ein starkes Indiz dafür, dass wir wichtigen und grundlegenden Zusammenhängen auf der Spur sind.

Diese Überlegung erklärt auch, warum eine dynamische Entwicklung für die Evolutionstheorie oder Newtons Physik spricht:

- Warum sollte das als „Motor der Evolution“ postulierte Zusammenspiel von Mutation, Rekombination, natürlicher Auslese und Vererbung nicht in allen Bereichen seine Wirkung entfalten, in denen Mutationen etc. vorkommen?

- Warum sollte die Newtonsche Physik nicht überall dort „funktionieren“, wo Schwerkraft wirkt?

Dynamik und Verschwörungstheorien

Verschwörungstheoretiker berufen sich immer wieder auf dieses Kriterium. Ihr Motto: Nur eine Verschwörung könne die ganzen Ereignisse und Phänomene angemessen und im Zusammenhang erklären, z.B. die der internationalen Satanisten, „der Juden“ oder, wie oben skizziert, „der Eliten“, die in Europa die Bevölkerung austauschen möchten. Diese Theorien haben also jede Menge Dynamik - oder etwa nicht?

Genau: Eben nicht. Oft trügt der Schein. Eine derartige Argumentation blendet nämlich einen zentral wichtigen Aspekt des Kriteriums zur Dynamik einfach aus. Es geht nicht darum, ob etwas eine logisch mögliche oder „elegante“ Erklärung sein könnte (siehe Kapitel 3). Logisch möglich ist eine riesige Verschwörung immer - das ist banal. Die interessante Frage ist vielmehr die nach der Plausibilität.

Erinnern wir uns: Zuerst müsste eine Verschwörungstheorie den in Kapitel 3 erläuterten Test zur Ersteinschätzung bestehen. Der aber zeigt, dass mit dem Umfang einer angeblichen Verschwörung deren Plausibilität abnimmt. Dann stellt sich die entscheidende Frage, ob besagte Verschwörungstheorie einen leistungsstarken Theoriekern hat, der zusammen mit hochwertigen Daten und Belegen gute Muster-Erklärungen liefert. Ohne diese wird eine dynamische Weiterentwicklung nicht möglich sein. Für die Weltverschwörung der Satanisten, der Juden und den „Großen Austausch“ gilt: Auf diese Muster-Erklärungen warten wir bis heute. Und: Die Ereignisse, die real sind und für die sie eine Verschwörung als Erklärung anbieten, können im Rahmen alternativer Theorien wesentlich besser erklärt werden.

Das Fazit: Das Kriterium der dynamischen Entwicklung kann sicher nicht alleine und für sich genommen über die Qualität einer Theorie entscheiden. Es kann aber einen guten Grund liefern, einer Theorie den Vorzug vor einer anderen zu geben: Es geht zum einen um das „Funktionieren" eines Theoriekerns: Liefert er Muster-Erklärungen? Es geht andererseits um Wahrscheinlichkeiten und darum, dem Wahrscheinlicheren den Vorzug zu geben. Das wiederum knüpft an die Prinzipien der Alltagsrationalität bzw. Alltagsökonomie an: Orientiere Dich an dem, was funktioniert und am Wahrscheinlichen; investiere Deine Zeit und Energie so, dass Deine Erfolgsaussichten möglichst gut sind.

Eine Theorie sollte gut mit unserem Hintergrundwissen und anderen akzeptierten Theorien zusammenpassen

Sie erinnern sich? Dieser Gedanke hat in Kapitel 3 für die Bestimmung der Begründungslast bereits eine Rolle gespielt: Je weniger eine Behauptung zu unserem Hintergrundwissen passt, desto besser muss sie begründet werden, um Akzeptanz zu finden. Er liefert auch ein Qualitätsmerkmal für Theorien. Das lässt sich wieder sehr gut am Beispiel der Evolutionstheorie veranschaulichen:

- Lange Zeit war nicht klar, wie genau Vererbung funktioniert, welcher Mechanismus oder Prozess „dahinter steckt“. Die moderne Genetik hat diese Lücke auf eindrucksvolle und überzeugende Weise geschlossen. Dadurch haben beide Theorien bzw. Forschungsprogramme, also Evolutionstheorie und Genetik, an Plausibilität gewonnen.

- Darüber hinaus hat sich gezeigt, dass der Kern der Evolutionstheorie sehr gut mit anderen Theorien zusammenpasst: Von der Embryologie bis zur Blütenbiologie, von der Biogeographie bis zur Anatomie scheint es der Fall zu sein, dass Erkenntnisse und Phänomene sich sehr gut in den Rahmen der Evolutionstheorie einordnen lassen und ein zunehmend stimmiges Gesamtbild ergeben.[119]

Wie funktioniert dieses Kriterium?

Für die Evolutionstheorie bedeutet diese Vernetzung eine bedeutende Erhöhung ihres Plausibilitätsgrades. Warum eigentlich? Durch die Genetik werden wichtige offene Fragen (siehe Kapitel 2) beantwortet - und zwar so, dass am Theoriekern, den Muster-Erklärungen und den allermeisten

119 Eine sehr klare und erhellende Darstellung der Entwicklung und schrittweisen Vernetzung der Evolutionstheorie bieten Thomas Junker und Uwe Hoßfeld: **Die Entdeckung der Evolution. Eine revolutionäre Theorie und ihre Geschichte.** Darmstadt, 2009 (2. Auflage).

Hilfshypothesen der Evolutionstheorie festgehalten werden kann.

Außerdem bedeutet diese Vernetzung mit der Genetik an vielen Stellen und somit insgesamt eine Stärkung, weil die unabhängig gewonnenen Daten aus der Genetik bereits formulierte Thesen der Evolutionstheorie, z.B. zu den Entwicklungslinien einer Art, bestätigen oder verfeinern können. Die Genetik dient dabei als Hilfshypothese der Evolutionstheorie. Das wiederum ermöglicht der Evolutionstheorie neue und genauere Vorhersagen.

Also: Eine erfolgreiche Vernetzung von Theorien erweitert den Bestand an qualitativ hochwertigen Daten, erhöht deren Vorhersagepotential, beantwortet wichtige offene Fragen und ermöglicht diverse Feinjustierungen und Verbesserungen.

Immer greift dieses Kriterium aber auch nicht - das wäre ja auch zu schön gewesen. Haben wir es mit einem wirklich revolutionären theoretischen Ansatz zu tun, so findet keine Vernetzung mit unserem Hintergrundwissen, sondern eine massive Revision oder gar Elimination statt. Die Physik Einsteins oder die Abkehr von einer geozentrischen Kosmologie haben nicht in erster Linie zu einer Vernetzung mit bereits akzeptierten Theorien und zu deren Stärkung geführt. Im Gegenteil: Sie haben auf breiter Front zu einem ganz grundsätzlichen Umdenken und einer tiefgreifenden Revision vieler Theorien und unseres Gesamtbildes der Welt geführt. Gleiches gilt natürlich für Darwins Evolutionstheorie. Sie führte in vielen Bereichen der Biologie und verwandter Wissenschaften zu einer grundsätzlichen Neuausrichtung.

Dafür gibt es auch im Alltag, jenseits der Naturwissenschaften, immer wieder Beispiele: Eine zutreffende Verschwörungstheorie wie Watergate oder die Aufdeckung komplexer Betrugssysteme bei Wirecard und einigen Herstellern von Dieselmotoren wird Auswirkungen auf unser gesamtes Netz an Überzeugungen haben: Wir können nicht länger an unseren offensichtlich zu optimistischen Theorien zu Wirksamkeit und Verlässlichkeit bestehender Kontrollmechanismen und Aufsichtsinstitutionen oder der Gesetzestreue von Politikern und Managern festhalten. Wir sollten auf politischer Ebene angemessen reagieren. Gleiches gilt für den Missbrauchsskandal um die christlichen Kirchen und deren systematische Vertuschungsaktivitäten: Die Einschätzung der betroffenen Kirchen und Organisationen als glaubwürdige Moralinstanzen ist nicht länger haltbar und sollte Konsequenzen haben - z.B. bei der Besetzung von Ethikräten, der Gestaltung des Religionsunterrichts oder der Gewährung finanzieller Privilegien.[120]

120 Einer von mittlerweile unzähligen Fällen: https://www.deutschlandfunk.de/causa-woelki-kirchenrechtler-es-ist-ein-moralischer.694.de.html?dram:article_id=489359&utm_source=pocket-newtab-global-de-DE

Vernetzung und Verschwörungstheorien

Auch hier stellt sich sofort die Frage, ob dieses „Kriterium des Zusammenpassens“ nicht förderlich für Verschwörungstheorien ist. Die meisten Verschwörungstheorien reklamieren ja diese „Sprengkraft des Revolutionären“ für sich. Es liegt auf der Hand, dass sie sich gerade nicht mit unserem allgemein akzeptierten Hintergrundwissen zu einem stimmigen Gesamtbild zusammenführen lassen. Die Verschwörung ist ja (meistens) geheim und deshalb sei das, was wir zu wissen meinen, grundfalsch. Aus ihrer Sicht sind wir auf die Tricks, Manipulationen und Scheinwelten der Verschwörer hereingefallen. Das lässt sich gut am konkreten Beispiel zeigen:

- Nach den Präsidentschaftswahlen in den USA im November 2020 haben Trump und seine Anhänger - mittlerweile könnte man sogar von *Gläubigen* sprechen - eine atemberaubende Verschwörungstheorie zur Erklärung seiner Niederlage gegen Joe Biden „entwickelt“: In zahlreichen Einzelstaaten habe es massive und vielschichtige Manipulationen und Betrügereien gegeben. In mittlerweile über 50 Fällen haben allerdings Gerichte aller Ebenen sämtliche Klagen des Trump-Lagers abgewiesen. Der Grundtenor dabei ist eindeutig: Es gibt keinerlei Belege für den behaupteten Wahlbetrug. Zudem wurde sehr oft von den Gerichten darauf hingewiesen, dass die erhobenen Klagen jeder Grundlage entbehren und offensichtlich darauf abzielen, das Rechtssystem zu missbrauchen.[121]

Will man an dieser Verschwörungstheorie festhalten, so muss man behaupten, dass quer durch die USA und alle (!) Parteien mehrere hunderttausend Wahlhelfer, zahlreiche Beamte, die mit Organisation und Durchführung der Wahl betraut waren, Firmen, deren Soft- und Hardware bei der Auszählung eingesetzt wurden und mehrere Dutzend Richter aller Ebenen bis hin zum Supreme Court der USA Teil des Komplotts sind.

Da drängt sich ganz von alleine die Frage auf, wie gut das mit unserem Hintergrundwissen zusammenpasst. Eine Ersteinschätzung gemäß Kapitel 3 liefert ein klares Ergebnis: Gar nicht. Und das spricht erst einmal klar gegen Trumps Verschwörungstheorie. Anders ausgedrückt: Trump und seine „Bewegung" haben sich eine enorme Begründungslast auferlegt. Der bloße Verweis darauf, eine „revolutionäre" Theorie zu sein, greift als Entlastungsargument nicht. Der Grund dafür ist mittlerweile bekannt: Trumps Lager hat bis heute keine einzige Muster-Erklärung anzubieten, die unser Hintergrundwissen zu Integrität und Verlässlichkeit des Wahlprozesses in den USA ernsthaft erschüttern oder auch nur in Frage stellen könnte.

---

121 Einen Überblick zum Stand der Dinge für Dezember 2020 finden Sie hier: https://www.nbcnews.com/politics/2020-election/trump-s-election-fight-includes-over-30-lawsuits-it-s-n1248289

Diverse Nach- oder Neuzählungen und andere Prüfverfahren haben keinerlei Hinweise auf größere Manipulationen geliefert. Das ist der Unterschied zu einer wirklich revolutionären Theorie: Diese verfügt über einen Theoriekern, der „liefert“. Und sie wird sich ziemlich schnell dynamisch entwickeln. Kurz: Trump und seine Anhänger haben eine erdrückende Fülle an gut bestätigtem Alltags- und Hintergrundwissen gegen sich. Und sie haben Nichts, was sie dagegen ins Feld führen könnten. Es handelt sich nicht um eine revolutionäre Theorie, sondern um ein Verschwörungsmärchen.

Man sieht an solchen Beispielen aber auch, dass selbst die wildesten Verschwörungstheoretiker unser Kriterium akzeptieren. Was meine ich damit? Wir können davon ausgehen, dass viele Verschwörungstheoretiker an mehrere Verschwörungen glauben. Stellen Sie sich einfach vor, wie die Welt und der Alltag für einen überzeugten Trumpisten aussehen müssen, der zusätzlich daran glaubt, dass das Coronavirus nicht existiert, die Clintons und andere satanistische Gegner unserer Zivilisation einen weltumspannenden Pädophilenring betreiben und aus Flugzeugen Chemikalien versprüht werden, um die Bevölkerung ruhig zu stellen, unfruchtbar oder homosexuell zu machen … ganz zu schweigen von Bill Gates und seinen zahlreichen dunklen Machenschaften um die Einführung von 5G. Auch für so jemand ist es offenbar wichtig, dass „die Dinge zusammenpassen“, die einzelnen Verschwörungstheorien miteinander vernetzt werden können. Das „Vernetzungskriterium“ wird also akzeptiert. Das Problem: Diese Vernetzung ist eine Pseudo-Vernetzung, eine Vernetzung von

Märchenwelten. Sie wird durch Abkoppelung von der Realität, also durch Verzicht auf Muster-Erklärungen bzw. die Orientierung an hochwertigen Daten erkauft.[122]

Als Fazit können wir folgende Faustregeln festhalten:

- Es spricht prima facie für eine Theorie, wenn sie sich ohne größere Revisionen oder Spannungen mit bereits akzeptierten Theorien vernetzen lässt. Dadurch vermehrt sich unser Bestand an qualitativ hochwertigen Daten, Datenquellen, Antworten auf offene Fragen und Muster-Erklärungen.

- Andererseits muss eine Theorie, die große Teile unseres Hintergrundwissens in Frage stellt, sehr gut begründet werden, um Akzeptanz zu finden. Sie benötigt sehr belastbare Muster-Erklärungen. Wer möchte, dass wir Bewährtes aufgeben, muss gute Argumente liefern. Wie bereits in Kapitel 3 erläutert, liegt die Plausibilisierungslast bei dem, der uns überzeugen möchte.

Eine Theorie sollte in sich stimmig sein

In Kapitel 6 wurde ausführlich erläutert, dass und warum es in aller Regel für jede Theorie Daten gibt, die ihr in

---

122 In Band 2 werde ich der Frage nachgehen, warum trotz dieser erkenntnistheoretischen Bankrotterklärung so viele Menschen an Verschwörungstheorien glauben und konsequent die Flucht aus der Realität in eine Märchenwelt antreten.

einem bestimmten Sinne widersprechen, die „sperrig“ sind. Um dieses Verhältnis zwischen Theoriekern und Daten geht es jetzt aber nicht. Jetzt geht es um das Phänomen, dass ganze Teile einer Theorie nicht zusammenpassen, nicht gleichzeitig wahr sein können.[123]

Ein Beispiel dafür habe ich im Rahmen der Chemtrail-Theorie schon angeführt: Man kann nicht gleichzeitig auf eine Hilfshypothese zur Stützung einer Behauptung zurückgreifen und an anderer Stelle eben diese Hilfshypothese als falsch zurückweisen. Der Grund dafür ist ein logischer: Man akzeptiert bei so einem Vorgehen gleichzeitig zwei Annahmen, nämlich dass Theorie H wahr und dass Theorie H falsch ist. Das aber ist ein Widerspruch und daraus lässt sich ganz einfach jede Aussage ableiten - womit wir im Bereich völliger Beliebigkeit angelangt wären.

Unschön, aber wahr: Unstimmigkeiten treten in den Wissenschaften immer wieder auf. Dabei können sie lange unbemerkt bleiben. Verwendet eine Theorie z.B. zwei gleichermaßen akzeptierte und anerkannte Hilfstheorien zur Altersbestimmung von Fossilien und stellt sich nach einiger Zeit heraus, dass diese beiden Hilfstheorien systema-

123 Um Missverständnisse zu vermeiden, spreche ich in diesem Zusammenhang von *Unstimmigkeiten*. Damit möchte ich zum Ausdruck bringen, dass bestimmte Theorieteile einfach nicht zusammenpassen. Den Ausdruck *Widerspruch* vermeide ich bewusst. Er ist im Rahmen von Logik und Mathematik präzise definiert und erscheint mir hier zu eng.

tisch unterschiedliche Ergebnisse liefern, dann legt das eine konsequente Überarbeitung der Theorie nahe: Es wurde mit zweierlei Maß gemessen. Anders ausgedrückt: Die Theorie ist in sich unstimmig; es besteht Revisionsbedarf, weil zwei Hilfshypothesen nicht zusammenpassen.

Auch in der Physik wird hin und wieder mit Theorien gearbeitet, die offensichtlich unstimmig sind und somit nicht wahr sein können. Bekanntes Beispiel ist unsere Theorie zum Licht. Unter bestimmten Bedingungen gehen wir davon aus, dass Licht Teilchencharakter hat; unter anderen Rahmenbedingungen schreiben wir ihm die Eigenschaften einer Welle zu.[124] Dieses Vorgehen ist natürlich unbefriedigend, kann aber gerechtfertigt werden: Wir wissen, dass diese Theorie nicht korrekt sein kann. Zur Zeit haben wir aber keine erklärstärkeren Ansätze. Deshalb arbeiten und forschen wir weiter mit dieser dualen Theorie: Sie liefert Muster-Erklärungen, erlaubt Vorhersagen, kann hochwertige Daten integrieren. Wir hoffen dabei herauszufinden, woher diese Unstimmigkeiten kommen und eine bessere, also in sich stimmige Theorie entwickeln zu können. Wie schon mehrfach gesagt: Auch wenn wir vermuten, in einer Sackgasse zu stecken, so kann eine wichtige Erkenntnis am Ende dieser Sackgasse zu finden sein - vielleicht sogar ein versteckter Ausgang. Außerdem gibt es noch einen weiteren und ganz handfesten Grund für die Arbeit mit dieser

124 https://www.spektrum.de/lexikon/optik/lichttheorien/1867

unstimmigen Theorie: Sie liefert bessere Anwendungsergebnisse als jede bekannte Alternative.

Manche Verschwörungstheorien strotzen geradezu vor Unstimmigkeiten; QAnon ist dafür ein Musterbeispiel. Sie können aus der eben skizzierten punktuellen Toleranz gegenüber diesen allerdings keinen Gewinn ziehen. Zum einen ist Unstimmigkeit mit Sicherheit kein Qualitätsmerkmal, sondern ein sehr starkes Indiz dafür, dass etwas grundsätzlich nicht stimmen kann, dass die Theorie nicht das letzte Wort sein kann. Zum anderen werden wir Unstimmigkeiten nur dann tolerieren, wenn die fragliche Theorie brauchbare Muster-Erklärungen liefert. Genau an diesem letzten Punkt scheitern aber viele Verschwörungstheorien und natürlich alle Verschwörungsmärchen.

Also: Stimmigkeit ist eine Grundforderung an jede Theorie. Trotzdem werden in sich unstimmige Theorien bisweilen zähneknirschend akzeptiert - solange wir mit der fraglichen Theorie arbeiten können. Unstimmigkeit alleine reicht also nicht aus, um eine Theorie gänzlich zu verwerfen, nicht mehr mit und an ihr zu arbeiten. Um diesen Schritt zu gehen, bräuchten wir eine bessere Alternative. Das entspricht einem bekannten Prinzip der Alltagsrationalität: *Arbeite mit dem besten, was Du hast - auch wenn es nicht perfekt ist.*

Eine Theorie sollte vielversprechende Methoden oder Ansätze bieten

Zum Abschluss möchte ich noch an Qualitätsmerkmale erinnern, die sich weniger auf den konkreten Inhalt oder die Ergebnisse von Theorien, sondern auf deren Methoden oder metaphysische Prinzipien, also „Hintergrundannahmen", beziehen.[125] Was heißt das?

Jede Theorie wird im Rahmen oder auf Basis sehr allgemeiner Voraussetzungen formuliert, die oft als selbstverständlich angesehen und deshalb gar nicht besonders betont werden. Ein Beispiel dafür habe ich in Kapitel 5 schon erwähnt:

- Für Ptolemäus und viele seiner Nachfolger war es selbstverständlich, dass Himmelskörper sich mit konstanter Geschwindigkeit auf Kreisbahnen bewegen. Dahinter stehen theologische und metaphysische Überzeugungen. Himmelskörper haben einen höheren Perfektionsgrad als die Dinge auf der Erde, sie gehören zu einem Teil des Universums, der näher an der Sphäre des Göttlichen ist als die Dinge auf der Erde. Deshalb wurde angenommen, sie müssten „perfekte" Kreisbewegungen ausführen.

125 Für Verschwörungstheorien ist dieser Aspekt eher unwichtig - zur Abrundung meines Überblicks möchte ich darauf aber nicht verzichten.

Eine der eigentlichen Leistungen Keplers war es, sich von dieser Hintergrundannahme zu lösen und eine Theorie zu entwickeln, in der Planeten sich auf elliptischen, also „unvollkommenen" Bahnen bewegen. Dadurch wurde ein ganz neuer Ansatz für Muster-Erklärungen und weitere Theoriebildungen eröffnet. Unabhängig davon, welchen Gewinn an Genauigkeit Keplers Idee für Vorhersagen bedeutet, besteht ein beachtlicher Teil seiner wissenschaftlichen Leistung auch in dieser grundsätzlichen Erweiterung unseres Denkhorizontes.

Genau darin liegt ein Teil der Erklärung, warum wir zahlreiche Theorien, die aus heutiger Sicht falsch und überholt sind, trotzdem schätzen und ihnen erkenntnistheoretische Respektabilität zuschreiben. Ein aussagekräftiges Beispiel dafür liefert Thomas Hobbes in seinem zuerst 1651 erschienenen Buch *Leviathan*.[126] Heute sind eigentlich nur seine Thesen zur Moral- und Staatsphilosophie bekannt - und die in aller Regel stark verzerrt. Die anderen Teile des Buches sind aber mindestens so interessant. Warum? Im Leviathan entwickelt Hobbes die Grundprinzipien des Forschungsprogramms der modernen Wissenschaft! Natürlich sind die allermeisten konkreten Theorieansätze falsch - aber es kommt auf etwas anderes an. Hobbes entwickelt ein Bild von Wissenschaft, das auf damals neuartigen Grundprinzipien oder Grundannahmen beruht, die sich in

---

126 Thomas Hobbes: **Leviathan.** Ed.: C.B. MacPherson, London, 1985 (Reprint).

den folgenden Jahrhunderten als theoretisch ungemein fruchtbar erwiesen haben:

- Die Welt ist nach dem „Baukastenprinzip“ des Demokrit bzw. Epikur aufgebaut: Komplexe Dinge bestehen aus weniger komplexen; Grundbausteine sind nicht weiter teilbare, materielle Atome. Folglich sind die Eigenschaften komplexer Einheiten auf Basis der Eigenschaften ihrer „Bausteine“ zu erklären. Das war eine grundsätzliche Abkehr von dem bis dahin weithin akzeptierten Bild aristotelisch geprägter Wissenschaft, das keine durchgängige Reduktion des Komplexen auf weniger Komplexes kennt oder zulässt.

- Zusammengehalten und bewegt wird diese komplexe Welt durch Kräfte, die wir durch Naturgesetze beschreiben können, die ausschließlich dem Prinzip der mechanischen Wirkursache genügen. Anders ausgedrückt: Die Gesetze mechanischer Bewegung erklären jede Veränderung im Verhältnis der Grundbausteine zueinander. Auch das bedeutet einen radikalen Bruch mit der aristotelischen Tradition. Diese geht von einem nicht verzichtbaren teleologischen Prinzip der Erklärung aus: Bestimmte Dinge müssen als geplant, beabsichtigt, zweckorientiert erklärt werden. Darüber hinaus gibt es noch andere Ursachen für Bewegung als mechanische Interaktion.

- Die Sprache, mit deren Hilfe wir diese „neue Welt“ beschreiben, ist die der Mathematik. Was Ptolemäus für einen ganz kleinen Bereich geleistet hat, soll für alles gelten! Galilei hat das so ausgedrückt: *Das Buch der Natur ist in der Sprache der Mathematik geschrieben.* Und das ist der dritte radikale Bruch mit dem aristotelischen Ansatz: Dieser erlaubt keine durchgängige Mathematisierung.

Damit hat Thomas Hobbes nichts weniger als die Grundarchitektur des Forschungsprogramms der modernen Wissenschaft skizziert! Macht man sich das klar, so können wir verstehen, warum wir die ersten Theorien dieses Programms als respektabel einschätzen, obwohl sie falsch sind: Es handelt sich dabei um wichtige erste Schritte und somit Meilensteine auf dem Weg des Aufbaus, der Konkretisierung, des Ausbaus und der Präzisierung dieses neuen wissenschaftlichen Weltbildes.

Das letzte Wort hat Hobbes damit natürlich nicht gesprochen. Es gab und gibt immer wieder Theorien, die auch die Grundlagen dieses Forschungsprogramms und unser Verständnis davon verändert oder sogar in Frage gestellt haben:

- Newton hat mit seiner Einführung der Schwerkraft als Fernwirkung das mechanistische Ursachenkonzept als zu eng in Frage gestellt.

- Einstein hat es geschafft, die als selbstverständlich betrachtete Unabhängigkeit der beiden Koordinatensysteme von Raum und Zeit aufzulösen.

Mein Verdacht: Die nächste wissenschaftliche Revolution wird erneut zu grundsätzlich anderen metaphysischen Voraussetzungen und somit zu einem ganz neuartigen Verständnis von Wissenschaft führen.

Das Fazit: Die erkenntnistheoretische Respektabilität einer Theorie kann unabhängig von ihren konkreten Ergebnissen auch auf Basis ihres Beitrages zu unserem Verständnis des Projekts Wissenschaft und dessen metaphysischen Voraussetzungen begründet werden.

Welche Rolle spielen diese Qualitätskriterien für Theorien?

Es ist Zeit für eine Zwischenbilanz. So interessant, gut begründet und „griffig" diese Qualitätskriterien für Theorien auch sind - den Stein der Weisen haben wir damit nicht gefunden. Selbst wenn wir alle diese Kriterien sorgfältig und gewissenhaft anwenden ist nicht zu erwarten, dass sich für jede Theorie eine eindeutige Beurteilung ergeben wird. Es handelt sich bei ihnen nicht um ein präzises Berechnungsverfahren. Wir haben etwas anderes: ein Bündel an Faustregeln. Woran liegt das?

Die Kriterien liefern kein eindeutiges Entscheidungsverfahren

- Die einzelnen Kriterien lassen Raum für unterschiedliche Einschätzungen ihres Erfüllungsgrades. Es kann z.B. durchaus sein, dass eine Theorie an Dynamik verliert, sogar über einen gewissen Zeitraum in ihrer Entwicklung stagniert - und schließlich doch akzeptiert wird. Das Kriterium der Dynamik sagt uns nicht genau, ab wann wir uns von einer Theorie abwenden sollten und schließt nicht einmal aus, dass ein spektakuläres „Comeback“ gelingen könnte. Für die Watergate-Theorie gab es eine längere Phase des Stillstands. Bei Wirecard hat es tatsächlich eine Weile gedauert, bis der ganze Betrug aufgeflogen ist. Der Betrugstheorie fehlte über gewisse Phasen schlicht und einfach die Dynamik. Zwischendurch hat es sogar einmal so ausgesehen, als ob an den Vorwürfen nichts oder nur wenig dran wäre. Das war, als die BaFin sich gegen die Financial Times stellte und Anzeige erstattete. Übrigens hat auch die Evolutionstheorie ein sehr wechselvolles Auf und Ab hinter sich; mit Sicherheit kein Fall von *veni, vidi, vici*.

- Die Kriterien können für die selbe Theorie in unterschiedliche Richtungen zeigen, ohne ein wirklich klares Bild zu liefern. Typischerweise wird eine revolutionäre Theorie nicht gut zu unserem Hintergrundwissen passen und vielleicht erst einmal - trotz akzeptabler Muster-Erklärung - quantitativ und qualitativ weniger gute Vorhersagen ermöglichen als die etablierte Alternative. Sie könnte auch in sich unstimmig sein. Das Problem liegt auf der Hand: Es kann eine Weile dauern, bis eine Theorie als tatsächlich revolutionär erkannt und akzeptiert wird. Außerdem ist natürlich nicht jede Theorie revolutionär, die nicht gut zum Hintergrundwissen passt und weniger gute Vorhersagen ermöglicht. Oft wird es sich um einen „theoretischen Fehlschlag“ handeln. Es kann also dauern, bis das Bild sich klärt und alle Kriterien deutlich in eine Richtung weisen.

- Wir verfügen über keine interne Priorisierung oder Gewichtung für das Bündel an Kriterien. Anders ausgedrückt: Es gibt kein Verfahren, mit dem wir die Ergebnisse einzelner Kriterien miteinander „verrechnen“ könnten. Nichts kann uns z.B. genau sagen, ob es sinnvoll ist, eine konkrete Unstimmigkeit zu akzeptieren und die Theorie weiter zu entwickeln - oder eine Alternative zu verfolgen, die besser zu anderen Theorien passt, stimmig ist, aber schwächere Muster-Erklärungen aufzuweisen hat.

- Schließlich sollte auch in diesem Zusammenhang ein prima facie beunruhigender Aspekt noch einmal erwähnt werden: Selbst eine Theorie, die allen Kriterien sehr gut genügt, kann sich als falsch erweisen. Genau das ist mit der Newtonschen Physik passiert. Und ich vermute, dass dieses Schicksal allen unseren aktuellen Theorien droht. Stellen Sie sich einfach vor, wo die Wissenschaft in 500 Jahren stehen wird und wie aus Sicht des Jahres 2521 unsere heutigen Theorien und unser Projekt Wissenschaft beurteilt werden … Aber die beruhigende Antwort auf diese Wahrscheinlichkeit kennen wir jetzt: Es kommt auf erkenntnistheoretische Respektabilität an.

Die Kriterien sind unverzichtbar

Das alles heißt nicht, dass wir uns von dem Gedanken verabschieden sollten, die Qualität von Theorien zu prüfen. Es heißt auch nicht, dass diese Prüfung irrational ist oder sein muss. Auch wenn es nicht in jedem Fall ein eindeutiges Ergebnis gibt, so ist uns ja schon damit geholfen, belastbare und nachvollziehbare Einschätzungen zur Plausibilität von Theorien gewinnen zu können. Und dabei können die oben skizzierten Kriterien auch als „bloße“ Faustregeln sehr hilfreich sein. Was heißt das?

- Der regelmäßige Abgleich mit diesen Qualitätskriterien zwingt zur reflektierten Arbeit an und mit einem Theorievorschlag. Er ermöglicht es, ein klares Bild zu Stärken, Lücken oder Schwachpunkten einer Theorie zu entwickeln. Das wiederum hilft dabei, rationale und gut begründbare Entscheidungen zu treffen, wo und wie wir unsere Ressourcen an Zeit, Energie, Scharfsinn und Geld vermutlich am besten einsetzen können. Das ist wie beim Lotto im Alltag: Obwohl es logisch möglich ist, dass ich innerhalb eines Jahres 6 Richtige haben werde, ist es langfristig höchstwahrscheinlich sinnvoller, das Geld anders zu investieren, z.B. in einen internationalen Aktienfonds mit Dividendentiteln.

- Ein Abgleich mit diesen Qualitätskriterien zeigt auch, wie belastbar eine Theorie oder ein Theorieansatz „nach bestem Wissen und Gewissen“ ist. Zweckfreies Theoretisieren ist das eine - folgenreiche Entscheidungen auf Basis einer Theorie zu treffen das andere. Und das müssen wir immer wieder. Theorien sollen ja nicht nur unsere wissenschaftliche Neugier befriedigen. Sie sollen uns auch dabei helfen, besser in der Welt zurechtzukommen, Probleme zu lösen und Herausforderungen wirkungsvoll zu begegnen. Das zeigt sich in aller Ernsthaftigkeit und Konsequenz bei Debatten um Sinn und Zweck des Impfens, des besten Umgangs mit einer Pandemie oder den umweltverträglichsten Formen der Energiegewinnung. Zur Versachlichung dieser Debatten und für eine bestmögliche Entscheidungsfindung müssen wir uns über die Qualität der jeweils relevanten Theorien klar werden - auf Basis der besten Argumente. Und dafür sind die hier skizzierten Kriterien unverzichtbar.

- Der letzte Aspekt führt zu einer weiteren Überlegung, die ich persönlich für sehr wichtig halte: Unsere öffentlichen Debatten zu Wissenschaft, Forschung und deren Resultaten zeigen in aller Deutlichkeit, dass die allermeisten Teilnehmer - Politiker, Journalisten und die am jeweiligen Thema interessierten Bürger - nur eine sehr vage, verschwommene und größtenteils nicht haltbare Auffassung von Wissenschaft, Forschung, Theorien und deren erkenntnistheoretischem Status haben. Von klassischen Vertretern des Genres *Verschwörungsmärchen* ganz zu schweigen. Entsprechend zügig gleiten diese Debatten regelmäßig in Emotionalität, Oberflächlichkeit oder Vagheit ab. Für zwei Dinge ist das fatal: Erstens leiden darunter die Glaubwürdigkeit von Politik (Entscheider) und Wissenschaft (Berater). Zweitens wird die Argumentationskultur unserer Gesellschaft zersetzt: Irrationalität, Pauschalisierung und Polarisierung sind die allseits bekannten Folgeerscheinungen. Ein Blick auf die öffentlichen Debatten zum Thema *Klima* und deren argumentative Qualität zeigt das in aller bedrückenden Deutlichkeit.

- Die Diskussion der Qualitätskriterien und ihrer erkenntnistheoretischen Tragweite und Belastbarkeit zeigt auch, wie wichtig die Freiheit der Forschung ist: Zum Glück gibt es immer wieder geniale Querköpfe und hartnäckige „Spinner", die ihrer Spürnase folgen und gegen alle Wahrscheinlichkeit einen wissenschaftlichen Durchbruch erzielen. Das klappt nur sehr selten - aber wenn, dann kommt die Menschheit meistens einen Schritt weiter. Und genau deshalb braucht Wissenschaft Freiräume, Platz für kreative Außenseiter und die eine oder andere Bahn, auf der man gegen den Strom schwimmen kann.

- Letztlich kommt es in Wissenschaft, Forschung und sehr vielen anderen Lebensbereichen immer auch auf so etwas wie *wissenschaftlich geschulten Spürsinn*, den *Instinkt des Erfahrenen* oder das *Bauchgefühl des Experten* an. Nur: Damit wird niemand geboren. Diese Intuition erwirbt man durch langjährige erfolgreiche und bewusst gestaltete Praxis - und dazu werden Kriterien wie die oben skizzierten benötigt.

- Zum Abschluss möchte ich noch auf einen meines Erachtens sehr wichtigen Aspekt hinweisen: Unsere Beurteilung von Theorien wird ohnehin nur sehr selten eine Entscheidung nach dem Modell *Ja oder Nein* erfordern. Was heißt das? Theorien werden nicht einfach aufgegeben, weil sie unvollkommen oder lückenhaft sind. Dann wäre unser Bestand an Theorien praktisch gleich Null. Theorien werden normalerweise ersetzt - und zwar durch eine vielversprechendere Alternative. Ich möchte in diesem Zusammenhang noch einmal an die Theorie zum Licht erinnern. Wir halten daran fest, obwohl sie in sich unstimmig ist und in letzter Analyse nicht wahr sein kann. Der Grund ist nachvollziehbar: Wir haben ganz einfach keine bessere Alternative. Für unsere Überlegungen heißt das: Die oben skizzierten Kriterien werden in aller Regel im Rahmen von Vergleichsargumenten eingesetzt. Wir wenden ganz selten alle Kriterien nur auf eine Theorie bzw. einen Theorievorschlag an. Normalerweise vergleichen wir mit ihrer Hilfe Alternativen - und kommen so nicht zu einem *perfekt* oder *miserabel*, sondern zu einem graduellen *besser* oder *schlechter*. Man kann das auch so ausdrücken: Im Bereich der Wissenschaft gilt, wie meistens auch im Alltag, das Prinzip des konstruktiven Misstrauensvotums.

Das Fazit: Es gibt ein Bündel sinnvoller Kriterien, die eine gute Theorie erfüllen sollte. Diese Kriterien funktionieren allerdings nicht nach dem Modell eines mathematischen Berechnungsverfahrens. Sie ermöglichen aber eine sinnvolle Diskussion jenseits logischer Beweise. Es handelt sich um Faustregeln, die uns dabei helfen, möglichst gute Beurteilungen zu gewinnen und sinnvolle Entscheidungen zu treffen. Ihre Verankerung finden sie in bekannten und allgemein akzeptierten Regeln der Alltagsrationalität.

Einteilung von Verschwörungstheorien

Ich schlage vor, für die Einteilung von Verschwörungstheorien die Begriffe zu nutzen, die wir auch sonst und ganz allgemein für die Einschätzung von Theorien verwenden. Relativ klar und unkompliziert unterscheiden wir auf allen Gebieten

- Pseudo- oder Scheintheorien von richtigen Theorien,
- erkenntnistheoretisch respektable Theorien von nicht respektablen Theorien,
- wahre von falschen Theorien.

Ich sehe keinen guten Grund, ausgerechnet im Bereich der Verschwörungstheorien von dieser leicht verständlichen und klaren Einteilung abzuweichen. Die Rede von *wahren* Theorien ersetze ich für unsere Zwecke lediglich durch *haltbare* bzw. *vermutlich zutreffende* Theorien. Dadurch spare ich mir und dem Leser ein sehr theorielastiges und für unsere Zwecke nicht sehr ergiebiges Kapitel zum Wahrheitsbegriff.

Die folgenden Fragen helfen dabei, einen konkreten Theorievorschlag in dieses Raster einzuteilen:

Frage 1: Weist der Theorievorschlag in hinreichender Ausprägung die wesentlichen Elemente einer Theorie auf?

- Falls Ja, dann liegt eine Verschwörungstheorie vor.
- Falls Nein, dann liegt eine Pseudo-Theorie, also ein Verschwörungsmärchen vor.

Dieses Kriterium liefert wie alle anderen keine messerscharfe Zweiteilung. Es zeigt aber genau, welche grundsätzlichen Lücken in einem Theorievorschlag eventuell vorhanden sind. Auf dieser Basis kann man dann die Entscheidung nachvollziehbar begründen, ob man es konkret mit einer Verschwörungstheorie oder einem Verschwörungsmärchen zu tun hat.

Frage 2: Ist die Verschwörungstheorie bzw. deren argumentative Qualität erkenntnistheoretisch respektabel?

Auch hier bleibt Raum für Diskussionen - es geht in erster Linie darum, ob und wie weit eine Theorie unseren Qualitätskriterien genügt. Aber auch hier liefert die Beantwortung der Frage die dafür unverzichtbaren Argumente.

Frage 3: Ist die Verschwörungstheorie haltbar bzw. wahrscheinlich oder vermutlich zutreffend?

Frage 3 ist nicht überflüssig. Es kann nämlich erkenntnistheoretisch respektable Theorien geben, die sich als unzutreffend herausstellen. Beispiele in den Wissenschaften kennen wir bereits: Erstens erfüllt Newtons Theorie alle Anforderungen, um als Theorie zu gelten. Zweitens ist sie ohne jeden Zweifel erkenntnistheoretisch respektabel. Trotzdem trifft sie, drittens, nicht zu. Bei einer Verschwörungstheorie ist so ein Fall auch möglich: Stellen Sie sich vor, wir würden heute herausfinden, dass Nixon von Kissinger auf extrem raffinierte Weise hereingelegt wurde. In Wirklichkeit wusste er sehr lange nichts von den kriminellen Aktivitäten seiner engsten Mitarbeiter und hatte erst zu spät davon erfahren. Dann würden wir trotzdem an unserer Einschätzung der Arbeit von Bernstein und Woodward als erkenntnistheoretisch respektabel festhalten - sie haben von Anfang bis Ende nach bestem Wissen und Gewissen und mit höchster Sorgfalt gearbeitet. Wir würden wir ihre Theorie allerdings in anderer Hinsicht neu bewerten müssen - nämlich als vermutlich nicht zutreffend.

Zusammenfassung Kapitel 7

Folgende Kriterien helfen uns, neben den bereits in den Kapiteln 4, 5 und 6 erläuterten, bei der Einschätzung der Qualität von Theorien:

- Eine Theorie sollte sich dynamisch entwickeln. Der Theoriekern sollte zusammen mit hochwertigen Daten zu immer neuen Muster-Erklärungen führen.

- Eine Theorie sollte gut mit unserem Hintergrundwissen und anderen akzeptierten Theorien zusammenpassen. Eine revolutionäre Theorie muss deshalb sehr gut begründet werden.

- Eine Theorie sollte in sich stimmig sein.

- Eine Theorie sollte vielversprechende Methoden oder Forschungsperspektiven bieten.

Diese Kriterien sind in unseren Prinzipien der Alltagsrationalität verankert.

Das gesamte Bündel an Kriterien liefert keine eindeutigen Ergebnisse. Es lässt Raum für Diskussionen, unterschiedliche Einschätzungen und Revision. Es bestimmt aber einen „Korridor der vernünftigen Diskussion“. Wir benötigen diese Kriterien, um

- zu nachvollziehbaren und belastbaren Beurteilungen der Qualität von Theorien zu kommen;

- möglichst gute Entscheidungen auf Basis unserer Theorien zu treffen,

- unhaltbare Verschwörungstheorien und Verschwörungsmärchen zu erkennen.

Ich schlage folgende leicht verständliche und nachvollziehbare Einteilung vor:

- Verschwörungsmärchen;

- Erkenntnistheoretisch respektable oder nicht respektable Verschwörungstheorien;

- haltbare oder unhaltbare Verschwörungstheorien.

Die Beispiele: Chemtrails, Watergate und QAnon

Die Chemtrail-Theorie

Weist die Chemtrail-Theorie eine dynamische Entwicklung auf? Nein - wie bereits ausgeführt ist sie eher das Musterbeispiel für Stagnation. Sie hat nicht einmal eine einzige vollständige Muster-Erkärung vorzuweisen, bestenfalls Fragmente einer solchen.

Passt die Chemtrail-Theorie gut mit unserem Hintergrundwissen und anderen akzeptierten Theorien zusammen? Auch hier ein glasklares *Nein.* Die Chemtrail-Theorie gerät mit so ziemlich jeder Wissenschaft in Konflikt, zu deren Forschungsbereich sie Aussagen macht: Physik, Chemie, Meteorologie usw. Das ist, wie oben ausführlich erläutert, im Grunde noch kein zwingender Grund für eine Ablehnung - wenn sie dieser enormen Plausibilisierungslast gerecht werden könnte. Dazu bräuchte sie wirklich überzeugende Muster-Erklärungen und eine dynamische Entwicklung. Da diese schlichtweg nicht vorhanden sind, reduzieren sich viele Aussagen der Chemtrail-Theorie auf die unbegründete Behauptung, sehr viele unserer wissenschaftlichen Theorien seien falsch oder deren Datenbestand gefälscht.

Ist die Chemtrail-Theorie in sich stimmig? Nein - das ist sie nicht. Sie greift z.B. auf Chemie und Physik zurück, um Bodenanalysen durchzuführen und deren Ergebnisse als Belege für das Versprühen diverser Chemikalien zu verwenden. Gleichzeitig weist sie die Aussagen der selben

Wissenschaften zur Zusammensetzung unserer Atmosphäre oder der Bestandteile des Bodens als falsch zurück.

Bietet die Chemtrail-Theorie vielversprechende neue Methoden oder Ansätze? Nein. Von Verschwörungstheorien sollte man das auch nicht erwarten.

Mein Fazit: Die Chemtrail-Theorie genügt so gut wie keinem der in diesem Buch ausführlich skizzierten, diskutierten und begründeten Qualitätskriterien. Deshalb kann sie keinen Anspruch auf Glaubwürdigkeit oder Seriosität erheben. Sie liefert vielmehr das Musterbeispiel einer unhaltbaren und erkenntnistheoretisch nicht respektablen Verschwörungstheorie.

Die Watergate-Theorie

Weist die Watergate-Theorie eine dynamische Entwicklung auf? Ja - ich habe bereits ausführlich erläutert, wie sich Schritt für Schritt eine Entwicklung in ihren Muster-Erklärungen vollzogen hat, die letztlich das Haupt der Verschwörung im Präsidenten der USA identifizieren konnte.

Passt die Watergate-Theorie gut mit unserem Hintergrundwissen und anderen akzeptierten Theorien zusammen? In gewissen Entwicklungsphasen kollidierten die Thesen der Reporter Woodward und Bernstein mit allgemein akzeptierten Theorien zur Funktionsweise einer Regierung der USA und der Glaubwürdigkeit ihrer wichtigsten Mitglieder. Allerdings gelang es den beiden Reportern, die eigene Theorie so überzeugend zu entwickeln und zu belegen, dass wir unser (vermeintliches) Hintergrundwissen und einige bis dato akzeptierte Theorien tiefgreifend revidiert haben.

Ist die Watergate-Theorie in sich stimmig? Ja - sie entspricht zumindest in ihren Grundzügen höchstwahrscheinlich den tatsächlichen Vorgängen und Machenschaften.

Bietet die Watergate-Theorie vielversprechende neue Methoden oder Ansätze? Meines Wissens nicht - was aber auch nicht zu erwarten ist. Dieses Kriterium dürfte in erster und zweiter Linie für wissenschaftliche Theorien wichtig sein.

Mein Fazit: Die Watergate-Theorie erfüllt die in diesem Buch skizzierten, diskutierten und begründeten Qualitätskriterien sehr gut. Konflikte zwischen einzelnen Kriterien (sperrige Daten, Stimmigkeit mit unserem Hintergrundwissen etc.) konnten im Verlauf der Theorieentwicklung überzeugend erklärt und aufgelöst werden. Die Watergate-Theorie liefert das Modell für eine erfolgreiche Verschwörungstheorie. Ihr Anspruch auf Glaubwürdigkeit und Seriosität ist berechtigt. Sie ist haltbar und erkenntnistheoretisch respektabel.

Das QAnon-Phänomen

Weist die QAnon-Theorie eine dynamische Entwicklung auf? Nein. Dazu wären ein Theoriekern, qualitativ akzeptable Daten und wenigstens halbwegs funktionierende oder fragmentarische Muster-Erklärungen nötig. Nichts davon hat QAnon vorzuweisen. QAnon erhebt im Unterschied zur Chemtrail-Theorie nicht einmal den Anspruch, einen klar umrissenen Theoriekern zu formulieren und sich an Daten zu orientieren. Eine „dynamische Entwicklung“ ist lediglich bei der fortlaufenden Ausschmückung des Verschwörungsmärchens in alle möglichen Richtungen und mit allen möglichen Elementen festzustellen.

Passt die QAnon-Theorie gut mit unserem Hintergrundwissen bzw. anderen akzeptierten Theorien zusammen? Nein. Das ist auch nicht zu erwarten. Durch ihren Status als Märchenerzählung liegt der Schwerpunkt auf dem Entwurf einer Phantasiewelt und nicht auf der Erklärung der Geschehnisse in der realen Welt.

Ist die QAnon-Theorie in sich stimmig? Im Prinzip ja. In einer Märchenwelt gelten nämlich andere Gesetze und Regeln als in der Realität. Rumpelstilzchen kann z.B. aus Stroh Gold spinnen und rachsüchtige Feen können fesche aber charakterlich ungefestigte Prinzen in diskussionsfreudige Frösche verwandeln. QAnon wird in der Regel dann unstimmig, wenn ernsthaft eine Beziehung zur realen Welt hergestellt werden soll und Teile der Realität in die Erzählung integriert werden sollen.

Bietet die QAnon-Theorie vielversprechende neue Methoden oder Ansätze? Dieses Kriterium ist irrelevant; es gilt hauptsächlich für wissenschaftliche Theorien. Als Märchenerzählung ist QAnon von eher geringer Qualität: Es werden im Grunde altbekannte Versatzstücke anderer

Märchen zu einer wenig phantasievollen, ziemlich primitiven und bösartigen Geschichte zusammengepanscht.

Vertiefende Lektüre

Wer sich näher mit der Frage der Qualitätskriterien für Theorien befassen möchte, dem empfehle ich zwei Klassiker dieser Debatte:

Thomas S. Kuhn: **The Structure of Scientific Revolutions.** Chicago, 2012 (Jubiläumsedition zum 50. Jahrestag). Zuerst erschienen 1962.
Dieses Buch hat wie kaum ein anderes das moderne Theorieverständnis und die Debatten der Wissenschaftsphilosophie dazu geprägt.

Paul Feyerabend: **Against Method. Outline of an anarchistic theory of knowledge.** London, 1975. Der Titel ist Programm.

Kapitel 8
Intellektuelle Redlichkeit

Wo steht die Untersuchung jetzt?

- Ich habe erläutert, welche Minimalanforderungen erfüllt sein müssen, damit wir ernsthaft von einer Theorie sprechen können. Nicht alles, was sich „Theorie“ nennt oder auf den ersten Blick so aussieht, verdient diesen Namen.

- Ich habe erklärt, welche Kriterien wir zur Beurteilung der Qualität von Daten und Theorien heranziehen sollten. Sie sind unverzichtbar für die Einschätzung der erkenntnistheoretischen Respektabilität einer Theorie.

- Diese Minimalanforderungen und Qualitätskriterien können solide auf Basis allgemein akzeptierter und elementarer Faustregeln für vernünftiges Denken, Entscheiden und Handeln begründet werden. Auf die verlassen wir uns alle Tag für Tag und wer davon abweicht braucht eine exzellente Begründung.

- Wir können genau erkennen, an welchen Stellen eine Theorie noch Schwachstellen hat und verbessert werden muss.

- Wir können auf Basis unserer Kriterien im konkreten Fall gut einschätzen, ob wir es mit einer erkenntnistheoretisch respektablen Verschwörungstheorie zu tun haben, die stimmen könnte und weitere Ausarbeitung und

Prüfung verdient - oder ob eine unhaltbare Verschwörungstheorie bzw. ein Verschwörungsmärchen vorliegt.

- Es ist in der Regel klar, wer die Plausibilisierungs- oder Begründungslast in Bezug auf konkrete Theorien zu tragen hat.

Das wirft natürlich die Frage auf, warum so viele Diskussionen um Verschwörungstheorien so mühsam, verworren, emotional und unergiebig sind. Auf Basis der hier entwickelten Ideen und Faustregeln müssten wir uns doch eigentlich ziemlich schnell über eine Theorie einigen können. Zumindest müssten wir einsehen, dass und warum unterschiedliche Positionen vertretbar sind - und auch das weniger Wahrscheinliche nicht unbedingt falsch sein muss. Tja, *eigentlich* …

Warum sind Diskussionen über Verschwörungstheorien so oft so schwierig?

Ein Teil der Antwort liegt sicher darin, dass diese Debatten leider oft sehr oberflächlich und wenig systematisch geführt werden - und deshalb leicht an den eigentlich entscheidenden Aspekten vorbeilaufen. Um Missverständnisse zu vermeiden: Das gilt nicht selten für alle Beteiligten, sowohl für die Vertreter von Verschwörungstheorien als auch deren Kritiker.

Wir sollten uns in diesem Zusammenhang immer wieder Fälle wie Wirecard vor Augen führen. Dan McCrumb und die Financial Times haben sich sehr lange sehr schwer damit getan, wirklich ernst genommen zu werden. Und das, obwohl sie recht gute Argumente hatten. Eine Mischung aus Wunschdenken (*Mit der Aktie möchte ich weiter verdienen!*), naiver Autoritätsgläubigkeit (*Die BaFin weiß, was sie macht!*), Vorurteilen (*Das ist ja eine Verschwörungstheorie!*), Herdentrieb (*Die allermeisten Experten empfehlen die Aktie zum Kauf!*) und sicher auch argumentativem Unvermögen hat die rationale Analyse blockiert - bis es zu spät war.[127]

In den Diskussionen um Verschwörungstheorien werden zwar Argumente ausgetauscht, Schwachstellen aufgezeigt und Thesen verteidigt - irgendwie. In der Regel geht es dabei auf bekannt seichtem Talkshowniveau in bunter Mischung um einzelne Aspekte des fraglichen Theorievorschlages bzw. deren Plausibilität, die Qualität einzelner Daten und Belege, eventuelle Denkfehler und Manipulationstaktiken, psychologische und küchenpsychologische Betrachtungen, Geraune zu gesellschaftliche Folgen und den bisweilen fragwürdigen Bekanntenkreis von Verschwörungstheoretikern. Und natürlich darf ein Schuss Empörung auch nicht fehlen.

Das Problem eines derartigen Vorgehens ist nach sieben Kapiteln klar: So gut wie alle, also auch erkenntnistheore-

---

127 Wirecard ist kein Einzelfall. Auch der Fall Gustl Mollath zeigt, wie wichtig eine akribische Analyse ist - und wie fatal und ungerecht pauschale Verschwörungs-Vorwürfe sein können: https://de.wikipedia.org/wiki/Gustl_Mollath

tisch respektable Theorien haben Schwachstellen und Lücken, können nicht alles erklären und haben es mit sperrigen Daten zu tun. Überdies erregen auch die besten Theorien bisweilen Anstoß bei selbsternannten Hütern von Anstand und Moral. Wenn es ganz dumm läuft werden gute Theorien von „kantigen“ Zeitgenossen auch noch ungeschickt verteidigt. Anders ausgedrückt: Eine emotional geprägte, oberflächliche, fragmentarische oder nur punktuelle Betrachtung eines Theorievorschlages wird kaum ein schlüssiges Resultat liefern können. Dazu bedarf es einer nüchternen und systematischen Prüfung, die in eine rational belastbare und argumentativ transparente Gesamtbewertung des jeweiligen Theorievorschlags mündet. In deren Rahmen sollten natürlich dessen wirklich kritische Schwachstellen herausgearbeitet, priorisiert und benannt werden. In Kapitel 1 habe ich ausführlich erläutert, warum diese systematische Analyse so wichtig ist. Dieses Buch liefert dafür das Handwerkszeug und konkrete Anwendungsbeispiele.

Ich fürchte allerdings, dass Klarheit auf argumentativer Ebene alleine nicht ausreicht, um unhaltbaren Verschwörungstheorien und Verschwörungsmärchen ihre Popularität zu nehmen und ihre Verbreitung einzudämmen. Dazu wären zusätzlich zwei Dinge nötig:

- Erstens, dass alle Beteiligen der Diskussion sich an Rationalitätsstandards und moralischen Werten orientieren, die unsere Suche nach Wahrheit und Erkenntnis leiten.

- Zweitens, dass unhaltbare Verschwörungstheorien und Verschwörungsmärchen nicht mehr so leicht und gern als Waffen eingesetzt werden (können), um anderen Menschen Schaden zuzufügen und zweifelhafte oder sogar verbrecherische Ziele zu verfolgen.

Genau da liegt aber der Hase ebenfalls im Pfeffer. Das Problem sind nicht alleine die unhaltbaren Verschwörungstheorien oder Verschwörungsmärchen selbst, sondern auch der Umgang ihrer Erfinder, Vertreter und Anhänger damit.[128] Theorien selbst richten keinen Schaden an - Menschen tun das. Deshalb müssen wir auch das Verhalten der Vertreter von Verschwörungstheorien unter die Lupe nehmen. Was ist damit gemeint?

Wie gesehen, entwickeln wir immer wieder Theorien, die in letzter Analyse fehlerhaft sind und wieder aufgegeben werden. Das ist ganz normal und nicht anders zu erwarten. Deshalb sind Vorwürfe an sorgfältig arbeitende Wissenschaftler absurd, sie hätten einen Irrtum begangen, eine unhaltbare Theorie in die Welt gesetzt, wichtige Daten übersehen oder deren Relevanz falsch eingeschätzt. Gleiches gilt für solide arbeitende Journalisten, Gerichte, Detektive und alle von uns, die sich im Alltag ernsthaft bemühen, mit Hilfe von Theorien gut zurechtzukommen.

128 Die eben skizzierte argumentative Hilflosigkeit und Schludrigkeit vieler Kritiker macht es ihnen oft viel zu leicht.

Irren ist menschlich, verschafft uns oft wichtige Einsichten und bereitet den Boden für Erkenntnis. Niemand wird

- Ptolemäus vorwerfen wollen, er habe mit der falschen Zahl von Planeten gearbeitet,
- Thomas Hobbes vorwerfen wollen, seine mechanische Theorie der Wahrnehmung sei falsch,
- Charles Darwin vorwerfen wollen, dass er eine „Lamarcksche“ Vererbung durch Lernen erworbener Fähigkeiten postulierte,
- Newton vorwerfen wollen, dass er von der Unabhängigkeit eines dreidimensionalen Raumes von einer linearen Zeit ausging,
- Rutherford vorwerfen wollen, sein Atommodell stimme nicht oder sei viel zu ungenau …

Derartige Vorwürfe wären offensichtlich verfehlt. Sie und viele andere haben nämlich **nach bestem Wissen und Gewissen** nach Wahrheit und Erkenntnis gesucht. Das hört sich nach Platitüde oder Kalenderspruch an - markiert aber sehr genau und nachvollziehbar den Unterschied zwischen einem seriösen Umgang mit Theorien und dem, was z.B. Verschwörungsspinner wie Donald Trump und seine Jünger von QAnon veranstalten.

Also: Diskussionen um (vermeintliche) Verschwörungstheorien kranken leider sehr oft daran, dass als Grundlage eine systematische Analyse und das Wissen um die Qualitätskriterien für Theorien, also argumentative Kompetenz, fehlen. Das macht es relativ leicht, Rationalitätsstandards und Werte zu missachten - und Theorien als Waffen zu verwenden.

Nach bestem Wissen und Gewissen: Was heißt das?

Der Philosoph Karl Popper hat immer wieder betont, wie wichtig Mut zur Theoriebildung ist. Einen Theoriekern kann man nicht einfach mechanisch aus einem vorhandenen Datenbestand ableiten. Dazu braucht es Spürsinn, wissenschaftliche Phantasie und intellektuellen Mut. Vermutlich auch Glück.[129] Bei der Prüfung von Theorien geht es dann deutlich pragmatischer und bodenständiger zu. Dann heißt es, den Theoriekern mit Daten abzugleichen, die Qualität und Relevanz der Daten genau zu prüfen, neue Muster-Erklärungen aus dem Theoriekern zu gewinnen und die Wertigkeit sperriger Daten einzuschätzen. Die Orientierung dafür liefern die Kriterien, die ich in Kapitel 3 bis 7 vorgestellt und erläutert habe. Bei diesen handelt es sich im Grunde um Verfeinerungen unserer Alltagsrationalität, die uns helfen sollen, Irrtum zu erkennen, der Wahrheit näher zu kommen und unser Entscheiden und Handeln an den besten verfügbaren Theorien auszurichten.

---

129 Karl Popper: **Conjectures and Refutations. The Growth of Scientific Knowledge**. Abingdon, New York. 1963.

Wer so vorgeht, wer so mit Theorien umgeht, der verkörpert einen ganz zentralen Wert bei der Suche nach Wahrheit und Erkenntnis, nämlich **intellektuelle Redlichkeit.** Man sollte sich nicht in erster Linie für oder gegen eine Theorie entscheiden, sondern für die Suche nach Wahrheit und Erkenntnis.

Zur intellektuellen Redlichkeit gehört **skeptische Offenheit**. Warum? Irrtum ist immer möglich und auch eine noch so gut funktionierende Theorie kann sich als nicht haltbar erweisen. Deshalb ist es sinnvoll und wichtig, sich eine grundsätzliche Offenheit für sperrige Daten und alternative Theorien zu bewahren und dafür, Daten in einem neuen Licht zu sehen. Skeptische Offenheit erfordert auch, Schwachstellen eines Theorievorschlags und Lücken in der Datenlage anzuerkennen. Ebenfalls dazu gehören Härtetests für die eigene Theorie, d.h. genau zu überlegen, wie man sperrige Daten gewinnen könnte und das dann auch ernsthaft zu versuchen. Kurz: Intellektuelle Redlichkeit und skeptische Offenheit schließen die prinzipielle Immunisierung einer Theorie und den Einsatz entsprechender Strategien aus.

Ein weiterer Aspekt intellektueller Redlichkeit ist **argumentative Konsequenz**. Was ist damit gemeint? Argumentative Konsequenz heißt, den besten Argumenten zu folgen. Man sollte sein Urteil an der realen Argumentationslage ausrichten und nicht daran, wie man die Welt gerne hätte. Jede Position, die man vertritt, ist so stark oder schwach wie die Argumente, die sie stützen. Emotionale Betroffenheit und Intensität, Sendungsbewusstsein oder ein starkes Gefühl absoluter Gewissheit sind kein Ersatz für gute Argumente. Anders ausgedrückt: Unsere Einschätzung der Qualität von Theorien sollte sich nicht an Wunschdenken, Ideologien, esoterischen oder religiösen Phantasien, Vorurteilen oder Hirngespinsten orientieren - sondern an der rational vermittelbaren Argumentationslage. Das kann natürlich dazu führen, dass man Ergebnisse akzeptieren muss, die einem nicht gefallen.[130] Die Kriterien aus Kapitel 3 bis 7 sind wichtige Werkzeuge zur Umsetzung dieser Werte der intellektuellen Redlichkeit, der skeptischen Offenheit und der argumentativen Konsequenz.

Nach bestem Wissen und Gewissen: Das will doch jeder?

Interessanterweise scheinen gerade die motiviertesten Vertreter unhaltbarer Verschwörungstheorien und wilder Verschwörungsmärchen diese Werte mit Schwung, Elan und viel Herzblut zu verteidigen. Zumindest „offiziell", als Lippenbekenntnis. Intellektuelle Unredlichkeit, also Irrationalität, argumentative Oberflächlichkeit, Betrug, Lüge, subjektive Verzerrung, Manipulation und Fälschung kritisieren sie an ihren Gegnern, den vermeintlichen Verschwörern. Zur Veranschaulichung dieses Phänomens kann niemand besser dienen als Donald Trump:

- Donald Trump scheint nach eigenem Empfinden und dem seiner Anhänger einer der herausragenden Ex-

130 Wenn es klappt, nennt man das *persönliche Weiterentwicklung*.

ponenten **intellektueller Redlichkeit** zu sein. Er sagt die Wahrheit - Lügen tun seine Feinde, also die *Fake News*-Medien, die satanistischen Verschwörer um die Obamas und Clintons, die sozialistischen Wahlfälscher und seine unzähligen Feinde überall auf der Welt. Trump ist es, der Tag um Tag entschlossen für Wahrheit und Redlichkeit kämpft. Diese Überzeugung teilen die Vertreter aller möglichen Verschwörungstheorien: Sie rennen zäh, aufrecht und mutig gegen einen Wall aus Irrationalität, Lügen und Falschheit an.

- Trump und sein Gefolge haben sich wie niemand sonst **skeptische Offenheit** bewahrt - zumindest im Bezugsrahmen von *Trump-Welt*. Er selbst und aufrechte Mitstreiter für Wahrheit und Gerechtigkeit wie Rudy Giuliani und Sidney Powell weisen nüchtern, schonungslos und klar auf die ganzen (angeblichen) Ungereimtheiten bei den Wahlen im November 2020 hin, die Biden „gestohlen" habe. Trumps Gegner seien es, die das Offensichtliche nicht sehen wollen - oder aus ideologischer Verblendung heraus nicht sehen können. Sperrige Daten gebe es in Hülle und Fülle: Wie kann man einfach wegsehen, wenn Kommunisten aus Venezuela, Kuba und China die Wahlmaschinen manipulieren? Wie kann man ignorieren, dass unzählige Tote gewählt haben?[131] Wie kann man so tun, als wären keine LKW-Ladungen gefälschter Stimmen mitgezählt worden? Wie kann man

131 Genau: Ohne Satan könnte das nie funktionieren!

an die Möglichkeit einer Briefwahl ohne massive Manipulationen glauben? Mehr als 50 Gerichte aller Instanzen und so gut wie alle mit der Durchführung der Wahl betrauten Staatsbediensteten hätten das allerdings aus Feigheit oder ideologischer Verblendung heraus getan … und so die Betrugs-Wahlen „immunisiert“! Auch diese Haltung ist bei so gut wie allen Verschwörungstheoretikern sehr ausgeprägt: Sie sind es, die sich skeptische Offenheit, also den klaren Blick für sperrige Daten, Ungereimtheiten und Unstimmigkeiten bewahrt haben. Ihnen fällt auf, was andere nicht sehen (wollen).[132]

- Und natürlich richtet Donald Trump seine Entscheidungen und sein Handeln stets und **konsequent an rationalen Argumenten** aus - behauptet er. Das Coronavirus hat er zu Beginn der Pandemie als Erfindung seiner politischen Gegner, als Hirngespinst abgetan. Alle vernünftigen Argumente sprächen gegen die Existenz des Virus. Als sich dann überraschenderweise herausgestellt hatte, dass da doch ein Virus herumschwirrt, hat er es als harmlose Grippevariante abgetan und elementare Schutzmaßnahmen wie das Tragen einer Maske als argumentativ nicht haltbar, feige, sozialistisch und unmännlich gebrandmarkt. Außerdem, so Trump, werde

132 Ein guter Überblick findet sich hier: https://de.wikipedia.org/wiki/Sturm_auf_das_Kapitol_in_Washington_2021

das Virus sowieso in Kürze wie durch ein Wunder und ganz von selbst verschwinden.[133] Von seinen eigenen Ideen abweichende Expertenmeinungen hat er immer wieder als Unsinn ohne rationale Basis zurückgewiesen. Das Gesamtchaos aus Ignoranz, Skrupellosigkeit, organisatorischer Hilflosigkeit und atemberaubender Stümperei seiner „Regierung“ wurde dann im nächsten Schritt als weltweit einzigartiger Erfolg im heroischen Kampf gegen die perfide chinesische Virus-Attacke verkauft - und die stetig steigende Opferzahl einfach nicht mehr erwähnt. Wer das tat musste sich den Vorwurf der Panikmache und irrationalen Übertreibung gefallen lassen. Der rote Faden in diesem umfassenden Totalversagen Trumps und seiner Gehilfen: Aus seiner Sicht waren die besseren Argumente immer auf seiner Seite - *die Anderen* haben elementare Dinge nicht verstanden und Denkfehler begangen. Auch das reklamieren so gut wie alle Verschwörungstheoretiker für sich: Sie folgen mutig den besten Argumenten - auch gegen den irrationalen, ideologisch verblendeten und leichtgläubigen Mainstream.[134]

Also: Es klingt zwar verrückt, aber wir alle scheinen uns doch einig zu sein, dass Irrationalität, Betrug, Fälschung, Lüge und Manipulation bei der Suche nach Wahrheit hin-

---

133 Jede Wette: Dieses Wunder wurde von Satan geblockt.
134 Hier ein heroischer Versuch, Trumps Lügen zusammenzustellen: https://www.theatlantic.com/politics/archive/2020/11/trumps-lies-about-coronavirus/608647/

derlich sind und intellektuelle Redlichkeit, skeptische Offenheit und argumentative Konsequenz unverzichtbar. Das eröffnet eine weitere Dimension für Kritik - diesmal aber nicht an Theorievorschlägen oder Theorien, sondern an deren Vertretern.

Irrationalität und intellektuelle Unredlichkeit

Bisher lag der Schwerpunkt meiner Kritik auf argumentativen und inhaltlichen Aspekten der jeweiligen Theorievorschläge. Sind alle wesentlichen Bausteine einer Theorie wenigstens rudimentär vorhanden? Wie steht es um die Qualität der Daten und Belege? Gibt es brauchbare Muster-Erklärungen? Entwickelt sich die Theorie dynamisch oder stagniert sie? ... Die eben angestellten Überlegungen eröffnen zwei neue Dimensionen für Kritik:

- Wie steht es um die **Rationalität** der Vertreter einer Verschwörungstheorie?
- Wie steht es um die **intellektuelle Redlichkeit** der Vertreter einer Verschwörungstheorie?

Erstens kann es sein, dass ein Verschwörungstheoretiker unsere Kriterien akzeptiert und eine vernünftige Diskussion auf dieser Basis und in diesem Rahmen stattfindet. Dann werden wir höchstwahrscheinlich zu einer soliden Analyse der Theorie kommen und eventuell unterschiedliche Gesamteinschätzungen transparent und nachvollziehbar begründen können. Eine derartige Debatte ist von intellektueller Redlichkeit, skeptischer Offenheit und argumentativer Konsequenz geprägt. Die Teilnehmer daran verhalten sich rational respektabel.

Ein Musterbeispiel für rationale Verschwörungstheoretiker haben wir in den beiden Journalisten Woodward und Bernstein kennengelernt; auch Dan McCrumb und seine Kollegen der Financial Times sollte man an dieser Stelle nennen - stellvertretend für viele Aufklärer und *Whistleblower*. Außerdem wird es immer wieder Menschen geben, die erst einmal an eine unhaltbare Verschwörungstheorie oder ein Verschwörungsmärchen glauben, sich auf eine rationale Prüfung einlassen und als Ergebnis ihren Irrtum einsehen und korrigieren: Ich gratuliere. Schließlich sollten wir nicht davon ausgehen, dass alle Verschwörungstheorien von argumentativ unfähigen und irrationalen Spinnern vertreten werden: Erkenntnistheoretische Respektabilität kann auch auf letztlich unhaltbare Theorien zutreffen. Wer systematisch Daten zusammenträgt und prüft, Muster-Erklärungen entwickelt und sich dabei von unseren Kriterien leiten lässt, hat das Recht, ernst genommen zu werden - egal ob es Edward Snowden ist, ob es um Kennedys Ermordung oder den Einsturz des dritten Gebäudes des World Trade Center geht.

Zweitens kann es sein, dass ein Verschwörungstheoretiker sich weigert, unsere Kriterien zur Einschätzung der Qualität von Theorien zu akzeptieren und trotzdem Rationalität und intellektuelle Redlichkeit für sich reklamiert.[135] Das ist erst einmal logisch legitim und meistens recht unterhaltsam. Es bedarf allerdings einer sehr guten Begründung - und da hört der Spaß dann auf. Wie gesehen, sind unsere Qualitätskriterien erprobt und wurzeln in ganz handfesten und allgemein akzeptierten Rationalitätsprinzipien, ohne die wir im Alltag kaum zurechtkämen. Mit „wir" meine ich tatsächlich alle von uns. Auch der hartnäckigste Verschwörungsspinner wird großen Wert auf diese Kriterien legen, wenn viel für ihn auf dem Spiel steht - z.B. bei einem Gerichtsverfahren. Als Angeklagtem wären ihm selbstverständlich glaubwürdige Zeugen, qualitativ hochwertige Daten und die Berücksichtigung sperriger Belege zu seinen Gunsten sehr wichtig. Lücken in der Indizienkette oder der Beweisführung der Ankläger würde er zu Recht kritisieren. Also muss jeder Verschwörungstheoretiker sich der folgenden Frage stellen und eine überzeugende Antwort liefern:

- Warum sollten wir diese Kriterien, die von uns allen (!) akzeptiert werden, nicht auf Verschwörungstheorien allgemein oder auf Deine konkrete Verschwörungstheorie anwenden?

135 Das schaffen natürlich nicht nur gewisse Verschwörungstheoretiker. Auf dem weiten Feld von Esoterik, Ideologie und Religion treiben Irrationalität und intellektuelle Unredlichkeit alle möglichen und unmöglichen Blüten.

Mir fällt es schwer, eine wenigstens halbwegs akzeptable Antwort auf diese Frage zu finden. Die Kriterien sind einfach zu tief und zu stark mit unseren ganz „normalen“ Entscheidungs- und Handlungsstrategien verwoben. Und sie haben ihre Tauglichkeit oft genug unter Beweis gestellt. Wenn sie aber tatsächlich nicht akzeptiert werden, so führt der Anspruch auf Rationalität zwangsläufig zur nächsten Frage:

- Welche Alternativkriterien sollten wir zur Beurteilung von Theorien und ihrer Leistungsfähigkeit verwenden?

Solange wir darauf keine schlüssige Antwort bekommen, muss der Verschwörungstheoretiker sich den Vorwurf gefallen lassen, nicht an einer rationalen Prüfung der Theorie auf Basis der besten Kriterien interessiert zu sein. Er will zwar eine Theorie prüfen und vertreten - aber auf welcher Grundlage? Das führt dann sofort zur nächsten Frage:

- Wie könnten wir denn eine Theorie ohne brauchbare Kriterien bzw. Qualitätsmaßstäbe beurteilen?

Also: Weist ein Verschwörungstheoretiker die allgemein akzeptierten Qualitätskriterien für Theorien zurück, kann oder will er keine alternativen Kriterien anbieten und verweigert er die Angabe einer alternativen Methode der Theoriebeurteilung, so ist er offensichtlich gar nicht an einer rationalen Prüfung interessiert. Für eine belastbare Beurteilung braucht es schlicht und einfach gute Kriterien oder eine vergleichbare Methode. Ohne diese bewegen wir uns im Bereich völliger Beliebigkeit oder unverbindlicher subjektiver Geschmacksempfindungen. Deshalb kommt so jemand als ernstzunehmender Diskussionspartner nicht in Frage. Er hat sich den Vorwurf der Irrationalität redlich verdient. Und somit auch den der intellektuellen Unredlichkeit.[136]

Beeindruckende Beispiele irrationalen Verhaltens sind für unser Thema leicht zu finden:

- Viele QAnon-Gläubige scheinen in keinster Weise an irgendeiner Form rationaler Prüfung interessiert zu sein. Wie in Kapitel 6 erläutert, haben sie ihr Verschwörungsmärchen gegen jede Art rationaler Argumentation auf höchster Stabilitätsstufe immunisiert. Es darf so ziemlich Alles behauptet oder bestritten werden. Erlaubt ist, was gefällt und irgendwie in diese Phantasiewelt „reinpasst". Zahlreiche Interviews und Stellungnahmen, im Internet leicht zu finden, veranschaulichen das.

- Vor einiger Zeit hat *Jana aus Kassel* eine gewisse Berühmtheit in Deutschland erlangt. Sie stand im Rahmen einer Querdenker-Demo auf der Bühne und hat sich als Widerstandskämpferin gegen die „Coronalügenmafia"

---

136 Mir sind tatsächlich keine Kriterien bekannt, die als rational belastbare und grundsätzliche Alternative zu den hier entwickelten gelten könnten. Esoterische Manöver wie die Pauschalimmunisierung einer Theorie, die Kommunikation mit der/einer Geisterwelt, oder die Suche nach Wahrheit im eigenen Inneren kommen dafür, wie erläutert, nicht in Frage (siehe Kapitel 6).

tatsächlich mit Sophie Scholl von der Weißen Rose gleichgesetzt. Das lässt sich meines Erachtens am besten so erklären, dass auf dem geistigen Weg zu dieser Selbsteinschätzung sämtliche Rationalitätsstandards konsequent ignoriert und viele Verbindungen zur realen Welt gekappt wurden.[137]

- Der prominente Koch Attila Hildmann scheint sich ebenfalls von Rationalitätsstandards jeder Art unerträglich beengt zu fühlen. Ein konkretes Beispiel: Im August und September 2020 entwickelte er die These, im Pergamonmuseum auf der Berliner Museumsinsel befinde sich der Ursprung aller Übel dieser Welt. Das Museum sei das Weltzentrum der mittlerweile professionell miteinander vernetzten Satanisten-, Coronaverbrecher- und Pädophilenverschwörungen. Menschenopfer und Kinderschändung seien dort an der Tagesordnung.[138] Als Bayer hat man ja immer ein offenes Ohr für Kritik an Berlin … aber wenigstens eine klitzekleine Muster-Erklärung wäre als Zutat nicht schlecht.

Mein Fazit: In diesen und leider vielen ähnlichen Fällen haben wir es prima facie mit Menschen zu tun, die eine

137 https://www.sueddeutsche.de/politik/hannover-sophie-scholl-querdenken-coronavirus-1.5123595

138 https://www.zeit.de/2020/44/anschlaege-berliner-kunstwerke-flecken-verschwoerungstheorien-attila-hildmann-pergamonmuseum/seite-2?utm_referrer=https%3A%2F%2Fwww.google.com%2F

rationale Diskussion grundsätzlich ablehnen. Sie müssen sich den Vorwurf der prinzipiellen Rationalitätsverweigerung, der Irrationalität gefallen lassen. Dieser Vorwurf wird oft zu Recht erhoben, bleibt aber auch zu oft inhaltlich sehr unbestimmt und vage: Was genau ist damit gemeint und wie kann er nachvollziehbar begründet werden? Die eben skizzierten Fragen bezüglich Anwendung und Akzeptanz der Qualitätskriterien für Theorien zeigen, wie dieser Vorwurf im Einzelfall inhaltlich präzisiert und argumentativ untermauert werden kann.[139] Und damit ist auch die weitere Kritik berechtigt: Wer sich nicht an grundlegenden Rationalitätsstandards orientiert, aber trotzdem an bestimmten Thesen und Theorien festhält, handelt intellektuell unredlich. Es geht diesen Zeitgenossen ganz offensichtlich nicht um Wahrheit und Erkenntnis; skeptische Offenheit und argumentative Konsequenz spielen für sie keine Rolle. Ich schlage vor, in diesem Zusammenhang den Begriff *Verschwörungsspinner* zu verwenden.

Das Ziel dieses Buches, die argumentative Analyse von Verschwörungstheorien, wäre damit erreicht. Sicher nicht vollständig - aber in den Grundzügen. Wir wissen jetzt, wie man Verschwörungstheorien auf ihre argumentative Haltbarkeit prüft und feststellt, ob ihre Vertreter sich den Vorwurf der Irrationalität und Unredlichkeit gefallen lassen müssen. Das Fundament für die weitere Untersuchung des

139 Sie zeigen übrigens auch, wie man bei einer Diskussion einen irrationalen Verschwörungstheoretiker in Bedrängnis bringen kann.

Phänomens ist damit gelegt. Die konsequente Auseinandersetzung mit Verschwörungstheorien hat natürlich noch weitere Facetten und Dimensionen - und zwar jenseits der Diskussionen über erkenntnistheoretische Respektabilität oder Haltbarkeit, über Rationalität und Redlichkeit ihrer Vertreter. Das zeigen die nächsten Überlegungen.

Irrationalität und Schadensrisiko

Irrationalität kann harmlos sein, intellektuelle Unredlichkeit in ihren Folgen manchmal sogar unterhaltsam. Das Horoskop in der Bildzeitung (leider nicht nur das Horoskop) und die alljährlichen Prognosen prominenter Wahrsager und Astrologen sind im Grunde harmlos und Teil der Unterhaltungsindustrie. Gleiches gilt für Amulette zum Schutz gegen Werwölfe, Knoblauchketten gegen Vampire oder das Bearbeiten von Voodoo-Puppen mit Nadeln - sie haben keinerlei bekannte negative Folgen für andere. Das gilt auch im Bereich von unhaltbaren Verschwörungstheorien oder -märchen:

- Die Flacherdler, also die Vertreter der Theorie, die Erde sei eine Scheibe und die Sache mit der Kugelgestalt eine riesige Verschwörung, haben meines Wissens mit dieser Spinnerei bis heute keine größeren Schäden verursacht. Es ist noch niemand über den Rand gefallen.

- Wer Aluhut trägt und nur mit Schirm auf die Straße geht, um sich vor Chemtrail-Chemikalien zu schützen, richtet auch keinen (großen) Schaden an. Er darf Passanten Punkt für Punkt erklären, warum er Hut und

Schirm für sinnvoll hält - wenn sie ihm zuhören mögen. Negative Folgen oder größere Schäden sind durch dieses Verhalten nicht zu erwarten.

- Wer fest daran glaubt, dass Wotan über uns Deutsche zutiefst verstimmt ist, weil wir uns - manipuliert durch finstere, irrgläubige Eliten - andere Götter ausgedacht haben oder es gleich ganz ohne probieren, richtet meines Wissens auch keinen Schaden an.

Dummerweise sind nicht alle Fälle von Irrationalität und Unredlichkeit harmlos. Der Klassiker in diesem Zusammenhang ist der Ruf

- Feuer - es brennt! Alle raus!

im vollbesetzten Kino - wenn es nicht brennt. So etwas stellt eine konkrete Gefahr für die Kinobesucher dar. Es kann als Angriff auf deren körperliche Unversehrtheit verstanden werden. Diese Lüge bzw. Unredlichkeit hat enormes Schadenspotential. Worte werden hier als Waffe gebraucht.

Der Zusammenhang mit unserem Thema liegt auf der Hand: Auch Verschwörungstheorien können zu Waffen werden! Was heißt das? Rationales Argumentieren und Entscheiden ist wichtig, um die Folgen unseres Handelns so verlässlich wie möglich abzuschätzen, abzuwägen und Schaden so gut es geht zu vermeiden. Andersherum betrachtet: Irrationales Entscheiden und Handeln erhöht das Schadensrisiko, birgt vermeidbares Gefahrenpotential. Und diverse unhaltbare Verschwörungstheorien oder Verschwörungsmärchen sind leider alles andere als harmlos:

- Wer durch das Verbreiten nicht haltbarer Theorien andere davon abbringt, etwas Sinnvolles zu tun, z.B. sich gegen Masern oder Kinderlähmung impfen zu lassen, argumentiert nicht nur unvernünftig und unredlich. Es stellt sich darüber hinaus die Frage nach dem möglichen Schaden für andere.

- Gleiches gilt für den Fall der Animation zu gefährlichen Handlungen wie der Erstürmung des Kapitols am 6. Januar 2021. Trump und ihn unterstützende Medien haben mit Hilfe von Verschwörungsmärchen wie *QAnon* und dem von der *gestohlenen Wahl* seine Anhänger über einen langen Zeitraum hinweg gezielt gegen politische Gegner und „das System“ aufgehetzt. Trump selbst hat dann vor Ort zum Sturm auf das Kapitol aufgefordert. Als direkte Folge davon sind mindestens zwei Menschen ums Leben gekommen.[140]

Also: Diese Beispiele zeigen, dass es bei der Beurteilung der Aktivitäten von Verschwörungstheoretikern nicht nur um Werte wie intellektuelle Redlichkeit geht, die für die Prüfung und Diskussion von Theorien gelten. Über den

---

140 https://de.wikipedia.org/wiki/Sturm_auf_das_Kapitol_in_Washington_2021

Zusammenhang von Irrationalität mit Schadensrisiko und Gefahrenpotential muss die gesamte moralische Dimension berücksichtigt werden.

Verschwörungstheorien als Waffen

Der eben angedeutete Zusammenhang von Unvernunft und Unmoral ist leicht erklärbar - auch ohne Vorlesung zur Moralphilosophie. Wir können nämlich davon ausgehen, dass zumindest in unserem Kulturkreis die Kupferne Regel als Kernbestand eines jeden Moralsystems akzeptiert wird:

- Was du nicht willst, dass man dir tu`, das füg auch keinem anderen zu!

Umgangssprachlich ausgedrückt: Man sollte seinen Mitmenschen weder unzumutbaren Schaden zufügen noch sie einem unzumutbar hohen Schadensrisiko aussetzen. Wer sich entgegen dieser Grundregel für ein anständiges Miteinander verhält, handelt prima facie unmoralisch.[141] Beispiele kennen wir alle; es ist unmoralisch

141 Damit ist natürlich nicht alles beschrieben, was wir unter Moral verstehen. Im „Nahbereich“, also in der Familie, unter Freunden und Partnern, gelten weitere moralische Normen. Es dürfte sich aber beim Inhalt der Kupfernen Regel um Mindestanforderungen handeln, die beim Umgang mit unseren Mitmenschen grundsätzlich erst einmal zu beachten sind. Und das reicht für unsere Zwecke aus.

- betrunken Auto zu fahren oder mit Tempo 200 in eine dichte Nebelbank zu rasen;

- jemand zu verprügeln, weil er Witze über meinen Lieblingsverein gemacht hat;[142]

- Versprechen nicht einzuhalten;

- jemand zu betrügen, zu bedrohen oder zu bestehlen;

- jemand unter Drogen zu setzen …

Für unser Rechtssystem gilt das gleiche Prinzip. Wie jedes Recht hat deshalb auch das auf Meinungsäußerung bestimmte Grenzen. Diese sind dann erreicht, wenn durch die Meinungsäußerung ein unzumutbarer Schaden für andere entsteht oder ein unzumutbar hohes Schadensrisiko. Deshalb sind bestimmte Lügen, Beleidigung, Verleumdung, Falschaussage vor Gericht, Aufruf zu Gewalt usw. nicht durch das Recht auf freie Meinungsäußerung gedeckt. Sie haben zu hohes Schadenspotential; sie stellen einen zu gefährlichen Angriff auf die Rechte anderer Personen und deren Wohl dar.

Also: Um Schadenspotentiale von Handlungen zu erkennen und Schaden zu vermeiden, ist es unverzichtbar, sein Denken, Entscheiden und Handeln an Rationalitätskriterien

142 Es sei denn, es geht um die Münchner Löwen.

auszurichten. Ohne diese rationale Basis wird es schwer sein, sich an der Kupfernen Regel zu orientieren. In diesem Sinne ist rationales Denken, Entscheiden und Handeln eine Grundvoraussetzung für moralisches Denken, Entscheiden und Handeln. Salopp formuliert: Das Recht auf Dummheit und Unvernunft hat Grenzen.

Diese moralischen und rechtlichen Einschränkungen gelten natürlich auch für Verschwörungstheoretiker. Das ist wichtig - leider. Neben irrationalen aber harmlosen *Verschwörungsspinnern* gibt es nämlich noch eine Gruppe: Die moralisch Fragwürdigen, die Unmoralischen, die Gauner und Verbrecher. Sie orientieren sich nicht an der Kupfernen Regel, sondern zielen darauf ab, anderen Menschen Schaden zuzufügen, z.B. um sich selbst dadurch Vorteile zu verschaffen oder einer Ideologie zum Durchbruch zu verhelfen - egal wer oder was darüber kaputt geht. Ihr Instrument ist die Erfindung und Verbreitung von unhaltbaren Verschwörungstheorien und Verschwörungsmärchen.

Diese Zeitgenossen sind leider recht zahlreich und in aller Regel auch ziemlich extrovertiert im Auftreten. Ich schlage vor, sie als *Verschwörungsgauner* zu bezeichnen. Woran erkennt man sie?

- Sie legen ständig Lippenbekenntnisse zu Werten wie intellektueller Redlichkeit und argumentativer Konsequenz ab. Sie akzeptieren diese Werte und unsere Kriterien also „offiziell“, nehmen sie für sich und ihre Argumentation in Anspruch.

- Sie posieren darüber hinaus als Hüter von Moral und Gerechtigkeit: Es gehe ihnen darum, dunkle und moralisch verwerfliche Machenschaften aufzudecken.

- Allerdings verhalten sie sich ganz anders. Sie sind weder ehrlich noch um eine rationale und transparente Diskussion bemüht: Sie schwindeln, verschleiern, tricksen, lügen und betrügen was das Zeug hält.

Bei diesen Zeitgenossen liegt also eher ein Charakterdefizit als eine Denkschwäche vor - wobei natürlich auch beides zusammen auftreten kann. Niedertracht und Dummheit sind leider miteinander vereinbar. Vertreter der Kategorie *Verschwörungsgauner* sind uns allen bekannt:

- Ludendorff und viele Anführer der nationalistischen und nationalsozialistischen Feinde der Weimarer Republik wussten genau, dass das deutsche Heer 1918 völlig am Ende und tatsächlich „im Felde besiegt“ war. Trotzdem haben sie voller Energie an der Dolchstoßlegende gestrickt und diese als ausgesprochen wirkungsvolle Propagandawaffe im Kampf gegen Republik und Demokratie eingesetzt. Mit verheerenden Folgen.[143]

- Donald Trump weiß, dass er lügt und manipuliert. In seinen Interviews mit Bob Woodward gibt er z.B. offen zu, die Gefahren des Coronavirus verharmlost und di-

143 https://de.wikipedia.org/wiki/Dolchsto%C3%9Flegende

verse Verschwörungsmärchen in die Welt gesetzt zu haben.[144]

- Der mittlerweile auch über die USA hinaus berüchtigte Verschwörungstheoretiker Alex Jones hat im Rahmen eines Streits um das Sorgerecht für seine Kinder vor Gericht tatsächlich in aller Unverfrorenheit erklärt, er spiele den irren Verschwörungsspinner auf seinem Kanal InfoWars nur. In Wirklichkeit sei er ein ganz anständiger, harmloser und braver Bürger und absolut geeignet, Kinder ordentlich zu erziehen. Sollte dem tatsächlich so sein, hat er damit eindeutig seine charakterliche Untauglichkeit als Vater bewiesen: Wer als Beruf *Lügen, Diffamieren, Hass predigen und Leute aufhetzen* angibt, sollte von Kindern ferngehalten werden. Sollte Jones aber tatsächlich vor Gericht geschwindelt haben, kann man ihn ebenfalls getrost als unmoralischen Gauner einstufen, zu dem man Kinder so weit wie möglich auf Distanz halten sollte. Die Richter sahen das erfreulicherweise so wie Ihr Autor.[145]

- Bei diversen Vertretern der unhaltbaren Verschwörungstheorie bzw. des Verschwörungsmärchens, das KZ Auschwitz habe es gar nicht gegeben oder es sei dort

---

144 https://www.handelsblatt.com/politik/international/im-interview-mit-bob-woodward-trump-wollte-corona-gefahr-immer-herunterspielen/26174344.html?ticket=ST-12048945-30f4iSEGGqbfQTkEnO15-ap5
145 https://de.wikipedia.org/wiki/Alex_Jones_(Radiomoderator)

niemand vergast worden und das Ganze sei eine Propaganda-Erfindung der Siegermächte, kann man davon ausgehen, dass sie es besser wissen. Sie verbreiten diesen Unsinn bewusst und gezielt mit der Absicht, den Nationalsozialismus etwas weniger abscheulich erscheinen zu lassen, z.B. um leichter Anhänger zu gewinnen - für den nächsten Versuch.

- Dass die Mauer zwischen DDR und BRD mit allen Wachtürmen, Minengürteln, Selbstschussanlagen und zum Teil tötungsbereiten Wachmannschaften ein „antifaschistischer Schutzwall" gegen eine weltweite Verschwörung gegen die Heilslehre des Sozialismus gewesen sei, glaubt sicher auch nicht jeder, der diesen Unfug erzählt (hat).

- Die Regierung Bush hat gezielt und mit viel Aufwand die Verschwörungstheorie erfunden und in Person von Colin Powell sogar vor der UN-Vollversammlung vertreten, Saddam Hussein sei mit den Attentätern auf das World Trade Center im Bunde, verfüge über ein brandgefährliches Potential an Massenvernichtungswaffen und müsse deshalb schleunigst beseitigt werden. Dieses Lügengespinst stand am Anfang eines brutalen Krieges, der bis heute hunderttausende Menschen ihr Leben gekostet und eine ganze Weltregion ins Chaos gestürzt hat.[146]

146 https://de.wikipedia.org/wiki/Begr%C3%BCndung_des_Irakkriegs

Also: Hier geht es definitiv nicht um harmlose Spinnereien, um lustige Pseudotheorien oder absurde Lachnummern. Es geht um Verschwörungstheorien mit einem enormen Schadenspotential, um Schicksale und Menschenleben. Genauer: Es geht um Personen, die unhaltbare Verschwörungstheorien und Verschwörungsmärchen gezielt erfinden und pflegen, um sie als Mittel für ihre dubiosen oder sogar verbrecherischen Zwecke einzusetzen. Intellektuelle Redlichkeit, skeptische Offenheit und argumentative Konsequenz sind sicher nicht die einzigen Werte, die diesen Zeitgenossen völlig egal sind. Sie nutzen Verschwörungstheorien als Waffen.

Um diesen aufwühlenden, hässlichen und gefährlichen Aspekt des Themas zu verstehen und wirkungsvolle Gegenstrategien zu entwickeln, müssen über die in diesem Buch entwickelte argumentative Analyse hinaus die folgenden Fragen untersucht und beantwortet werden:

- Worin genau liegt die Gefahr „bösartiger“ Verschwörungstheorien und wie werden sie zur Waffe?

- Welche Strategien und Manipulationstaktiken werden eingesetzt, um sie als respektable Theorien zu tarnen?

- Warum fallen so viele Menschen auf diese Tricks herein und glauben an unhaltbare Verschwörungstheorien und Verschwörungsmärchen?

- Warum handeln darüber hinaus so viele Menschen auf dieser Basis? (Dieser Aspekt wird meistens vergessen.)

- Welchc Parallelen und Verbindungen gibt es zu anderen Phänomenen wie Esoterik/Spiritualismus, Falschspiel und Trickbetrug, Religion, politischem und religiösem Extremismus?

- Wie diskutiert man mit Menschen, die ernsthaft an unhaltbare Verschwörungstheorien und Verschwörungsmärchen glauben - und wie mit den Verschwörungsgaunern, die sie bewusst erfinden und verbreiten?

- Wie können wir als offene Gesellschaft die *Waffe Verschwörungstheorie* wirkungsvoll entschärfen?

Damit wäre der Schlusspunkt für dieses Buch gesetzt und die Brücke zu Band 2 geschlagen.

Einteilung von Verschwörungstheoretikern

Im letzten Kapitel habe ich eine einfache und leicht nachvollziehbare Einteilung für Theorievorschläge zum Thema *Verschwörung* erläutert. In Parallele dazu stelle ich jetzt eine Einteilung von Verschwörungstheoretikern vor.

Seriöse Verschwörungstheoretiker

- Sie entwickeln oder vertreten erkenntnistheoretisch respektable Verschwörungstheorien.
- Ihre Argumente und Diskussionen orientieren sich an leistungsstarken und belastbaren Qualitätskriterien für Theorien.

- Ihr Umgang mit der Theorie ist von intellektueller Redlichkeit, skeptischer Offenheit und argumentativer Konsequenz geprägt.
- Beispiele für seriöse Verschwörungstheoretiker haben wir in diesem Buch kennengelernt: Die Journalisten Woodward und Bernstein und Dan McCrum gehören in diese höchst ehrbare Kategorie.

Unseriöse Verschwörungstheoretiker

- Sie entwickeln oder vertreten erkenntnistheoretisch nicht respektable Verschwörungstheorien.
- Ihre Argumente und Diskussionen orientieren sich wenigstens fragmentarisch an leistungsstarken und belastbaren Qualitätskriterien für Theorien.
- Ihr Umgang mit der Theorie ist wenigstens fragmentarisch von intellektueller Redlichkeit, skeptischer Offenheit und argumentativer Konsequenz geprägt.

Ein Beispiel für einen unseriösen Verschwörungstheoretiker wäre ein Vertreter der in diesem Buch skizzierten Chemtrail-Theorie. Ein unseriöser Verschwörungstheoretiker vertritt also mit schwachen Argumenten eine schwache Theorie. Allerdings kann und sollte man ihm nicht ein gewisses Bemühen um belastbare Argumentation absprechen.

Verschwörungsspinner

- Sie entwickeln oder vertreten erkenntnistheoretisch nicht respektable Verschwörungstheorien oder Verschwörungsmärchen.
- Ihre Argumente und Diskussionen orientieren sich erkennbar nicht an sinnvollen Qualitätskriterien für Theorien.
- Ihr Umgang mit der Theorie ist nicht von intellektueller Redlichkeit, skeptischer Offenheit und argumentativer Konsequenz geprägt.
- Verschwörungsspinner glauben allerdings an ihre Aussagen und Behauptungen, z.B. an ihr Verschwörungsmärchen.
- Man könnte auch noch zwischen harmlosen und gefährlichen Verschwörungsspinnern unterscheiden.[147]

Leider fallen sehr viele Zeitgenossen in diese Kategorie: Wer tatsächlich an das Verschwörungsmärchen QAnon, an das vom Betrug bei den Präsidentschaftswahlen in den USA 2020 oder an den Impfterroristen Bill Gates glaubt, darf mit Fug und Recht als Verschwörungsspinner bezeichnet werden.

147 Auf die sehr engen Parallelen zwischen Religionen und Verschwörungstheorien gehen wir dann im zweiten Band ausführlich ein.

Verschwörungsgauner

- Sie entwickeln oder vertreten erkenntnistheoretisch nicht respektable Verschwörungstheorien oder Verschwörungsmärchen - und wissen das.
- Sie tun das in der Absicht, die Verschwörungstheorie oder das Verschwörungsmärchen für unlautere Zwecke zu nutzen, z.B. persönliche Bereicherung, Diffamierung bestimmter Personen oder Gruppen, Durchsetzung politischer oder ideologischer Ziele etc.
- Das ist in aller Regel mit einem konkreten Schaden bzw. Schadensrisiko für andere Personen verbunden.
- Kurz: Die Verschwörungstheorie oder das Verschwörungsmärchen wird als Waffe genutzt.
- Ihre Argumente und Diskussionen orientieren sich erkennbar nicht an sinnvollen Qualitätskriterien für Theorien.
- Ihr Umgang mit der Theorie ist nicht von intellektueller Redlichkeit, skeptischer Offenheit und argumentativer Konsequenz geprägt.

Auch nach Verschwörungsgaunern muss man nicht lange suchen: Donald Trump ist, wie bereits mehrfach erläutert, dafür ein Musterbeispiel. Er weiß oft sehr genau, dass er lügt und nutzt z.B. ganz gezielt sein Verschwörungsmärchen vom Wahlbetrug als Waffe gegen die Verfassung und seine politischen „Feinde“. Auch Ludendorff und anderen Schöpfern und Vertretern der Dolchstoßlegende war klar, dass sie lügen.

Zusammenfassung Kapitel 8

Diskussionen über Verschwörungstheorien sind oft schwierig und unergiebig. Das hat folgende Gründe:

- Es fehlt eine systematische argumentative Analyse der fraglichen Theorie als Grundlage. Die Diskussion ist ohne Struktur, oberflächlich und sehr fragmentarisch.
- Das erleichtert Verzerrungen durch Wunschdenken, Autoritätsgläubigkeit, Voreingenommenheit, Denkfaulheit und Denkfehler.
- Das schadet respektablen Verschwörungstheoretikern, Aufklärern und Whistleblowern.
- Das erleichtert es irrationalen Diskussionsteilnehmern, an unhaltbaren und fragwürdigen Thesen festzuhalten.
- Das erleichtert intellektuell unredlichen Diskussionsteilnehmern, mit ihren Tricksereien durchzukommen.
- Das erleichtert das Geschäft von bestimmten Zeitgenossen, die ihre Verschwörungstheorien oder Verschwörungsmärchen gezielt und bewusst als Hilfsmittel einsetzen, um anderen zu schaden.

Nach bestem Wissen und Gewissen zu argumentieren und zu diskutieren heißt, sich an diesen drei Werten zu orientieren:

- Intellektuelle Redlichkeit
- Skeptische Offenheit
- Argumentative Konsequenz

Typischerweise reklamieren Verschwörungstheoretiker diese Werte für sich.

- Sie müssen sich also daran messen lassen.
- Die Qualitätskriterien für Theorien aus Kapitel 3 -7 liefern Grundlage und Handwerkszeug für die Umsetzung dieser Werte bei Analyse und Diskussion von Verschwörungstheorien.

Diese Kriterien sind zu tief und fest in unserer Alltagsrationalität verwurzelt, als dass jemand sie ernsthaft ablehnen könnte. Deshalb muss ein Verschwörungstheoretiker, der sie ablehnt, folgende Fragen beantworten:

- Warum sollten wir diese Kriterien, die von uns allen (!) akzeptiert werden, nicht auf Verschwörungstheorien anwenden?
- Welche Alternativkriterien sollten wir zur Beurteilung von Theorien und ihrer Leistungsfähigkeit verwenden?
- Wie könnten wir denn eine Theorie ohne brauchbare Kriterien bzw. Qualitätsmaßstäbe diskutieren und beurteilen?

Werden diese Fragen nicht beantwortet,

- ist der Vorwurf der Irrationalität oder intellektuellen Unredlichkeit berechtigt;
- haben wir es mit einem *Verschwörungsspinner* zu tun.

Nicht alle Fälle von Irrationalität sind harmlos.

- Irrationalität bringt grundsätzlich ein hohes Schadensrisiko mit sich.
- Der Grund: Rationales Argumentieren, Entscheiden und Handeln ist unverzichtbar, um mögliche Schadensfolgen zu erkennen und zu vermeiden.

Unsere Kernmoral fordert, Schaden bzw. Schadensrisiko für andere Menschen so weit wie möglich zu vermeiden.

- Deshalb ist rationales Argumentieren, Entscheiden und Handeln eine Grundlage für moralisches Verhalten.
- Wer bewusst Verschwörungstheorien und Verschwörungsmärchen mit hohem Schadenspotential erfindet und verbreitet, handelt unmoralisch.
- Wir haben es in diesen Fällen mit *Verschwörungsgaunern* zu tun.

Ich unterscheide zwischen

- seriösen Verschwörungstheoretikern,
- unseriösen Verschwörungstheoretikern,
- Verschwörungsspinnern,
- Verschwörungsgaunern.

Die Beispiele: Chemtrails, Watergate und QAnon

Beispiel Watergate-Theorie

Bernstein und Woodward haben sich, wie in Kapitel 3 bis 7 ausführlich erläutert, im ganzen Verlauf ihrer Aufklärungsarbeit sehr konsequent an unseren Qualitätskriterien für Theorien orientiert. Sicher nicht bewusst - ich glaube kaum, dass sie sich intensiv mit Wissenschaftsphilosophie beschäftigt haben. Aber unbewusst - geleitet durch gesunden Menschenverstand und intellektuelle Redlichkeit. Es handelt sich bei den Kriterien im Grunde ja „nur“ um Präzisierungen und Verfeinerungen allseits bekannter Rationalitätsprinzipien, die den Kern dessen ausmachen, was wir als selbstverständliche Alltagsrationalität verstehen.

Ihre Arbeit war klar von **intellektueller Redlichkeit** geprägt. Sie waren in jeder Phase der Untersuchung und Recherche an der Wahrheit interessiert und wollten herausfinden, „was da los ist". Sie waren nicht daran interessiert, bestimmte Feindbilder zu bedienen, Personen zu diffamieren, Wahlkampf zu betreiben oder ihre eigenen politischen Positionen zu verteidigen (Woodward war damals Republikaner und Unterstützer Nixons.)

Ihre **argumentative Konsequenz** erkennt man daran, dass sie (fast) nie Behauptungen in die Welt gesetzt haben, die nicht durch qualitativ hochwertige Daten abgesichert und gestützt waren. Natürlich wurden ihre Thesen und Vorwürfe immer brisanter - aber nie auf Kosten argumentativer Belastbarkeit. Diese argumentative Konsequenz machte auch Rückzieher nötig. In einem Fall gab es, wie bereits geschildert, ein Missverständnis beim Austausch mit einem Informanten und sie stellten in Folge eine nicht haltbare Behauptung in einem ihrer Artikel auf. Sobald ihnen das klar wurde, zogen sie die Behauptung zurück und entschuldigten sich. Und sie verschärften sofort und konsequent ihre Mechanismen zur Qualitätskontrolle von Daten und Belegen.

Skeptische Offenheit durchzieht ebenfalls als roter Faden die Arbeit an der Watergate-Affäre. Bernstein und Woodward waren stets bereit, sperrige Daten zur Kenntnis zu nehmen und haben sehr genau überlegt, wie sie im Einzelfall damit umgehen sollten. Es kam nie in Frage, sie einfach wegzuwischen oder zu ignorieren, weil sie ihnen nicht gefielen oder nicht zu ihren Theorien passten. Zudem haben sie immer wieder Daten und Aussagen von Informanten und Beteiligten auf ihre Haltbarkeit geprüft und gegengeprüft. Beide Journalisten hatten stets die Möglichkeit vor Augen, dass sie sich irren könnten oder aufs Glatteis geführt werden sollten.

Also: Die Aufklärungsarbeit der beiden Reporter Woodward und Bernstein war von Anfang an geprägt durch intellektuelle Redlichkeit, skeptische Offenheit und argumentative Konsequenz.[148]

Die Chemtrail-Theorie

Dazu lässt sich an dieser Stelle wenig sagen. Ich habe in diesem Buch die Chemtrail-Theorie in ihrer vermutlich plausibelsten Variante als Verschwörungstheorie vorgestellt und analysiert. Andere Versionen können guten Gewissens als Verschwörungsmärchen eingestuft werden. Ziel war es, die argumentativen Schwachstellen herauszuarbeiten und zu präzisieren. Das geschah unabhängig von einem konkreten Vertreter, dessen Umgang mit der Theorie sich hier skizzieren ließe. Wir können aber die Fragen zur Einschätzung der Rationalität von Verschwörungstheoretikern als Beispiel heranziehen, wie eine Diskussion geführt werden könnte.

148 Dass es auch anders geht, zeigen Sender wie Fox News. Sie treten diese Werte in ihrer täglichen „Arbeit“ mit Füßen. Kein Wunder, dass derartige Sender wirkungsvolle Unterstützung für Verschwörungsgauner liefern.

Das Ergebnis der argumentativen Analyse ist klar: Die Chemtrail-Theorie ist nicht haltbar. Der Vergleich mit unseren Qualitätskriterien zeigt deutlich ihre zahlreichen Defizite auf. Sie ist darüber hinaus erkenntnistheoretisch nicht respektabel. Weist jemand dieses Urteil zurück und beansprucht trotzdem Rationalität für sich, muss er sich diesen Fragen stellen:

- **Warum sollten wir diese Kriterien, die von uns allen (!) akzeptiert werden, nicht auf die Chemtrail-Theorie anwenden?** Diese Frage „hat Biss“, weil die Chemtrail-Theorie ja im Gewand einer vollwertigen Theorie daherkommt und in ihrer plausibelsten Form auf den ersten Blick einen Theoriekern hat, Hilfstheorien heranzieht, Muster-Erklärungen anbieten möchte und einen gewissen Wert auf gute Daten legt. Kurz: Sie möchte eine richtige Theorie sein. Dann aber besteht Begründungsbedarf, warum wir die bestmöglichen Qualitätskriterien für Theorien nicht auch in diesem Fall anwenden sollten.

- **Welche Alternativkriterien sollten wir zur Beurteilung von Theorien und ihrer Leistungsfähigkeit verwenden?** Sollten unsere Kriterien zurückgewiesen werden - gerne. Aber dann brauchen wir eine Alternative. Es ist die Pflicht des Vertreters der Chemtrail-Theorie, diese Kriterien zu benennen und zu begründen. Die Plausibilisierungslast liegt auf seiner Seite. Höchstwahrscheinlich werden dazu keine brauchbaren Vorschläge kommen - was zur nächsten Frage führt.

- **Wie könnten wir denn eine Theorie ohne brauchbare Kriterien bzw. Qualitätsmaßstäbe diskutieren und beurteilen?** Wer ganz ohne Qualitätskriterien auskommen möchte, kann das gerne versuchen. Er trägt dann aber eine enorme Begründungslast: Wie sonst lassen sich denn Theorien prüfen? Man darf auf mögliche Vorschläge und Kandidaten gespannt sein - und so lange den Vorwurf der Irrationalität aufrecht erhalten, bis diese Vorschläge gemacht und erfolgreich auf ihre Tauglichkeit geprüft worden sind.

Meine Erfahrungen damit, die Diskussion mit Vertretern unhaltbarer und nicht repektabler Verschwörungstheorien auf die Rationalitätsfrage zu richten, sind ziemlich einheitlich: Sie haben zu diesen Fragen sehr wenig Sinnvolles zu sagen und über dieses Thema in der Regel überhaupt nicht nachgedacht. Außerdem werden Sie recht schnell sauer auf mich.

Das QAnon-Phänomen

Bei QAnon handelt es sich, wie ausführlich erläutert, nicht um eine Verschwörungstheorie. QAnon ist vielmehr ein Verschwörungsmärchen. Dessen typische Vertreter versuchen nicht einmal, irgendwelchen Qualitätskriterien für Theorien zu genügen. Stattdessen ziehen sie sich in eine Scheinwelt zurück und sichern diese durch eine pauschale Immunisierungsstrategie ab, die letztlich auf diesen Pseudo-Test hinausläuft:

- Was aus meiner/unserer Sicht irgendwie in diese Märchenwelt passt gilt als wahr, alles andere gilt als falsch - oder wird uminterpretiert, damit es irgendwie passt. Mit anderen Worten: Ich glaube, was ich glauben möchte.

Dass dieses geradezu groteske Ausmaß an Irrationalität enormes Schadenspotential hat, lässt sich leicht zeigen. QAnon ist ein exzellentes Beispiel für den Zusammenhang von Irrationalität und Unmoral:

- Im Rahmen dieses Verschwörungsmärchens hat es immer wieder Gewalttaten gegeben: 2018 wurde ein Obdachlosenlager nach angeblich entführten Kindern durchsucht und die Leute massiv bedroht und eingeschüchtert; im gleichen Jahr blockierte ein schwer bewaffneter QAnon-Gläubiger den Hoover Dam und forderte, Geheiminformationen über Hilary Clinton freizugeben; ein anderer zündete 2018 einen Wald an; im Jahr darauf erschoss der QAnon-Anhänger Comello den Mobster Frank Cali - nachdem Comello kurz zuvor einige Politiker festnehmen wollte … Mittlerweile hat sich eine beachtliche Liste an versuchten und tatsächlich ausgeführten Gewalttaten ergeben.[149]

- Bisheriger Höhepunkt ist der Sturm auf das Kapitol in Washington D.C. am 6. Januar 2021. QAnon-Gläubige waren an Planung und Ausführung maßgeblich beteiligt.

149 https://de.wikipedia.org/wiki/QAnon

Dabei sind viele Menschen verletzt worden; es gab mindestens zwei Todesfälle als direkte Folge.[150]

- Man sollte auch die zahlreichen Zerwürfnisse und Konflikte in Familien oder Freundeskreisen berücksichtigen, die durch dieses hasserfüllte Verschwörungsmärchen verursacht wurden, die Drohungen und Bedrohungen im Alltag gegen völlig harmlose Bürger, die irgendwie ins Visier der QAnon-Gläubigen geraten sind.

- QAnon hat sicher auch mit dazu beigetragen, die politische Kultur der USA hin zum Negativen zu verändern: Es geht für erschreckend viele Bürger nicht mehr um das politische Ringen um Kompromisse oder für alle tragbare Lösungen. Politik ist zum Kampf bis aufs Messer bis hin zur Vernichtung der Todfeinde geworden. Das alles kennen wir unter etwas anderen Vorzeichen aus unserer eigenen Vergangenheit … und wissen, wie es enden kann.

Also: Meines Erachtens wird das Verschwörungsmärchen QAnon von einigen gewissenlosen und brutalen Verschwörungsgaunern als Waffe für ihre verbrecherischen Zwecke genutzt.

---

150 https://de.wikipedia.org/wiki/Sturm_auf_das_Kapitol_in_Washington_2021

Vertiefende Lektüre

Norbert Hoerster: **Wie lässt sich Moral begründen?** München, 2014. Norbert Hoerster geht in gewohnt präziser und klarer Argumentation dem Zusammenhang zwischen Moral und Rationalität nach.

Andreas Edmüller: **Plädoyer für die Freiheit und gegen die Gleichheit.** KDP, 2013. Ich zeige, dass und wie der gerechte Staat bzw. eine gerechte Verfassung rational begründet werden kann.

Gerhard Groß: **Das Ende des Ersten Weltkriegs und die Dolchstoßlegende.** Ditzingen 2018. Eine lehrreiche und aussagekräftige Fallstudie, wie skrupellose Verschwörungsgauner ein Verschwörungsmärchen als Waffe nutzen - und welche fatalen Folgen daraus entstehen können.

Anhang
Checkliste kritische Fragen

Zum Abschluss und zur Abrundung noch eine „Zusammenfassung in Frageform“. Diese Checkliste hilft dabei, sich systematisch ein Urteil über eine konkrete Verschwörungstheorie zu erarbeiten, einen zuverlässigen und aussagekräftigen Überblick über deren Stärken, Schwächen und Lücken zu gewinnen. Zur Vorbereitung auf eine Diskussion kann man so die wirklich entscheidenden Schlüsselfragen erkennen, priorisieren und begründen - und in der Diskussion selbst dann professionell argumentieren.

Die kritischen Leitfragen im Überblick

- Kann man den Theorievorschlag guten Gewissens als Theorie einstufen - verfügt er über eine sinnvolle Fragestellung, qualitativ hochwertige Daten, einen Theoriekern mit Muster-Erklärungen, akzeptable Hilfs- und Beobachtungstheorien und führt er zu relevanten Fragestellungen?

- Wie groß ist die Beweis- bzw. Plausibilisierungslast der Theorie?

- Welche Qualität weisen die Daten und Belege der Theorie auf?

- Wie leistungsstark sind die Muster-Erklärungen, die aus dem Theoriekern mit den Daten und Belegen gewonnen werden?

- Wie zuverlässig sind die Vorhersagen, die aus dem Theoriekern bzw. den Muster-Erklärungen gewonnen werden?

- Ist der Umgang der Theorie mit sperrigen Daten erkenntnistheoretisch respektabel?

- Entwickelt sich die Theorie dynamisch oder stagniert sie?

- Wie gut oder schlecht ist die Theorie mit anderen akzeptierten Theorien vernetzt?

- Ist die Theorie in sich stimmig?

- Wie schneidet die Theorie im Vergleich mit konkurrierenden Theorien ab?

- Welche Qualitätskriterien wenden die Vertreter der Theorie an?

- Von welchen Werten ist der Umgang ihrer Vertreter mit der Theorie geprägt?

Die detaillierten Fragen

Liegt überhaupt eine Theorie vor? Oder: Welche Lücken und Schwachstellen hat der Theorievorschlag?

- Welche Frage(n) möchte der Theorievorschlag beantworten?
- Sind diese Fragen fix oder beliebig austauschbar?
- Welche Thesen enthält der Theoriekern?
- Sind diese Thesen verbindlich oder variabel bzw. beliebig austauschbar?
- Wie präzise sind diese Thesen formuliert?
- Welche Muster-Erklärungen bietet der Theorievorschlag an?
- Sind diese Muster-Erklärungen verbindlich oder variabel bzw. beliebig austauschbar?
- Beantworten die Muster-Erklärungen die Fragestellung des Theorievorschlages?
- Wie schneiden diese Muster-Erklärungen im Vergleich mit denen alternativer Theorien zur selben Fragestellung ab?
- Welche Muster-Erklärungen sollte der Theoriekern bei Berücksichtigung der Fragestellung eigentlich liefern?
- Welche Hilfs- und Beobachtungstheorien werden herangezogen?
- Erfüllen diese Hilfs- und Beobachtungstheorien die Mindestanforderungen an eine Theorie?
- Welche relevanten offenen Fragen folgen aus dem Theorievorschlag?

Wie groß ist die Beweislast des Theorievorschlags?

- Wie gut passt der Theorievorschlag zu unserem Hintergrundwissen darüber, wie Menschen sich verhalten?
- Wie gut passt der Theorievorschlag zu unserem Hintergrundwissen darüber, wie unsere Alltagswelt funktioniert?
- Passt der Theorievorschlag zum Stand der Wissenschaften oder steht er zu anerkannten Theorien in Widerspruch?
- Wie umfangreich ist die Verschwörung, deren Existenz behauptet wird?
- Wie lange gibt es diese Verschwörung schon?
- Wie kompakt bzw. abgeschlossen ist der Kreis der Verschwörer?
- Wie schwer oder leicht wäre dieser Kreis der Verschwörer zu infiltrieren, z.B. durch Journalisten oder Gegner der Verschwörung?
- Wie gut lässt sich das Wissen um die Verschwörung eingrenzen und kontrollieren?
- Wie gut lässt sich das Wissen um die Verschwörung absichern und geheim halten?
- Wie straff muss die Verschwörung organisiert sein, damit sie ihre Ziele erreicht?
- Wie diszipliniert müssen die Verschwörer vorgehen, um ihre Ziele zu erreichen?
- Wie stellen die Verschwörer den nötigen Organisationsgrad und die nötige Disziplin sicher?

Welche Qualität weisen die Daten und Belege der Theorie auf?

- Welche Daten und Belege verwenden die Muster-Erklärungen der Theorie?
- Aus welchen Quellen stammen diese Daten und Belege?
- Was wissen wir über andere Daten aus diesen Quellen?
- Gibt es mehrere Quellen für diese Daten?
- Sind diese Quellen voneinander unabhängig?
- Wie präzise sind diese Daten und Belege bzw. deren Bedeutung?
- Wie hoch oder niedrig ist die epistemische Qualität der Quelle?
- Wie gut oder schlecht ist die Beobachtungsgabe eines Zeugen?
- Wie gut oder schlecht ist das Erinnerungsvermögen eines Zeugen?
- Wie klar und präzise drückt der Zeuge sich aus?
- Trennt der Zeuge das, was er wahrgenommen hat davon, wie er diese Wahrnehmungen interpretiert?
- Wie schwer oder leicht ist der Zeuge zu täuschen bzw. zu manipulieren?
- Ist der Zeuge tatsächlich Experte oder nur ein Pseudo-Experte?
- Ist der Zeuge tatsächlich Experte zum relevanten Thema oder „nur“ auf einem anderen Gebiet?
- Vertritt der Experte den Stand der Forschung oder eine neue bzw. Minderheitenposition?
- Wie hoch oder niedrig ist die Glaubwürdigkeit der Quelle?

- Gilt der Zeuge als ehrlich und zuverlässig oder z.B. als Schwindler und Lügner?
- Welches Interesse hat der Zeuge am Thema, zu dem er aussagt?
- Kann es sein, dass seine Aussagen bewusst oder unbewusst durch seine Interessen beeinflusst sind?
- Wie gut oder schlecht passen die Aussagen verschiedener Quellen oder Zeugen zusammen?
- Wie gut sind wissenschaftliche Daten abgesichert?
- Passen sie mit anderen Daten eher gut oder schlecht zusammen?
- Auf welche Daten baut der größte Teil der Experten?
- Wie ist der Stand der Expertendiskussion zu den Daten?

Wie gut bestätigt ist die Theorie?

- Welche Muster-Erklärungen bietet die Theorie an?
- Welche Hilfs- und Beobachtungstheorien werden für die Muster-Erklärungen herangezogen?
- Wie ist die Qualität dieser Hilfs- und Beobachtungstheorien einzuschätzen?
- Gegeben die Fragestellung: Welche Muster-Erklärungen sollte die Theorie eigentlich liefern?
- Wie wichtig bzw. zentral sind die Bereiche, für die es Muster-Erklärungen gibt in Bezug auf die Fragestellung der Theorie?
- Wie wichtig bzw. zentral sind die Bereiche, für die es (noch) keine Muster-Erklärungen gibt in Bezug auf die Fragestellung der Theorie?

- Wie ist die Relevanz der Muster-Erklärungen im Vergleich mit denen konkurrierender Theorien einzuschätzen?
- Wie gut oder schlecht treffen die Vorhersagen der Theorie zu?
- Wie genau sind die Vorhersagen der Theorie?
- Wie präzise und nachvollziehbar ist die Ableitung der Vorhersagen aus dem Theoriekern?
- Welche Vorhersagen müsste die Theorie eigentlich machen (können)?
- Wie sind die Vorhersagen der Theorie im Vergleich mit denen konkurrierender Theorien einzuschätzen?
- Weist die Theorie eine dynamische Entwicklung auf oder stagniert sie?
- Wie ist die Dynamik der Theorie im Vergleich mit der konkurrierender Theorien einzuschätzen?

Wie geht die Theorie mit sperrigen Daten um?

- Welche Daten und Belege sprechen gegen die Theorie?
- Wie wichtig bzw. relevant sind diese Daten und Belege für die Theorie bzw. deren Theoriekern?
- Wie ernsthaft ist der Umgang der Theorie mit diesen sperrigen Daten?
- Ist ein erkenntnistheoretisch respektables Wechselspiel zwischen Theorie und sperrigen Daten gegeben?
- Wie gut passen die Immunisierungshypothesen einer Theorie zu unserem Hintergrundwissen und anderen anerkannten Theorien?
- Wie ist die Qualität der Immunisierungshypothesen als Theorien bzw. Theoriebestandteile einzuschätzen?

- Wird tatsächlich ein leistungsfähiger und somit schützenswerter Theoriekern immunisiert?
- Liegt eine Pauschalimmunisierung vor, durch die grundsätzlich die Verbindung zwischen Theorie und hochwertigen Daten gekappt wird?

Welche Werte prägen den Umgang mit der Theorie?

- Ist der Umgang mit der Theorie von intellektueller Redlichkeit geprägt?
- Ist der Umgang mit der Theorie von skeptischer Offenheit geprägt?
- Ist der Umgang mit der Theorie von argumentativer Konsequenz geprägt?
- Akzeptiert der Vertreter der Theorie die anerkannten Qualitätskriterien für Theorien?
- Welche alternativen Qualitätskriterien akzeptiert der Vertreter der Theorie?
- Wie genau lautet deren Formulierung?
- Wie belastbar und aussagekräftig sind diese Alternativkriterien?
- Wie kann der Vertreter der Theorie ohne Verwendung von Qualitätskriterien die Theorie sinnvoll beurteilen?
- Haben wir es mit einem ernstzunehmenden Verschwörungstheoretiker zu tun?
- Haben wir es mit einem unseriösen Verschwörungstheoretiker zu tun?
- Haben wir es mit einem Verschwörungsspinner zu tun?
- Haben wir es mit einem Verschwörungsgauner zu tun?